T&p BOOKS

I0168705

BIRMAN

VOCABULAIRE

POUR L'AUTOFORMATION

FRANÇAIS BIRMAN

Les mots les plus utiles
Pour enrichir votre vocabulaire et aiguiser
vos compétences linguistiques

9000 mots

Vocabulaire Français-Birman pour l'autoformation - 9000 mots
Par Andrey Taranov

Les dictionnaires T&P Books ont pour but de vous aider à apprendre, à mémoriser et à réviser votre vocabulaire en langue étrangère. Ce dictionnaire thématique couvre tous les grands domaines du quotidien: l'économie, les sciences, la culture, etc ...

Acquérir du vocabulaire avec les dictionnaires thématiques T&P Books vous offre les avantages suivants:

- Les données d'origine sont regroupées de manière cohérente, ce qui vous permet une mémorisation lexicale optimale
- La présentation conjointe de mots ayant la même racine vous permet de mémoriser des groupes sémantiques entiers (plutôt que des mots isolés)
- Les sous-groupes sémantiques vous permettent d'associer les mots entre eux de manière logique, ce qui facilite votre consolidation du vocabulaire
- Votre maîtrise de la langue peut être évaluée en fonction du nombre de mots acquis

Copyright © 2019 T&P Books Publishing

Tous droits réservés. Sans permission écrite préalable des éditeurs, toute reproduction ou exploitation partielle ou intégrale de cet ouvrage est interdite, sous quelque forme et par quelque procédé (électronique ou mécanique) que ce soit, y compris la photocopie, l'enregistrement ou le recours à un système de stockage et de récupération des données.

T&P Books Publishing
www.tpbooks.com

ISBN: 978-1-78767-995-5

Ce livre existe également en format électronique.
Pour plus d'informations, veuillez consulter notre site: www.tpbooks.com ou rendez-vous sur ceux des grandes librairies en ligne.

VOCABULAIRE BIRMAN POUR L'AUTOFORMATION
Dictionnaire thématique

Les dictionnaires T&P Books ont pour but de vous aider à apprendre, à mémoriser et à réviser votre vocabulaire en langue étrangère. Ce lexique présente, de façon thématique, plus de 9000 mots les plus fréquents de la langue.

- Ce livre comporte les mots les plus couramment utilisés
- Son usage est recommandé en complément de l'étude de toute autre méthode de langue
- Il répond à la fois aux besoins des débutants et à ceux des étudiants en langues étrangères de niveau avancé
- Il est idéal pour un usage quotidien, des séances de révision ponctuelles et des tests d'auto-évaluation
- Il vous permet de tester votre niveau de vocabulaire

Spécificités de ce dictionnaire thématique:

- Les mots sont présentés de manière sémantique, et non alphabétique
- Ils sont répartis en trois colonnes pour faciliter la révision et l'auto-évaluation
- Les groupes sémantiques sont divisés en sous-groupes pour favoriser l'apprentissage
- Ce lexique donne une transcription simple et pratique de chaque mot en langue étrangère

Ce dictionnaire comporte 256 thèmes, dont:

les notions fondamentales, les nombres, les couleurs, les mois et les saisons, les unités de mesure, les vêtements et les accessoires, les aliments et la nutrition, le restaurant, la famille et les liens de parenté, le caractère et la personnalité, les sentiments et les émotions, les maladies, la ville et la cité, le tourisme, le shopping, l'argent, la maison, le foyer, le bureau, la vie de bureau, l'import-export, le marketing, la recherche d'emploi, les sports, l'éducation, l'informatique, l'Internet, les outils, la nature, les différents pays du monde, les nationalités, et bien d'autres encore …

TABLE DES MATIÈRES

GUIDE DE PRONONCIATION

Remarques

Le système de transcription 'The Myanmar Language Commission Transcription System' (MLCTS) est utilisé comme transcription dans ce livre.
Une description de ce système peut être trouvée ici:
https://en.wiktionary.org/wiki/Wiktionary:Burmese_transliteration
https://en.wikipedia.org/wiki/MLC_Transcription_System

ABRÉVIATIONS
employées dans ce livre

Abréviations en français

adj	-	adjective
adv	-	adverbe
anim.	-	animé
conj	-	conjonction
dénombr.	-	dénombrable
etc.	-	et cetera
f	-	nom féminin
f pl	-	féminin pluriel
fam.	-	familiar
fem.	-	féminin
form.	-	formal
inanim.	-	inanimé
indénombr.	-	indénombrable
m	-	nom masculin
m pl	-	masculin pluriel
m, f	-	masculin, féminin
masc.	-	masculin
math	-	mathematics
mil.	-	militaire
pl	-	pluriel
prep	-	préposition
pron	-	pronom
qch	-	quelque chose
qn	-	quelqu'un
sing.	-	singulier
v aux	-	verbe auxiliaire
v imp	-	verbe impersonnel
vi	-	verbe intransitif
vi, vt	-	verbe intransitif, transitif
vp	-	verbe pronominal
vt	-	verbe transitif

CONCEPTS DE BASE

Concepts de base. Partie 1

1. Les pronoms

je	ကျွန်ုပ်	kjunou'
tu	သင်	thin
il	သူ	thu
elle	သူမ	thu ma.
ça	၎င်း	jin:
nous	ကျွန်ုပ်တို့	kjunou' tou.
nous (masc.)	ကျွန်တော်တို့	kjun do. dou.
nous (fem.)	ကျွန်မတို့	kjun ma. tou.
vous	သင်တို့	thin dou.
vous (form., sing.)	သင်	thin
vous (form., pl)	သင်တို့	thin dou.
ils	သူတို့	thu dou.
elles	သူမတို့	thu ma. dou.

2. Adresser des vœux. Se dire bonjour. Se dire au revoir

Bonjour! (fam.)	မင်္ဂလာပါ	min ga. la ba
Bonjour! (form.)	မင်္ဂလာပါ	min ga. la ba
Bonjour! (le matin)	မင်္ဂလာနံနက်ခင်းပါ	min ga, la nan ne' gin: ba
Bonjour! (après-midi)	မင်္ဂလာနေ့လယ်ခင်းပါ	min ga. la nei. le gin: ba
Bonsoir!	မင်္ဂလာညနေခင်းပါ	min ga. la nja nei gin: ba
dire bonjour	နှုတ်ဆက်သည်	hnou' hsei' te
Salut!	ဟိုင်း	hain:
salut (m)	ဟလို	ha. lou
saluer (vt)	နှုတ်ဆက်သည်	hnou' hsei' te
Comment ça va?	နေကောင်းလား	nei gaun: la:
Comment allez-vous?	နေကောင်းပါသလား	nei gaun: ba dha la:
Quoi de neuf?	ဘာထူးသေားလဲ	ba du: dei: le:
Au revoir!	နောက်မှတွေ့ကြမယ်	nau' hma. dwei. gja. me
Au revoir! (form.)	ဂွတ်ဘိုင်	gu' bain
Au revoir! (fam.)	တာ့တာ	ta. da
À bientôt!	မကြာခင်ပြန်ဆုံကြမယ်	ma gja. gin bjan zoun gja. me
Adieu! (fam.)	နှုတ်ဆက်ပါတယ်	hnou' hsei' pa de
Adieu! (form.)	နှုတ်ဆက်ပါတယ်	hnou' hsei' pa de
dire au revoir	နှုတ်ဆက်သည်	hnou' hsei' te
Salut! (À bientôt!)	တာ့တာ	ta. da

Merci!	ကျေးဇူးတင်ပါတယ်	kjei: zu: din ba de
Merci beaucoup!	ကျေးဇူးအများကြီးတင်ပါတယ်	kjei: zu: amja: kji: din ba de
Je vous en prie	ရပါတယ်	ja. ba de
Il n'y a pas de quoi	ကိစ္စမရှိပါဘူး	kei. sa ma. shi. ba bu:
Pas de quoi	ရပါတယ်	ja. ba de
Excuse-moi!	ဆောရီးနော်	hso: ji: no:
Excusez-moi!	တောင်းပန်ပါတယ်	thaun: ban ba de
excuser (vt)	ခွင့်လွှတ်သည်	khwin. hlu' te
s'excuser (vp)	တောင်းပန်သည်	thaun: ban de
Mes excuses	တောင်းပန်ပါတယ်	thaun: ban ba de
Pardonnez-moi!	ခွင့်လွှတ်ပါ	khwin. hlu' pa
pardonner (vt)	ခွင့်လွှတ်သည်	khwin. hlu' te
C'est pas grave	ကိစ္စမရှိပါဘူး	kei. sa ma. shi. ba bu:
s'il vous plaît	ကျေးဇူးပြု၍	kjei: zu: pju. i.
N'oubliez pas!	မမေ့ပါနဲ့	ma. mei. ba ne.
Bien sûr!	ရတာပေါ့	ja. da bo.
Bien sûr que non!	မဟုတ်တာသေချာတယ်	ma hou' ta dhei gja de
D'accord!	သဘောတူတယ်	dhabo: tu de
Ça suffit!	တော်ပြီ	to bji

3. Comment s'adresser à quelqu'un

Excusez-moi!	ခွင့်ပြုပါ	khwin. bju. ba
monsieur	ဦး	u:
madame	ဒေါ်	do
madame (mademoiselle)	မိန်းကလေး	mein: ga. lei:
jeune homme	လူငယ်	lu nge
petit garçon	ကောင်ကလေး	keaagkle:
petite fille	ကောင်မလေး	kaun ma. lei:

4. Les nombres cardinaux. Partie 1

zéro	သုည	thoun nja.
un	တစ်	ti'
deux	နှစ်	hni'
trois	သုံး	thoun:
quatre	လေး	lei:
cinq	ငါး	nga:
six	ခြောက်	chau'
sept	ခုနစ်	khun hni'
huit	ရှစ်	shi'
neuf	ကိုး	kou:
dix	တစ်ဆယ်	ti' hse
onze	တစ်ဆယ့်တစ်	ti' hse. ti'
douze	တစ်ဆယ့်နှစ်	ti' hse. hni'
treize	တစ်ဆယ့်သုံး	ti' hse. thoun:
quatorze	တစ်ဆယ့်လေး	ti' hse. lei:

quinze	တစ်ဆယ့်ငါး	ti' hse. nga:
seize	တစ်ဆယ့်ခြောက်	ti' hse. khau'
dix-sept	တစ်ဆယ့်ခုနစ်	ti' hse. khu ni'
dix-huit	တစ်ဆယ့်ရှစ်	ti' hse. shi'
dix-neuf	တစ်ဆယ့်ကိုး	ti' hse. gou:

vingt	နှစ်ဆယ်	hni' hse
vingt et un	နှစ်ဆယ့်တစ်	hni' hse. ti'
vingt-deux	နှစ်ဆယ့်နှစ်	hni' hse. hni'
vingt-trois	နှစ်ဆယ့်သုံး	hni' hse. thuan:

trente	သုံးဆယ်	thoun: ze
trente et un	သုံးဆယ့်တစ်	thoun: ze. di'
trente-deux	သုံးဆယ့်နှစ်	thoun: ze. hni'
trente-trois	သုံးဆယ့်သုံး	thoun: ze. dhoun:

quarante	လေးဆယ်	lei: hse
quarante et un	လေးဆယ့်တစ်	lei: hse. ti'
quarante-deux	လေးဆယ့်နှစ်	lei: hse. hni'
quarante-trois	လေးဆယ့်သုံး	lei: hse. thaun:

cinquante	ငါးဆယ်	nga: ze
cinquante et un	ငါးဆယ့်တစ်	nga: ze di'
cinquante-deux	ငါးဆယ့်နှစ်	nga: ze hni'
cinquante-trois	ငါးဆယ့်သုံး	nga: ze dhoun:

soixante	ခြောက်ဆယ်	chau' hse
soixante et un	ခြောက်ဆယ့်တစ်	chau' hse. di'
soixante-deux	ခြောက်ဆယ့်နှစ်	chau' hse. hni'
soixante-trois	ခြောက်ဆယ့်သုံး	chau' hse. dhoun:

soixante-dix	ခုနစ်ဆယ်	khun hni' hse.
soixante et onze	ခုနစ်ဆယ့်တစ်	qunxcy•tx
soixante-douze	ခုနစ်ဆယ့်နှစ်	khun hni' hse. hni
soixante-treize	ခုနစ်ဆယ့်သုံး	khu. ni' hse. dhoun:

quatre-vingts	ရှစ်ဆယ်	shi' hse
quatre-vingt et un	ရှစ်ဆယ့်တစ်	shi' hse. ti'
quatre-vingt deux	ရှစ်ဆယ့်နှစ်	shi' hse. hni'
quatre-vingt trois	ရှစ်ဆယ့်သုံး	shi' hse. dhun:

quatre-vingt-dix	ကိုးဆယ်	kou: hse
quatre-vingt et onze	ကိုးဆယ့်တစ်	kou: hse. ti'
quatre-vingt-douze	ကိုးဆယ့်နှစ်	kou: hse. hni'
quatre-vingt-treize	ကိုးဆယ့်သုံး	kou: hse. dhaun:

5. Les nombres cardinaux. Partie 2

cent	တစ်ရာ	ti' ja
deux cents	နှစ်ရာ	hni' ja
trois cents	သုံးရာ	thoun: ja
quatre cents	လေးရာ	lei: ja
cinq cents	ငါးရာ	nga: ja
six cents	ခြောက်ရာ	chau' ja

sept cents	ရ္နစ္ရာ	khun hni' ja
huit cents	ရွစ္ရာ	shi' ja
neuf cents	ကိုးရာ	kou: ja

mille	တစ္ေထာင္	ti' htaun
deux mille	နစ္ေထာင္	hni' taun
trois mille	သုံးေထာင္	thoun: daun
dix mille	တစ္ေသာင္း	ti' thaun:
cent mille	တစ္သိန္း	ti' thein:
million (m)	တစ္သန္း	ti' than:
milliard (m)	ဘီလ်ံ	bi li jan

6. Les nombres ordinaux

premier (adj)	ပထမ	pahtama.
deuxième (adj)	ဒုတိယ	du. di. ja.
troisième (adj)	တတိယ	tati, ja,
quatrième (adj)	စတုတၳ	zadou' hta.
cinquième (adj)	ပဥၥမ	pjin sama.

sixième (adj)	ဆဠမ	hsa. htama.
septième (adj)	သတၱမ	tha' tama.
huitième (adj)	အဋၥမ	a' htama.
neuvième (adj)	နဝမ	na. wa. ma.
dixième (adj)	ဒသမ	da dha ma

7. Nombres. Fractions

fraction (f)	အပိုင္းကိန္း	apain: gein:
un demi	နစ္ပိုင္းတစ္ပိုင္း	hni' bain: di' bain:
un tiers	သုံးပိုင္းတစ္ပိုင္း	thoun: bain: di' bain:
un quart	ေလးပိုင္းတစ္ပိုင္း	lei: bain: ti' pain:

un huitième	ရွစ္ပိုင္းတစ္ပိုင္း	shi' bain: di' bain:
un dixième	ဆယ္ပိုင္းတစ္ပိုင္း	hse bain: da' bain:
deux tiers	သုံးပိုင္းနစ္ပိုင္း	thoun: bain: hni' bain:
trois quarts	ေလးပိုင္းသုံးပိုင္း	lei: bain: dhoun: bain:

8. Les nombres. Opérations mathématiques

soustraction (f)	နုတ္ျခင္း	nou' khjin:
soustraire (vt)	နုတ္သည္	nou' te
division (f)	စားျခင္း	sa: gjin:
diviser (vt)	စားသည္	sa: de

addition (f)	ေပါင္းျခင္း	paun: gjin:
additionner (vt)	ေပါင္းသည္	paun: de
ajouter (vt)	ထပ္ေပါင္းသည္	hta' paun: de
multiplication (f)	ေျမႇာက္ျခင္း	hmjau' chin:
multiplier (vt)	ေျမႇာက္သည္	hmjau' de

9. Les nombres. Divers

chiffre (m)	ကိန်းဂဏန်း	kein: ga nan:
nombre (m)	ကိန်း	kein:
adjectif (m) numéral	ဂဏန်းအကွှရာ	ganan: e' kha ja
moins (m)	အနုတ်	ahnou'
plus (m)	အပေါင်း	apaun:
formule (f)	ပုံသေနည်း	poun dhei ne:

calcul (m)	တွက်ချက်ခြင်း	twe' che' chin:
compter (vt)	ရေတွက်သည်	jei dwe' te
calculer (vt)	ရေတွက်သည်	jei dwe' te
comparer (vt)	နှိုင်းယှဉ်သည်	hnain: shin de

Combien?	ဘယ်လောက်လဲ	be lau' le:
somme (f)	ပေါင်းလဒ်	paun: la'
résultat (m)	ရလဒ်	jala'
reste (m)	အကြွင်း	akjwin:

quelques ...	အချို့	achou.
peu de ...	အနည်းငယ်	ane: nge
reste (m)	ကျန်သော	kjan de.
un et demi	တစ်ခုခွဲ	ti' khu. khwe:
douzaine (f)	ဒါဇင်	da zin

en deux (adv)	တစ်ဝက်စီ	ti' we' si
en parties égales	ညီတူညီမျှ	nji du nji hmja.
moitié (f)	တစ်ဝက်	ti' we'
fois (f)	ကြိမ်	kjein

10. Les verbes les plus importants. Partie 1

aider (vt)	ကူညီသည်	ku nji de
aimer (qn)	ချစ်သည်	chi' te
aller (à pied)	သွားသည်	thwa: de
apercevoir (vt)	သတိထားမိသည်	dhadi. da: mi. de
appartenir à ...	ပိုင်ဆိုင်သည်	pain zain de

appeler (au secours)	ခေါ်သည်	kho de
attendre (vt)	စောင့်သည်	saun. de
attraper (vt)	ဖမ်းသည်	hpan: de
avertir (vt)	သတိပေးသည်	dhadi. pei: de

avoir (vt)	ရှိသည်	shi. de
avoir confiance	ယုံကြည်သည်	joun kji de
avoir faim	ဗိုက်ဆာသည်	bai' hsa de

avoir peur	ကြောက်သည်	kjau' te
avoir soif	ရေဆာသည်	jei za de
cacher (vt)	ဖုံးကွယ်သည်	hpoun: gwe de
casser (briser)	ဖျက်ဆီးသည်	hpje' hsi: de
cesser (vt)	ရပ်သည်	ja' te
changer (vt)	ပြောင်းလဲသည်	pjaun: le: de

17

chasser (animaux)	အမဲလိုက်သည်	ame: lai' de
chercher (vt)	ရှာသည်	sha de
choisir (vt)	ရွေးသည်	jwei: de
commander (~ le menu)	မှာသည်	hma de

commencer (vt)	စတင်သည်	sa. tin de
comparer (vt)	နှိုင်းယှဉ်သည်	hnain: shin de
comprendre (vt)	နားလည်သည်	na: le de
compter (dénombrer)	ရေတွက်သည်	jei dwe' te
compter sur ...	အားကိုးသည်	a: kou: de

confondre (vt)	ရောထွေးသည်	jo: dwei: de
connaître (qn)	သိသည်	thi. de
conseiller (vt)	အကြံပေးသည်	akjan bei: de
continuer (vt)	ဆက်လုပ်သည်	hse' lou' te
contrôler (vt)	ထိန်းချုပ်သည်	htein: gjou' te

courir (vi)	ပြေးသည်	pjei: de
coûter (vt)	ကုန်ကျသည်	koun kja de
créer (vt)	ဖန်တီးသည်	hpan di: de
creuser (vt)	တူးသည်	tu: de
crier (vi)	အော်သည်	o de

11. Les verbes les plus importants. Partie 2

décorer (~ la maison)	အလှဆင်သည်	ahla. zin dhe
défendre (vt)	ကာကွယ်သည်	ka gwe de
déjeuner (vi)	နေ့လယ်စာစားသည်	nei. le za za de
demander (~ l'heure)	မေးသည်	mei: de
demander (de faire qch)	တောင်းဆိုသည်	taun: hsou: de

descendre (vi)	ဆင်းသည်	hsin: de
deviner (vt)	မှန်းဆသည်	hman za de
dîner (vi)	ညစာစားသည်	nja. za za: de
dire (vt)	ပြောသည်	pjo: de
diriger (~ une usine)	ညွှန်ကြားသည်	hnjun gja: de
discuter (vt)	ဆွေးနွေးသည်	hswe: nwe: de

donner (vt)	ပေးသည်	pei: de
donner un indice	အရိပ်အမြွက်ပေးသည်	aji' ajmwe' pei: de
douter (vt)	သံသယဖြစ်သည်	than thaja. bji' te
écrire (vt)	ရေးသည်	jei: de
entendre (bruit, etc.)	ကြားသည်	ka: de

entrer (vi)	ဝင်သည်	win de
envoyer (vt)	ပို့သည်	pou. de
espérer (vi)	မျှော်လင့်သည်	hmjo. lin. de
essayer (vt)	စမ်းကြည့်သည်	san: kji. de
être (~ fatigué)	ဖြစ်နေသည်	hpji' nei de

être (~ médecin)	ဖြစ်သည်	hpji' te
être d'accord	သဘောတူသည်	dhabo: tu de
être nécessaire	အလိုရှိသည်	alou' shi. de
être pressé	လောသည်	lo de

étudier (vt)	သင်ယူလေ့လာသည်	thin ju lei. la de
excuser (vt)	ခွင့်လွှတ်သည်	khwin. hlu' te
exiger (vt)	တိုက်တွန်းသည်	tai' tun: de
exister (vi)	တည်ရှိသည်	ti shi. de
expliquer (vt)	ရှင်းပြသည်	shin: bja. de

faire (vt)	ပြုလုပ်သည်	pju. lou' te
faire tomber	ဖြုတ်ချသည်	hpjou' cha. de
finir (vt)	ပြီးသည်	pji: de
garder (conserver)	ထိန်းထားသည်	htein: da: de
gronder, réprimander (vt)	ဆူသည်	hsu. de

informer (vt)	အကြောင်းကြားသည်	akjaun: kja: de
insister (vi)	တိုက်တွန်းပြောဆိုသည်	tou' tun: bjo: zou de
insulter (vt)	စော်ကားသည်	so ga: de
inviter (vt)	ဖိတ်သည်	hpi' de
jouer (s'amuser)	ကစားသည်	gaza: de

12. Les verbes les plus importants. Partie 3

libérer (ville, etc.)	လွတ်မြောက်စေသည်	lu' mjau' sei de
lire (vi, vt)	ဖတ်သည်	hpa' te
louer (prendre en location)	ငှားသည်	hnga: de
manquer (l'école)	ပျက်ကွက်သည်	pje' kwe' te
menacer (vt)	ခြိမ်းခြောက်သည်	chein: gjau' te

mentionner (vt)	ဖော်ပြသည်	hpjo bja. de
montrer (vt)	ပြသည်	pja. de
nager (vi)	ရေကူးသည်	jei ku: de
objecter (vt)	ငြင်းသည်	njin: de
observer (vt)	စောင့်ကြည့်သည်	saun. gji. de

ordonner (mil.)	အမိန့်ပေးသည်	amin. bei: de
oublier (vt)	မေ့သည်	mei. de
ouvrir (vt)	ဖွင့်သည်	hpwin. de
pardonner (vt)	ခွင့်လွှတ်သည်	khwin. hlu' te
parler (vi, vt)	ပြောသည်	pjo: de

participer à …	ပါဝင်သည်	pa win de
payer (régler)	ပေးရှေသည်	pei: gjei de
penser (vi, vt)	ထင်သည်	htin de
permettre (vt)	ခွင့်ပြုသည်	khwin bju. de
plaire (être apprécié)	ကြိုက်သည်	kjai' de

plaisanter (vi)	စနောက်သည်	sanau' te
planifier (vt)	စီစဉ်သည်	si zin de
pleurer (vi)	ငိုသည်	ngou de
posséder (vt)	ပိုင်ဆိုင်သည်	pain zain de
pouvoir (v aux)	တတ်နိုင်သည်	ta' nain de
préférer (vt)	ပိုကြိုက်သည်	pou gjai' te

prendre (vt)	ယူသည်	ju de
prendre en note	ရေးထားသည်	jei: da: de
prendre le petit déjeuner	နံနက်စာစားသည်	nan ne' za za: de

préparer (le dîner)	ချက်ပြုတ်သည်	che' pjou' te
prévoir (vt)	ကြိုမြင်သည်	kjou mjin de

prier (~ Dieu)	ရှိခိုးသည်	shi. gou: de
promettre (vt)	ကတိပေးသည်	gadi pei: de
prononcer (vt)	အသံထွက်သည်	athan dwe' te
proposer (vt)	အဆိုပြုသည်	ahsou bju. de
punir (vt)	အပြစ်ပေးသည်	apja' pei: de

13. Les verbes les plus importants. Partie 4

recommander (vt)	အကြံပြုထောက်ခံသည်	akjan pju htau' khan de
regretter (vt)	နောင်တရသည်	naun da. ja. de
répéter (dire encore)	ထပ်လုပ်သည်	hta' lou' te
répondre (vi, vt)	ဖြေသည်	hpjei de
réserver (une chambre)	မှာသည်	hma de

rester silencieux	နှုတ်ဆိတ်သည်	hnou' hsei' te
réunir (regrouper)	ပေါင်းစည်းသည်	paun: ze: de
rire (vi)	ရယ်သည်	je de
s'arrêter (vp)	ရပ်သည်	ja' te
s'asseoir (vp)	ထိုင်သည်	htain de

sauver (la vie à qn)	ကယ်ဆယ်သည်	ke ze de
savoir (qch)	သိသည်	thi. de
se baigner (vp)	ရေကူးသည်	jei ku: de
se plaindre (vp)	တိုင်ပြောသည်	tain bjo: de
se refuser (vp)	ငြင်းဆန်သည်	njin: zan de

se tromper (vp)	မှားသည်	hma: de
se vanter (vp)	ကြွားသည်	kjwa: de
s'étonner (vp)	အံ့ဩသည်	an. o. de
s'excuser (vp)	တောင်းပန်သည်	thaun: ban de
signer (vt)	လက်မှတ်ထိုးသည်	le' hma' htou: de

signifier (vt)	ဆိုလိုသည်	hsou lou de
s'intéresser (vp)	စိတ်ဝင်စားသည်	sei' win za: de
sortir (aller dehors)	ထွက်သည်	htwe' te
sourire (vi)	ပြုံးသည်	pjoun: de
sous-estimer (vt)	လျှော့တွက်သည်	sho. dwe' de

suivre … (suivez-moi)	လိုက်သည်	lai' te
tirer (vi)	ပစ်သည်	pi' te
tomber (vi)	ကျဆင်းသည်	kja zin: de
toucher (avec les mains)	ကိုင်သည်	kain de
tourner (~ à gauche)	ကွေ့သည်	kwei. de

traduire (vt)	ဘာသာပြန်သည်	ba dha bjan de
travailler (vi)	အလုပ်လုပ်သည်	alou' lou' te
tromper (vt)	လိမ်ပြောသည်	lain bjo: de
trouver (vt)	ရှာတွေ့သည်	sha dwei. de
tuer (vt)	သတ်သည်	tha' te
vendre (vt)	ရောင်းသည်	jaun: de
venir (vi)	ရောက်သည်	jau' te

voir (vt)	မြင်သည်	mjin de
voler (avion, oiseau)	ပျံသန်းသည်	pjan dan: de
voler (qch à qn)	ခိုးသည်	khou: de
vouloir (vt)	လိုချင်သည်	lou gjin de

14. Les couleurs

couleur (f)	အရောင်	ajaun
teinte (f)	အသွေးအဆင်း	athwei: ahsin:
ton (m)	အရောင်အသွေး	ajaun athwei:
arc-en-ciel (m)	သက်တံ	the' tan

blanc (adj)	အဖြူရောင်	ahpju jaun
noir (adj)	အနက်ရောင်	ane' jaun
gris (adj)	ခဲရောင်	khe: jaun

vert (adj)	အစိမ်းရောင်	asain: jaun
jaune (adj)	အဝါရောင်	awa jaun
rouge (adj)	အနီရောင်	ani jaun

bleu (adj)	အပြာရောင်	apja jaun
bleu clair (adj)	အပြာနုရောင်	apja nu. jaun
rose (adj)	ပန်းရောင်	pan: jaun
orange (adj)	လိမ္မော်ရောင်	limmo jaun
violet (adj)	ခရမ်းရောင်	khajan: jaun
brun (adj)	အညိုရောင်	anjou jaun

| d'or (adj) | ရွှေရောင် | shwei jaun |
| argenté (adj) | ငွေရောင် | ngwei jaun |

beige (adj)	ဝါညိုနုရောင်	wa njou nu. jaun
crème (adj)	နို့ဆီရောင်	nou. hni' jaun
turquoise (adj)	စိမ်းပြာရောင်	sein: bja jaun
rouge cerise (adj)	ချယ်ရီရောင်	che ji jaun
lilas (adj)	ခရမ်းဖျော့ရောင်	khajan: bjo. jaun
framboise (adj)	ကြက်သွေးရောင်	kje' thwei: jaun

clair (adj)	အရောင်ဖျော့သော	ajaun bjo. de.
foncé (adj)	အရောင်ရင့်သော	ajaun jin. de.
vif (adj)	တောက်ပသော	tau' pa. de.

de couleur (adj)	အရောင်ရှိသော	ajaun shi. de.
en couleurs (adj)	ရောင်စုံ	jau' soun
noir et blanc (adj)	အဖြူအမည်း	ahpju ame:
unicolore (adj)	တစ်ရောင်တည်းရှိသော	ti' jaun te: shi. de.
multicolore (adj)	အရောင်စုံသော	ajaun zoun de.

15. Les questions

Qui?	ဘယ်သူလဲ	be dhu le:
Quoi?	ဘာလဲ	ba le:
Où? (~ es-tu?)	ဘယ်မှာလဲ	be hma le:

Où? (~ vas-tu?)	ဘယ်ကိုလဲ	be gou le:
D'où?	ဘယ်ကလဲ	be ga. le:
Quand?	ဘယ်တော့လဲ	be do. le:
Pourquoi? (~ es-tu venu?)	ဘာအတွက်လဲ	ba atwe' le:
Pourquoi? (~ t'es pâle?)	ဘာကြောင့်လဲ	ba gjaun. le:

À quoi bon?	ဘာအတွက်လဲ	ba atwe' le:
Comment?	ဘယ်လိုလဲ	be lau le:
Quel? (à ~ prix?)	ဘယ်လိုမျိုးလဲ	be lau mjou: le:
Lequel?	ဘယ်ဟာလဲ	be ha le:

À qui? (pour qui?)	ဘယ်သူ့ကိုလဲ	be dhu. gou le:
De qui?	ဘယ်သူ့အကြောင်းလဲ	be dhu. kjaun: le:
De quoi?	ဘာအကြောင်းလဲ	ba akjain: le:
Avec qui?	ဘယ်သူနဲ့လဲ	be dhu ne. le:

| Combien? | ဘယ်လောက်လဲ | be lau' le: |
| À qui? | ဘယ်သူ့ | be dhu. |

16. Les prépositions

avec (~ toi)	နဲ့အတူ	ne. atu
sans (~ sucre)	မပါဘဲ	ma. ba be:
à (aller ~ ..,)	သို့	thou.
de (au sujet de)	အကြောင်း	akjaun:
avant (~ midi)	မတိုင်မီ	ma. dain mi
devant (~ la maison)	ရှေ့မှာ	shei. hma

sous (~ la commode)	အောက်မှာ	au' hma
au-dessus de ...	အပေါ်မှာ	apo hma
sur (dessus)	အပေါ်	apo
de (venir ~ Paris)	မှ	hma.
en (en bois, etc.)	ဖြင့်	hpjin.

| dans (~ deux heures) | နောက် | nau' |
| par dessus | ဖြတ်လျက် | hpja' lje' |

17. Les mots-outils. Les adverbes. Partie 1

Où? (~ es-tu?)	ဘယ်မှာလဲ	be hma le:
ici (c'est ~)	ဒီမှာ	di hma
là-bas (c'est ~)	ဟိုမှာ	hou hma,

| quelque part (être) | တစ်နေရာမှာ | ti' nei ja ja hma |
| nulle part (adv) | ဘယ်မှာမှ | be hma hma. |

| près de ... | နားမှာ | na: hma |
| près de la fenêtre | ပြတင်းပေါက်နားမှာ | badin: pau' hna: hma |

Où? (~ vas-tu?)	ဘယ်ကိုလဲ	be gou le:
ici (Venez ~)	ဒီဘက်ကို	di be' kou
là-bas (j'irai ~)	ဟိုဘက်ကို	hou be' kou

d'ici (adv)	ဒီဘက်မှ	di be' hma
de là-bas (adv)	ဟိုဘက်မှ	hou be' hma.
près (pas loin)	နီးသည်	ni: de
loin (adv)	အဝေးမှာ	awei: hma
près de (~ Paris)	နားမှာ	na: hma
tout près (adv)	ဘေးမှာ	bei: hma
pas loin (adv)	မနီးမဝေး	ma. ni ma. wei:
gauche (adj)	ဘယ်	be
à gauche (être ~)	ဘယ်ဘက်မှာ	be be' hma
à gauche (tournez ~)	ဘယ်ဘက်	be be'
droit (adj)	ညာဘက်	nja be'
à droite (être ~)	ညာဘက်မှာ	nja be' hma
à droite (tournez ~)	ညာဘက်	nja be'
devant (adv)	ရှေ့မှာ	shei. hma
de devant (adj)	ရှေ့	shei.
en avant (adv)	ရှေ့	shei.
derrière (adv)	နောက်မှာ	nau' hma
par derrière (adv)	နောက်က	nau' ka.
en arrière (regarder ~)	နောက်	nau'
milieu (m)	အလယ်	ale
au milieu (adv)	အလယ်မှာ	ale hma
de côté (vue ~)	ဘေးမှာ	bei: hma
partout (adv)	နေရာတိုင်းမှာ	nei ja dain: hma
autour (adv)	ပတ်လည်မှာ	pa' le hma
de l'intérieur	အထဲမှ	a hte: hma.
quelque part (aller)	တစ်နေရာရာကို	ti' nei ja ja gou
tout droit (adv)	တိုက်ရိုက်	tai' jai'
en arrière (revenir ~)	အပြန်	apjan
de quelque part (n'import d'où)	တစ်နေရာရာမှ	ti' nei ja ja hma.
de quelque part (on ne sait pas d'où)	တစ်နေရာရာမှ	ti' nei ja ja hma.
premièrement (adv)	ပထမအနေဖြင့်	pahtama. anei gjin.
deuxièmement (adv)	ဒုတိယအနေဖြင့်	du. di. ja. anei bjin.
troisièmement (adv)	တတိယအနေဖြင့်	tati. ja. anei bjin.
soudain (adv)	မတော်တဆ	ma. do da. za.
au début (adv)	အစမှာ	asa. hma
pour la première fois	ပထမဆုံး	pahtama. zoun:
bien avant ...	မတိုင်ခင် အတော်လေး အလိုက	ma. dain gin ato lei: alou ga.
de nouveau (adv)	အသစ်တဖန်	athi' da. ban
pour toujours (adv)	အမြဲတမ်း	amje: dan:
jamais (adv)	ဘယ်တော့မှ	be do hma.
de nouveau, encore (adv)	တဖန်	tahpan

maintenant (adv)	အခုတော့	akhu dau.
souvent (adv)	ခဏခဏ	khana. khana.
alors (adv)	ထို့သို့ဖြစ်လျှင်	htou dhou. bji' shin
d'urgence (adv)	အမြန်	aman
d'habitude (adv)	ပုံမှန်	poun hman

à propos, ...	စကားမစပ်	zaga: ma. za'
c'est possible	ဖြင်နိုင်သည်	hpjin nain de
probablement (adv)	ဖြစ်နိုင်သည်	hpji' nein de
peut-être (adv)	ဖြစ်နိုင်သည်	hpji' nein de
en plus, ...	ဒါ့အပြင်	da. apjin
c'est pourquoi ...	ဒါကြောင့်	da gjaun.
malgré ...	သော်လည်း	tho lei:
grâce à ...	ကြောင့်	kjaun.

quoi (pron)	ဘာ	ba
que (conj)	ဟု	hu
quelque chose (Il m'est arrivé ~)	တစ်ခုခု	ti' khu. gu.
quelque chose (peut-on faire ~)	တစ်ခုခု	ti' khu. gu.
rien (m)	ဘာမှ	ba hma.

qui (pron)	ဘယ်သူ	be dhu.
quelqu'un (on ne sait pas qui)	တစ်ယောက်ယောက်	ti' jau' jau'
quelqu'un (n'importe qui)	တစ်ယောက်ယောက်	ti' jau' jau'

personne (pron)	ဘယ်သူမှ	be dhu hma.
nulle part (aller ~)	ဘယ်ကိုမှ	be gou hma.
de personne	ဘယ်သူမှမပိုင်သော	be dhu hma ma. bain de.
de n'importe qui	တစ်ယောက်ယောက်ရဲ့	ti' jau' jau' je.

comme ça (adv)	ဒီလို	di lou
également (adv)	ထို့ပြင်လည်း	htou. bjin le:
aussi (adv)	လည်းဘဲ	le: be:

18. Les mots-outils. Les adverbes. Partie 2

Pourquoi?	ဘာကြောင့်လဲ	ba gjaun. le:
pour une certaine raison	တစ်ခုခုကြောင့်	ti' khu. gu. gjaun.
parce que ...	အဘယ်ကြောင့်ဆိုသော်	abe gjo:n. zou dho
pour une raison quelconque	တစ်ခုခုအတွက်	ti' khu. gu. atwe'

et (conj)	နှင့်	hnin.
ou (conj)	သို့မဟုတ်	thou. ma. hou'
mais (conj)	ဒါပေမဲ့	da bei me.
pour ... (prep)	အတွက်	atwe'

trop (adv)	အလွန်	alun
seulement (adv)	သာ	tha
précisément (adv)	အတိအကျ	ati. akja.
près de ... (prep)	ခန့်	khan.
approximativement	ခန့်မှန်းခြေအားဖြင့်	khan hman: gjei a: bjin.
approximatif (adj)	ခန့်မှန်းခြေဖြစ်သော	khan hman: gjei bji' te.

| presque (adv) | နီးပါး | ni: ba: |
| reste (m) | ကျန်သော | kjan de. |

l'autre (adj)	တခြားသော	tacha: de.
autre (adj)	အခြားသော	apja: de.
chaque (adj)	တိုင်း	tain:
n'importe quel (adj)	မဆို	ma. zou
beaucoup de (indénombr.)	အများကြီး	amja: gji:
beaucoup de (dénombr.)	အမြောက်အများ	amjau' amja:
plusieurs (pron)	များစွာသော	mja: zwa de.
tous	အားလုံး	a: loun:

en échange de ...	အစား	asa:
en échange (adv)	အစား	asa:
à la main (adv)	လက်ဖြင့်	le' hpjin.
peu probable (adj)	ဖြစ်နိုင်ခြေ နည်းသည်	hpji' nain gjei ni: de

probablement (adv)	ဖြစ်နိုင်သည်	hpji' nein de
exprès (adv)	တမင်	tamin
par accident (adv)	အမှတ်တမဲ့	ahma' ta. me.

très (adv)	သိပ်	thei'
par exemple (adv)	ဥပမာအားဖြင့်	upama a: bjin.
entre (prep)	ကြား	kja:
parmi (prep)	ကြားထဲတွင်	ka: de: dwin:
autant (adv)	ဒီလောက်	di lau'
surtout (adv)	အထူးသဖြင့်	a htu: dha. hjin.

Concepts de base. Partie 2

| riche (adj) | ချမ်းသာသော | chan: dha de. |
| pauvre (adj) | ဆင်းရဲသော | hsin: je: de. |

| malade (adj) | နေမကောင်းသော | nei ma. kaun: de. |
| en bonne santé | ကျန်းမာသော | kjan: ma de. |

| grand (adj) | ကြီးသော | kji: de. |
| petit (adj) | သေးသော | thei: de. |

| vite (adv) | မြန်မြန် | mjan mjan |
| lentement (adv) | ဖြည်းဖြည်း | hpjei: bjei: |

| rapide (adj) | မြန်သော | mjan de. |
| lent (adj) | ဖြည်းသော | hpjei: de. |

| joyeux (adj) | ပျော်ရွှင်သော | pjo shwin de. |
| triste (adj) | ဝမ်းနည်းသော | wan: ne: de. |

| ensemble (adv) | အတူတကွ | atu da. kwa. |
| séparément (adv) | သီးခြင်းစီ | thi: gjin: zi |

| à haute voix | ကျယ်လောင်စွာ | kje laun zwa |
| en silence | တိတ်ဆိတ်စွာ | tei' hsei' swa |

| haut (adj) | မြင့်သော | mjin. de. |
| bas (adj) | ပုသော | pu dho: |

| profond (adj) | နက်သော | ne' te. |
| peu profond (adj) | တိမ်သော | tein de |

| oui (adv) | ဟုတ်တယ် | hou' te |
| non (adv) | မဟုတ်ဘူး | ma hou' bu: |

| lointain (adj) | ဝေးသော | wei: de. |
| proche (adj) | နီးသော | ni: de. |

| loin (adv) | အဝေးမှာ | awei: hma |
| près (adv) | အနီးမှာ | ani: hma |

| long (adj) | ရှည်သော | shei lja: zu: sha. zwa ode |
| court (adj) | တိုသော | tou de. |

| bon (au bon cœur) | သဘောကောင်းသော | thabo: kaun: de. |
| méchant (adj) | ယုတ်မာသော | jou' ma de. |

| marié (adj) | မိန်းမရှိသော | mein: ma. shi. de. |
| célibataire (adj) | တစ်ဦးတည်းဖြစ်သော | ti' u: te: hpi' te. |

| interdire (vt) | တားမြစ်သည် | ta: mji' te |
| permettre (vt) | ခွင့်ပြုသည် | khwin bju. de |

| fin (f) | အဆုံး | ahsoun: |
| début (m) | အစ | asa. |

| gauche (adj) | ဘယ် | be |
| droit (adj) | ညာဘက် | nja be' |

| premier (adj) | ပထမ | pahtama. |
| dernier (adj) | နောက်ဆုံးဖြစ်သော | nau' hsoun: bji' te. |

| crime (m) | ရာဇဝတ်မှု | raza. wu' hma. |
| punition (f) | အပြစ်ပေးခြင်း | apja' pei: gjin: |

| ordonner (vt) | အမိန့်ချသည် | amin. gja. de |
| obéir (vt) | နာခံသည် | na gan de |

| droit (adj) | ဖြောင့်တန်းသော | hpjaun. dan: de. |
| courbé (adj) | ကောက်ကွေ့သော | kau' kwe. de. |

| paradis (m) | ကောင်းကင်ဘုံ | kaun: gin boun |
| enfer (m) | ငရဲ | nga. je: |

| naître (vi) | မွေးဖွားသည် | mwei: bwa: de |
| mourir (vi) | ကွယ်လွန်သည် | kwe lun de |

| fort (adj) | သန်မာသော | than ma de. |
| faible (adj) | အားပျော့သော | a: bjo. de. |

| vieux (adj) | အိုမင်းသော | ou min de. |
| jeune (adj) | ငယ်ရွယ်သော | ngwe jwe de. |

| vieux (adj) | အိုဟောင်းသော | ou haun: de. |
| neuf (adj) | သစ်သော | thi' te. |

| dur (adj) | မာသော | ma de. |
| mou (adj) | နူးညံ့သော | nu: njan. de. |

| chaud (tiède) | နွေးသော | nwei: de. |
| froid (adj) | အေးသော | ei: de. |

| gros (adj) | ဝသော | wa. de. |
| maigre (adj) | ပိန်သော | pein de. |

| étroit (adj) | ကျဉ်းသော | kjin de. |
| large (adj) | ကျယ်သော | kje de. |

| bon (adj) | ကောင်းသော | kaun: de. |
| mauvais (adj) | ဆိုးသော | hsou: de. |

| vaillant (adj) | ရဲရင့်သော | je: jin. de. |
| peureux (adj) | ကြောက်တတ်သော | kjau' ta' te. |

20. Les jours de la semaine

lundi (m)	တနလၤာ	tanin: la
mardi (m)	အဂၤါ	in ga
mercredi (m)	ဗုဒၶဟူး	bou' da, hu:
jeudi (m)	ကြာသပတေး	kja dha ba. dei:
vendredi (m)	သောကြာ	thau' kja
samedi (m)	စနေ	sanei
dimanche (m)	တနၤဂနွေ	tanin: ganwei
aujourd'hui (adv)	ယနေ့	ja. nei.
demain (adv)	မနက်ဖြန်	mane' bjan
après-demain (adv)	သဘက်ခါ	dhabe' kha
hier (adv)	မနေ့က	ma. nei. ka.
avant-hier (adv)	တနေ့က	ta. nei. ga.
jour (m)	နေ့	nei.
jour (m) ouvrable	ရုံးဖွင့်ရက်	joun: hpwin je'
jour (m) férié	ပွဲတော်ရက်	pwe: do je'
jour (m) de repos	ရုံးပိတ်ရက်	joun: bei' je'
week-end (m)	ရုံးပိတ်ရက်များ	joun: hpwin je' mja:
toute la journée	တနေ့လုံး	ta. nei. loun:
le lendemain	နောက်နေ့	nau' nei.
il y a 2 jours	လွန်ခဲ့သော နှစ်ရက်က	lun ge: de. hni' ja' ka.
la veille	အကြိုနေ့မှာ	akjou nei. hma
quotidien (adj)	နေ့စဉ်	nei. zin
tous les jours	နေ့တိုင်း	nei dain:
semaine (f)	ရက်သတၱပတ်	je' tha' daba'
la semaine dernière	ပြီးခဲ့တဲ့အပတ်က	pji: ge. de. apa' ka.
la semaine prochaine	လာမယ့်အပတ်မှာ	la. me. apa' hma
hebdomadaire (adj)	အပတ်စဉ်	apa' sin
chaque semaine	အပတ်စဉ်	apa' sin
2 fois par semaine	တစ်ပတ် နှစ်ကြိမ်	ti' pa' hni' kjein
tous les mardis	အဂၤါနေ့တိုင်း	in ga nei. dain:

21. Les heures. Le jour et la nuit

matin (m)	နံနက်ခင်း	nan ne' gin:
le matin	နံနက်ခင်းမှာ	nan ne' gin: hma
midi (m)	မွန်းတည့်	mun: de,
dans l'après-midi	နေ့လယ်စာစားပြီးပြီးနောက်	nei. le za za: gjein bji: nau'
soir (m)	ညနေခင်း	nja. nei gin:
le soir	ညနေခင်းမှာ	nja. nei gin: hma
nuit (f)	ည	nja
la nuit	ညမှာ	nja hma
minuit (f)	သန်းခေါင်ယံ	than: gaun jan
seconde (f)	စက္ကန့်	se' kan.
minute (f)	မိနစ်	mi. ni'
heure (f)	နာရီ	na ji

demi-heure (f)	နာရီဝက်	na ji we'
un quart d'heure	ဆယ့်ငါးမိနစ်	hse. nga: mi. ni'
quinze minutes	၁၅ မိနစ်	ta' hse. nga: mi ni'
vingt-quatre heures	နှစ်ဆယ်လေးနာရီ	hni' hse lei: na ji

lever (m) du soleil	နေထွက်ချိန်	nei dwe' gjein
aube (f)	အာရုဏ်ဦး	a joun u:
point (m) du jour	နံနက်စောစော	nan ne' so: zo:
coucher (m) du soleil	နေဝင်ချိန်	nei win gjein

tôt le matin	နံနက်အစောပိုင်း	nan ne' aso: bain:
ce matin	ယနေ့နံနက်	ja. nei. nan ne'
demain matin	မနက်ဖြန်နံနက်	mane' bjan nan ne'

cet après-midi	ယနေ့နေ့လယ်	ja. nei. nei. le
dans l'après-midi	နေ့လယ်စာစားချိန်ပြီးနောက်	nei. le za za: gjein bji: nau'
demain après-midi	မနက်ဖြန်မွန်းလွဲပိုင်း	mane' bjan mun: lwe: bain:

ce soir	ယနေ့ညနေ	ja. nei. nja. nei
demain soir	မနက်ဖြန်ညနေ	mane' bjan nja. nei

à 3 heures précises	၃ နာရီတွင်	thoun: na ji dwin
autour de 4 heures	၄ နာရီခန့်တွင်	lei: na ji khan dwin
vers midi	၁၂ နာရီအရောက်	hse. hni' na ji ajau'

dans 20 minutes	နောက် မိနစ် ၂၀ မှာ	nau' mi. ni' hni' se hma
dans une heure	နောက်တစ်နာရီမှာ	nau' ti' na ji hma
à temps	အချိန်ကိုက်	achein kai'

… moins le quart	မတ်တင်း	ma' tin:
en une heure	တစ်နာရီအတွင်း	ti' na ji atwin:
tous les quarts d'heure	၁၅ မိနစ်တိုင်း	ta' hse. nga: mi ni' htain:
24 heures sur 24	၂၄ နာရီလုံး	hna' hse. lei: na ji

22. Les mois. Les saisons

janvier (m)	ဇန်နဝါရီလ	zan na. wa ji la.
février (m)	ဖေဖော်ဝါရီလ	hpei bo wa ji la
mars (m)	မတ်လ	ma' la.
avril (m)	ဧပြီလ	ei bji la.
mai (m)	မေလ	mei la.
juin (m)	ဇွန်လ	zun la.

juillet (m)	ဇူလိုင်လ	zu lain la.
août (m)	သြဂုတ်လ	o: gou' la.
septembre (m)	စက်တင်ဘာလ	sa' htin ba la.
octobre (m)	အောက်တိုဘာလ	au' tou ba la
novembre (m)	နိုဝင်ဘာလ	nou win ba la.
décembre (m)	ဒီဇင်ဘာလ	di zin ba la.

printemps (m)	နွေဦးရာသီ	nwei: u: ja dhi
au printemps	နွေဦးရာသီမှာ	nwei: u: ja dhi hma
de printemps (adj)	နွေဦးရာသီနှင့်ဆိုင်သော	nwei: u: ja dhi hnin. zain de.
été (m)	နွေရာသီ	nwei: ja dhi

| en été | နွေရာသီမှာ | nwei: ja dhi hma |
| d'été (adj) | နွေရာသီနှင့်ဆိုင်သော | nwei: ja dhi hnin. zain de. |

automne (m)	ဆောင်းဦးရာသီ	hsaun: u: ja dhi
en automne	ဆောင်းဦးရာသီမှာ	hsaun: u: ja dhi hma
d'automne (adj)	ဆောင်းဦးရာသီနှင့်ဆိုင်သော	hsaun: u: ja dhi hnin. zain de.

hiver (m)	ဆောင်းရာသီ	hsaun: ja dhi
en hiver	ဆောင်းရာသီမှာ	hsaun: ja dhi hma
d'hiver (adj)	ဆောင်းရာသီနှင့်ဆိုင်သော	hsaun: ja dhi hnin. zain de.
mois (m)	လ	la.
ce mois	ဒီလ	di la.
le mois prochain	နောက်လ	nau' la
le mois dernier	ယခင်လ	jakhin la.

il y a un mois	ပြီးခဲ့တဲ့တစ်လကျော်	pji: ge. de. di' la. gjo
dans un mois	နောက်တစ်လကျော်	nau' ti' la. gjo
dans 2 mois	နောက်နှစ်လကျော်	nau' hni' la. gjo
tout le mois	တစ်လလုံး	ti' la. loun:
tout un mois	တစ်လလုံး	ti' la. loun:

mensuel (adj)	လစဉ်	la. zin
mensuellement	လစဉ်	la. zin
chaque mois	လတိုင်း	la. dain:
2 fois par mois	တစ်လနှစ်ကြိမ်	ti' la. hni' kjein:

année (f)	နှစ်	hni'
cette année	ဒီနှစ်မှာ	di hna' hma
l'année prochaine	နောက်နှစ်မှာ	nau' hni' hnma
l'année dernière	ယခင်နှစ်မှာ	jakhin hni' hma
il y a un an	ပြီးခဲ့တဲ့တစ်နှစ်ကျော်က	pji: ge. de. di' hni' kjo ga.
dans un an	နောက်တစ်နှစ်ကျော်	nau' ti' hni' gjo
dans 2 ans	နောက်နှစ်နှစ်ကျော်	nau' hni' hni' gjo
toute l'année	တစ်နှစ်လုံး	ti' hni' loun:
toute une année	တစ်နှစ်လုံး	ti' hni' loun:

chaque année	နှစ်တိုင်း	hni' tain:
annuel (adj)	နှစ်စဉ်ဖြစ်သော	hni' san bji' te.
annuellement	နှစ်စဉ်	hni' san
4 fois par an	တစ်နှစ်လေးကြိမ်	ti' hni' lei: gjein

date (f) (jour du mois)	နေ့	nei. zwe:
date (f) (~ mémorable)	ရက်စွဲ	je' swe:
calendrier (m)	ပြက္ခဒိန်	pje' gadein

six mois	နှစ်ဝက်	hni' we'
semestre (m)	နှစ်ဝက်	hni' we'
saison (f)	ရာသီ	ja dhi
siècle (m)	ရာစု	jazu.

23. La notion de temps. Divers

| temps (m) | အချိန် | achein |
| moment (m) | အခိုက်အတန့် | akhai' atan. |

instant (m)	ခဏ	khana.
instantané (adj)	ချက်ချင်း	che' chin:
laps (m) de temps	ကာလအပိုင်းအခြား	ka la apain: acha:
vie (f)	ဘဝ	ba. wa.
éternité (f)	ထာဝရ	hta wa. ja.
époque (f)	ခေတ်	khi'
ère (f)	ခေတ်	khi'
cycle (m)	စက်ဝန်း	se' wun:
période (f)	အချိန်ပိုင်း	achein bain:
délai (m)	သက်တမ်း	the' tan
avenir (m)	အနာဂတ်	ana ga'
prochain (adj)	အနာဂတ်	ana ga'
la fois prochaine	နောက်တစ်ကြိမ်	nau' ti' kjein
passé (m)	အတိတ်	ati'
passé (adj)	လွန်ခဲ့သော	lun ge. de.
la fois passée	ပြီးခဲ့သောတစ်ခေါက်	pji: ge. dho di' gau'
plus tard (adv)	နောက်မှ	nau' hma
après (prep)	ပြီးနောက်	pji: nau'
à présent (adv)	ယခုအချိန်	jakhu. achein
maintenant (adv)	အခု	akhu.
immédiatement	ချက်ချင်း	che' chin:
bientôt (adv)	မကြာခင်	ma. gja gin
d'avance (adv)	ကြိုတင်	kjou tin
il y a longtemps	တော်တော်ကြာကြာက	to do gja gja
récemment (adv)	သိပ်မကြာခင်က	thei' ma. gja gjin ga.
destin (m)	ကံတရား	kan daja:
souvenirs (m pl)	အမှတ်တရ	ahma' ta ra
archives (f pl)	မော်ကွန်း	mo gun:
pendant … (prep)	အချိန်အတွင်း	achein atwin
longtemps (adv)	ကြာကြာ	kja gja
pas longtemps (adv)	ခဏ	khana.
tôt (adv)	စောစော	so: zo:
tard (adv)	နောက်ကျမှ	nau' kja. hma.
pour toujours (adv)	အမြဲတမ်း	amje: dan:
commencer (vt)	စတင်သည်	sa. tin de
reporter (retarder)	ရွှေ့ဆိုင်းသည်	shwei. zain: de
en même temps (adv)	တချိန်တည်းမှာ	takhein de: hma
en permanence (adv)	အမြဲတမ်း	amje: dan:
constant (bruit, etc.)	သက်တိုင်ဖြစ်သော	hse' dain bja' de.
temporaire (adj)	ယာယီဖြစ်သော	ja ji bji' te.
parfois (adv)	တခါတလေ	takha talei
rarement (adv)	ရှားရှားပါးပါး	sha: sha: ba: ba:
souvent (adv)	ခဏခဏ	khana. khana.

24. Les lignes et les formes

carré (m)	စတုရန်း	satu. jan:
carré (adj)	စတုရန်းပုံဖြစ်သော	satu. jan: boun bji' te.

cercle (m)	အဝိုင်း	awain:
rond (adj)	ဝိုင်းသော	wain: de.
triangle (m)	ၾတိဂံ	tri. gan
triangulaire (adj)	ၾတိဂံပုံဖြစ်သော	tri. gan bou hpi' te

ovale (m)	ဘဲဥပုံ	be: u. boun
ovale (adj)	ဘဲဥပုံဖြစ်သော	be: u. boun pja' de.
rectangle (m)	ထောင့်မှန်စတုဂံ	htaun. hman zatu. gan
rectangulaire (adj)	ထောင့်မှန်ဖြစ်သော	htaun. hman hpji' te.

pyramide (f)	ပုရမစ်ပုံ	htu. gjwan: boun
losange (m)	ရွဲ့	ran bu
trapèze (m)	ထရာပီးဇီးယမ်း	htaja bi: zi: jan:
cube (m)	ကုဗတုံး	ku ba. toun:
prisme (m)	ပရစ်ဇမ်	pa. ji' zan

circonférence (f)	အဝန်း	awun:
sphère (f)	ထုလုံး	htu. loun:
globe (m)	မို့မောင်လုံးဝန်းသော	mou maun loun: wun: de.
diamètre (m)	အချင်း	achin:
rayon (m)	အချင်းဝက်	achin: we'
périmètre (m)	ပတ်လည်အနား	pa' le ana:
centre (m)	ဗဟို	ba hou

horizontal (adj)	အလျားလိုက်	alja: lai'
vertical (adj)	ဒေါင်လိုက်	daun lou'
parallèle (f)	အၿပိုင်	apjain
parallèle (adj)	အၿပိုင်ဖြစ်သော	apjain bja' te.

ligne (f)	မျဉ်း	mjin:
trait (m)	ချက်	che'
ligne (f) droite	မျဉ်းေဖြာင့်	mjin: baun.
courbe (f)	မျဉ်းေကွး	mjin: gwei:
fin (une ~ ligne)	ပါးသော	pa: de.
contour (m)	ကွန်တိုမျဉ်း	kun tou mjin:

intersection (f)	ဖြတ်မှတ်	hpja' hma'
angle (m) droit	ထောင့်မှန်	htaun. hman
segment (m)	အဝိုင်း	apain:
secteur (m)	စက်ဝိုင်းစိတ်	se' wain: zei'
côté (m)	အနား	ana:
angle (m)	ထောင့်	htaun.

25. Les unités de mesure

poids (m)	အလေးချိန်	alei: gjein
longueur (f)	အရှည်	ashei
largeur (f)	အကျယ်	akje
hauteur (f)	အၿမင့်	amjin.
profondeur (f)	အနက်	ane'
volume (m)	ထုထည်	du. de
aire (f)	အကျယ်အဝန်း	akje awun:
gramme (m)	ဂရမ်	ga ran
milligramme (m)	မီလီဂရမ်	mi li ga. jan

kilogramme (m)	ကီလိုဂရမ်	ki lou ga jan
tonne (f)	တန်	tan
livre (f)	ပေါင်	paun
once (f)	အောင်စ	aun sa.
mètre (m)	မီတာ	mi ta
millimètre (m)	မီလီမီတာ	mi li mi ta
centimètre (m)	စင်တီမီတာ	sin ti mi ta
kilomètre (m)	ကီလိုမီတာ	ki lou mi ta
mille (m)	မိုင်	main
pouce (m)	လက်မ	le' ma
pied (m)	ပေ	pei
yard (m)	ကိုက်	kou'
mètre (m) carré	စတုရန်းမီတာ	satu. jan: mi ta
hectare (m)	ဟက်တာ	he' ta
litre (m)	လီတာ	li ta
degré (m)	ဒီဂရီ	di ga ji
volt (m)	ဗို့	boi.
ampère (m)	အမ်ပီယာ	an bi ja
cheval-vapeur (m)	မြင်းကောင်ရေအား	mjin: gaun jei a:
quantité (f)	အရေအတွက်	ajei adwe'
un peu de ...	နည်းနည်း	ne: ne:
moitié (f)	တစ်ဝက်	ti' we'
douzaine (f)	ဒါဇင်	da zin
pièce (f)	ခု	khu.
dimension (f)	အတိုင်းအတာ	atain: ata
échelle (f) (de la carte)	စကေး	sakei:
minimal (adj)	အနည်းဆုံး	ane: zoun
le plus petit (adj)	အသေးဆုံး	athei: zoun:
moyen (adj)	အလယ်အလတ်	ale ala'
maximal (adj)	အများဆုံး	amja: zoun:
le plus grand (adj)	အကြီးဆုံး	akji: zoun:

26. Les récipients

bocal (m) en verre	ဖန်ဘူး	hpan bu:
boîte, canette (f)	သံဘူး	than bu:
seau (m)	ရေပုံး	jei boun:
tonneau (m)	စည်ပိုင်း	si bain:
bassine, cuvette (f)	ဇလုံ	za loun
cuve (f)	သံစည်	than zi
flasque (f)	အရက်ပုလင်းပြား	aje' pu lin: pja:
jerrican (m)	တတ်ဆီပုံး	da' hsi boun:
citerne (f)	တိုင်ကီ	tain ki
tasse (f), mug (m)	မတ်ခွက်	ma' khwe'
tasse (f)	ခွက်	khwe'

soucoupe (f)   အောက်ခံပန်းကန်ပြား   au' khan ban: kan pja:
verre (m) (~ d'eau)   ဖန်ခွက်   hpan gwe'
verre (m) à vin   ဝိုင်ခွက်   wain gwe'
faitout (m)   ပေါင်းအိုး   paun: ou:

bouteille (f)   ပုလင်း   palin:
goulot (m)   ပုလင်းလည်ပင်း   palin: le bin:

carafe (f)   ဖန်ချိုင့်   hpan gjain.
pichet (m)   ကရား   kaja:
récipient (m)   အိုးခွက်   ou: khwe'
pot (m)   မြေအိုး   mjei ou:
vase (m)   ပန်းအိုး   pan: ou:

flacon (m)   ပုလင်း   palin:
fiole (f)   ပုလင်းကလေး   palin: galei:
tube (m)   ဘူး   bu:

sac (m) (grand ~)   ဂုံနီအိတ်   goun ni ei'
sac (m) (~ en plastique)   အိတ်   ei'
paquet (m) (~ de cigarettes)   ဘူး   bu:

boîte (f)   စက္ကူဘူး   se' ku bu:
caisse (f)   သေတ္တာ   thi' ta
panier (m)   တောင်း   taun:

27. Les matériaux

matériau (m)   အထည်   a hte
bois (m)   သစ်သား   thi' tha:
en bois (adj)   သစ်သားနှင့်လုပ်သော   thi' tha: hnin. lou' te.

verre (m)   ဖန်   hpan
en verre (adj)   ဖန်နှင့်လုပ်သော   hpan hnin. lou' te

pierre (f)   ကျောက်   kjau'
en pierre (adj)   ကျောက်ဖြင့်လုပ်ထားသော   kjau' hpjin. lou' hta: de.

plastique (m)   ပလတ်စတစ်   pa. la' sa. ti'
en plastique (adj)   ပလတ်စတစ်နှင့်လုပ်သော   pa. la' sa. ti' hnin. zain de

caoutchouc (m)   ရော်ဘာ   jo ba
en caoutchouc (adj)   ရော်ဘာနှင့်လုပ်သော   jo ba hnin. lou' te.

tissu (m)   အထည်   a hte
en tissu (adj)   အထည်နှင့်လုပ်သော   a hte hnin. lou' te.

papier (m)   စက္ကူ   se' ku
de papier (adj)   စက္ကူနှင့်လုပ်သော   se' ku hnin. lou' te.

carton (m)   စက္ကူထူ   se' ku htu
en carton (adj)   စက္ကူထူနှင့်လုပ်သော   se' ku htu hnin. lou' te.
polyéthylène (m)   ပေါလီသင်း   po li thin:
cellophane (f)   မှန်ကြည်စက္ကူ   hman gji se' ku

| linoléum (m) | ကျမ်းခင်း ဖိယောင်းပုဆိုး | kjan: khin: hpa jaun: pou hsou: |
| contreplaqué (m) | အထပ်သား | a hta' tha: |

porcelaine (f)	ကြွေ	kjwei
de porcelaine (adj)	ကြွေနှင့်လုပ်သော	kjwei hnin. lou' te
argile (f)	မြေစေး	mjei zei:
de terre cuite (adj)	မြေထည်	mjei de
céramique (f)	ကြွေထည်မြေထည်	kjwei de mjei de
en céramique (adj)	ကြွေထည်မြေထည်နှင့်လုပ်သော	kjwei de mjei de hnin. lou' te.

28. Les métaux

métal (m)	သတ္တု	tha' tu.
métallique (adj)	သတ္တုနှင့်လုပ်သော	tha' tu. hnin. lou' te.
alliage (m)	သတ္တုစပ်	tha' tu. za'

or (m)	ရွှေ	shwei
en or (adj)	ရွှေနှင့်လုပ်သော	shwei hnin. lou' te
argent (m)	ငွေ	ngwei
en argent (adj)	ငွေနှင့်လုပ်သော	ngwei hnin. lou' de.

fer (m)	သံ	than
en fer (adj)	သံနှင့်လုပ်သော	than hnin. lou' te.
acier (m)	သံမဏ	than mani.
en acier (adj)	သံမဏနှင့်လုပ်သော	than mani. hnin. lou' te.
cuivre (m)	ကြေးနီ	kjei: ni
en cuivre (adj)	ကြေးနီနှင့်လုပ်သော	kjei: ni hnin. lou. de.

aluminium (m)	အလူမီနီယမ်	alu mi ni jan
en aluminium (adj)	အလူမီနီယမ်နှင့်လုပ်သော	alu mi ni jan hnin. lou' te.
bronze (m)	ကြေးညို	kjei: njou
en bronze (adj)	ကြေးညိုနှင့်လုပ်သော	kjei: njou hnin. lou' de.

laiton (m)	ကြေးဝါ	kjei: wa
nickel (m)	နီကယ်	ni ke
platine (f)	ရွှေဖြူ	shwei bju
mercure (m)	ပြဒါး	bada:
étain (m)	သံဖြူ	than bju
plomb (m)	ခဲ	khe:
zinc (m)	သွပ်	thu'

L'HOMME

L'homme. Le corps humain

29. L'homme. Notions fondamentales

être (m) humain	လူ	lu
homme (m)	အမျိုးသား	amjou: dha:
femme (f)	အမျိုးသမီး	amjou: dhami:
enfant (m, f)	ကလေး	kalei:
fille (f)	ကောင်မလေး	kaun ma. lei:
garçon (m)	ကောင်လေး	kaun lei:
adolescent (m)	ဆယ်ကျော်သက်	hse gjo dhe'
vieillard (m)	လူကြီး	lu gji:
vieille femme (f)	အမျိုးသမီးကြီး	amjou: dhami: gji:

30. L'anatomie humaine

organisme (m)	ဇီဝရုပ်	zi wa ju'
cœur (m)	နှလုံး	hnaloun:
sang (m)	သွေး	thwei:
artère (f)	သွေးလွတ်ကြော	thwei hlwa' kjo:
veine (f)	သွေးပြန်ကြော	thwei: bjan gjo:
cerveau (m)	ဦးနှောက်	oun: hnau'
nerf (m)	အာရုံကြော	a joun gjo:
nerfs (m pl)	အာရုံကြောများ	a joun gjo: mja:
vertèbre (f)	ကျောရိုးအဆစ်	kjo: jou: ahsi'
colonne (f) vertébrale	ကျောရိုး	kjo: jou:
estomac (m)	အစာအိမ်	asa: ein
intestins (m pl)	အူ	au
intestin (m)	အူ	au
foie (m)	အသည်း	athe:
rein (m)	ကျောက်ကပ်	kjau' ka'
os (m)	အရိုး	ajou:
squelette (f)	အရိုးစု	ajou: zu
côte (f)	နံရိုး	nan jou:
crâne (m)	ဦးခေါင်းခွံ	u: gaun: gwan
muscle (m)	ကြွက်သား	kjwe' tha:
biceps (m)	လက်ရိုးကြွက်သား	le' jou: gjwe' tha:
triceps (m)	လက်မောင်းနောက်သား	le' maun: nau' tha:
tendon (m)	အရွတ်	ajwa'
articulation (f)	အဆစ်	ahsi'

poumons (m pl)	အဆုတ်	ahsou'
organes (m pl) génitaux	အင်္ဂါဇာတ်	in ga za'
peau (f)	အရေပြား	ajei bja:

31. La tête

tête (f)	ခေါင်း	gaun:
visage (m)	မျက်နှာ	mje' hna
nez (m)	နှာခေါင်း	hna gaun:
bouche (f)	ပါးစပ်	pa: zi'

œil (m)	မျက်စိ	mje' si.
les yeux	မျက်စိများ	mje' si. mja:
pupille (f)	သူငယ်အိမ်	thu nge ein
sourcil (m)	မျက်ခုံး	mje' khoun:
cil (m)	မျက်တောင်	mje' taun
paupière (f)	မျက်ခွံ	mje' khwan

langue (f)	လျှာ	sha
dent (f)	သွား	thwa:
lèvres (f pl)	နှုတ်ခမ်း	hna' khan:
pommettes (f pl)	ပါးရိုး	pa: jou:
gencive (f)	သွားဖုံး	thwahpoun:
palais (m)	အာခေါင်	a gaun

narines (f pl)	နှာခေါင်းပေါက်	hna gaun: bau'
menton (m)	မေးစေ့	mei: zei.
mâchoire (f)	မေးရိုး	mei: jou:
joue (f)	ပါး	pa:

front (m)	နဖူး	na. hpu:
tempe (f)	နားထင်	na: din
oreille (f)	နားရွက်	na: jwe'
nuque (f)	နောက်စေ့	nau' sei.
cou (m)	လည်ပင်း	le bin:
gorge (f)	လည်ချောင်း	le gjaun:

cheveux (m pl)	ဆံပင်	zabin
coiffure (f)	ဆံပင်ပုံစံ	zabin boun zan
coupe (f)	ဆံပင်ညှပ်သည့်ပုံစံ	zabin hnja' thi. boun zan
perruque (f)	ဆံပင်တု	zabin du.

moustache (f)	နှုတ်ခမ်းမွေး	hnou' khan: hmwei:
barbe (f)	မုတ်ဆိတ်မွေး	mou' hsei' hmwei:
porter (~ la barbe)	အရှည်ထားသည်	ashei hta: de
tresse (f)	ကျစ်ဆံမြီး	kji' zan mji:
favoris (m pl)	ပါးသိုင်းမွေး	pa: dhain: hmwei:

roux (adj)	ဆံပင်အနီရောင်ရှိသော	zabin ani jaun shi. de
gris, grisonnant (adj)	အရောင်ဖျော့သော	ajaun bjo. de.
chauve (adj)	ထိပ်ပြောင်သော	htei' pjaun de.
calvitie (f)	ဆံပင်ကျွတ်နေသောနေရာ	zabin kju' nei dho nei ja
queue (f) de cheval	မြင်းမြီးပုံစံဆံပင်	mjin: mji: boun zan zan bin
frange (f)	ဆံရစ်	hsaji'

32. Le corps humain

| main (f) | လက် | le' |
| bras (m) | လက်မောင်း | le' maun: |

doigt (m)	လက်ချောင်း	le' chaun:
orteil (m)	ခြေရှောင်း	chei gjaun:
pouce (m)	လက်မ	le' ma
petit doigt (m)	လက်သန်း	le' than:
ongle (m)	လက်သည်းစွဲ	le' the: dou' tan zin:

poing (m)	လက်သီး	le' thi:
paume (f)	လက်ဝါး	le' wa:
poignet (m)	လက်ကောက်ဝတ်	le' kau' wa'
avant-bras (m)	လက်ဖျံ	le' hpjan
coude (m)	တံတောင်ဆစ်	daduan zi'
épaule (f)	ပခုံး	pakhoun:

jambe (f)	ခြေထောက်	chei htau'
pied (m)	ခြေထောက်	chei htau'
genou (m)	ဒူး	du:
mollet (m)	ခြေသလုံးကြွက်သား	chei dha. loun: gjwe' dha:
hanche (f)	တင်ပါး	tin ba:
talon (m)	ခြေဖနောင့်	chei ba. naun.

corps (m)	ခန္ဓာကိုယ်	khan da kou
ventre (m)	ဗိုက်	bai'
poitrine (f)	ရင်ဘတ်	jin ba'
sein (m)	နို့	nou.
côté (m)	နံပါး	nan ba:
dos (m)	ကျော	kjo:
reins (région lombaire)	ခါးအောက်ပိုင်း	kha: au' pain:
taille (f) (~ de guêpe)	ခါး	kha:

nombril (m)	ချက်	che'
fesses (f pl)	တင်ပါး	tin ba:
derrière (m)	နောက်ပိုင်း	nau' pain:

grain (m) de beauté	မှဲ့	hme.
tache (f) de vin	မွေးရာပါအမှတ်	mwei: ja ba ahma'
tatouage (m)	တက်တူး	te' tu:
cicatrice (f)	အမာရွတ်	ama ju'

Les vêtements & les accessoires

33. Les vêtements d'extérieur

Français	Myanmar	Phonétique
vêtement (m)	အဝတ်အစား	awu' aza:
survêtement (m)	အပေါ်ဝတ်အကျီ	apo we' in: gji
vêtement (m) d'hiver	ဆောင်းတွင်းဝတ်အဝတ်အစား	hsaun: dwin: wu' awu' asa:
manteau (m)	ကုတ်အကျီရှည်	kou' akji shi
manteau (m) de fourrure	သားမွေးအနွေးထည်	tha: mwei: anwei: de
veste (f) de fourrure	အမွေးပွအပေါ်အကျီ	ahmwei pwa po akji.
manteau (m) de duvet	၄က်မွေးကုတ်အကျီ	hnge' hmwei: kou' akji.
veste (f) (~ en cuir)	အပေါ်အကျီ	apo akji.
imperméable (m)	မိုးကာအကျီ	mou: ga akji
imperméable (adj)	ရေလုံသော	jei loun de.

34. Les vêtements

Français	Myanmar	Phonétique
chemise (f)	ရှပ်အကျီ	sha' in gji
pantalon (m)	ဘောင်းဘီ	baun: bi
jean (m)	ဂျင်းဘောင်းဘီ	gjin: bain: bi
veston (m)	အပေါ်အကျီ	apo akji.
complet (m)	အနောက်တိုင်းဝတ်စုံ	anau' tain: wu' saun
robe (f)	ဂါဝန်	ga wun
jupe (f)	စကတ်	saka'
chemisette (f)	ဘလောက်စ်အကျီ	ba. lau' s in: gji
veste (f) en laine	ကြယ်သီးပါသော အနွေးထည်	kje dhi: ba de. anwei: dhe
jaquette (f), blazer (m)	အပေါ်ဖုံးအကျီ	apo hpoun akji.
tee-shirt (m)	တီရှပ်	ti shi'
short (m)	ဘောင်းဘီတို	baun: bi dou
costume (m) de sport	အားကစားဝတ်စုံ	a: gaza: wu' soun
peignoir (m) de bain	ရေချိုးခန်းဝတ်စုံ	jei gjou: gan: wu' soun
pyjama (m)	ညအိပ်ဝတ်စုံ	nja a' wu' soun
chandail (m)	ဆွယ်တာ	hswe da
pull-over (m)	ဆွယ်တာ	hswe da
gilet (m)	ဝစ်ကုတ်	wi' kou'
queue-de-pie (f)	တေးလံကုတ်အကျီ	tei: l kou' in: gji
smoking (m)	ညစာစားပွဲဝတ်စုံ	nja. za za: bwe: wu' soun
uniforme (m)	တူညီဝတ်စုံ	tu nji wa' soun
tenue (f) de travail	အလုပ်ဝင် ဝတ်စုံ	alou' win wu' zoun
salopette (f)	စက်ရှုံဝတ်စုံ	se' joun wu' soun
blouse (f) (d'un médecin)	ဂျူတိကုတ်	gju di gou'

35. Les sous-vêtements

sous-vêtements (m pl)	အတွင်းခံ	atwin: gan
boxer (m)	ယောက်ျား၀တ်အတွင်းခံ	jau' kja: wu' atwin: gan
slip (m) de femme	မိန်းကလေး၀တ်အတွင်းခံ	mein; galei; wa' atwin: gan
maillot (m) de corps	စွပ်ကျယ်	su' kje
chaussettes (f pl)	ခြေအိတ်များ	chei ei' mja:
chemise (f) de nuit	ညအိပ်ဂါ၀န်ရှည်	nja a' ga wun she
soutien-gorge (m)	ဘရာစီယာ	ba ra si ja
chaussettes (f pl) hautes	ခြေအိတ်ရှည်	chei ei' shi
collants (m pl)	အသားကပ်-ဘောင်းဘီရှည်	atha: ka' baun: bi shei
bas (m pl)	စတော့ကင်	sato. kin
maillot (m) de bain	ရေကူး၀တ်စုံ	jei ku: wa' zoun

36. Les chapeaux

chapeau (m)	ဦးထုပ်	u: htou'
chapeau (m) feutre	ဦးထုပ်ပျော့	u: htou' pjo.
casquette (f) de base-ball	ရှာထိုးဦးထုပ်	sha dou; u: dou'
casquette (f)	လူကြီးဆောင်းဦးထုပ်ပြား	lu gji: zaun: u: dou' pja:
béret (m)	ဘယ်ရီဦးထုပ်	be ji u: htu'
capuche (f)	အကျိတွင်ပါသော ခေါင်းစွပ်	akji. twin pa dho: gaun: zu'
panama (m)	ဦးထုပ်အ၀ိုင်း	u: htou' awain:
bonnet (m) de laine	သိုးမွေးခေါင်းစွပ်	thou: mwei: gaun: zu'
foulard (m)	ခေါင်းစည်းပု၀ါ	gaun: zi: bu. wa
chapeau (m) de femme	အမျိုးသမီးဆောင်းဦးထုပ်	amjou: dhami: zaun: u: htou'
casque (m) (d'ouvriers)	ဦးထုပ်အမာ	u: htou' ama
calot (m)	တပ်မတော်သုံးဦးထုပ်	ta' mado dhoun: u: dou'
casque (m) (~ de moto)	အမာစားဦးထုပ်	ama za: u: htou'
melon (m)	ဦးထုပ်လုံး	u: htou' loun:
haut-de-forme (m)	ဦးထုပ်မြင့်	u: htou' mjin.

37. Les chaussures

chaussures (f pl)	ဖိနပ်	hpana'
bottines (f pl)	ရှူးဖိနပ်	shu: hpi. na'
souliers (m pl) (~ plats)	မိန်းကလေးစီးရှူးဖိနပ်	mein; galei; zi: shu: bi. na'
bottes (f pl)	လည်ရှည်ဖိနပ်	le she bi. na'
chaussons (m pl)	အိမ်တွင်းစီးကွင်းထိုးဖိနပ်	ein dwin:
tennis (m pl)	အားကစားဖိနပ်	a: gaza: bana'
baskets (f pl)	ပတ္တူဖိနပ်	pa' tu bi. na'
sandales (f pl)	ကြိုးသိုင်းဖိနပ်	kjou: dhain: bi. na'
cordonnier (m)	ဖိနပ်ချုပ်သမား	hpana' chou' tha ma:
talon (m)	ဒေါက်	dau'

paire (f)	အစုံ	asoun.
lacet (m)	ဖိနပ်ကြိုး	hpana' kjou:
lacer (vt)	ဖိနပ်ကြိုးချည်သည်	hpana' kjou: gjin de
chausse-pied (m)	ဖိနပ်စီးရာသွင်သုံးသည့် ဖိနပ်ကော်	hpana' si: ja dhwin dhoun: dhin. hpana' ko
cirage (m)	ဖိနပ်တိုက်ဆေး	hpana' tou' hsei:

38. Le textile. Les tissus

coton (m)	ဝါချည်	wa gji
de coton (adj)	ဝါချည်မှ	wa gji hma.
lin (m)	ချည်ကြမ်း	che kjan:
de lin (adj)	ချည်ကြမ်းမှ	che kjan: hma.
soie (f)	ပိုးချည်	pou: gje
de soie (adj)	ပိုးသားဖြင့်ပြုလုပ်ထားသော	pou: dha: bjin. bju. lou' hta: de.
laine (f)	သိုးမွေးချည်	thou: mwei: gji
en laine (adj)	သိုးမွေးဖြင့်ပြုလုပ်ထားသော	thou: mwei: bjin. bju lou' hta: de.
velours (m)	ကတ္တီပါ	gadi ba
chamois (m)	မျက်နှာပြင်ကြမ်းသောသားရေ	mje' hna bin gjain: dho dha: jei
velours (m) côtelé	ချည်ကတ္တီပါ	che gadi ba
nylon (m)	နိုင်လွန်	nain lun
en nylon (adj)	နိုင်လွန်မှ	nain lun hma
polyester (m)	ပေါ်လီအက်စတာ	po li e' sa. ta
en polyester (adj)	ပေါ်လီအက်စတာ	po li e' sa. ta
cuir (m)	သားရေ	tha: ei
en cuir (adj)	သားရေမှ	tha: jei hma.
fourrure (f)	သားမွေး	tha: mwei:
en fourrure (adj)	သားမွေးဖြင့်ပြုလုပ်ထားသော	tha: mwei: bjin. bju. lou' hta: de.

39. Les accessoires personnels

gants (m pl)	လက်အိတ်	lei' ei'
moufles (f pl)	နစ်ကန့်လက်အိတ်	hni' kan. le' ei'
écharpe (f)	မာဖလာ	ma ba. la
lunettes (f pl)	မျက်မှန်	mje' hman
monture (f)	မျက်မှန်ကိုင်း	mje' hman gain:
parapluie (m)	ထီး	hti:
canne (f)	တုတ်ကောက်	tou' kau'
brosse (f) à cheveux	ခေါင်းဘီး	gaun: bi:
éventail (m)	ပန်ကန်	pan gan
cravate (f)	လည်စည်း	le zi:
nœud papillon (m)	ဖဲပြားပုံလည်စည်း	hpe: bja: boun le zi:
bretelles (f pl)	ဘောင်းဘီသိုင်းကြိုး	baun: bi dhain: gjou:

mouchoir (m)	လက်ကိုင်ပုဝါ	le' kain bu. wa
peigne (m)	ဘီး	bi:
barrette (f)	ဆံညှပ်	hsan hnja'
épingle (f) à cheveux	ကလစ်	kali'
boucle (f)	ခါးပတ်ခေါင်း	kha: ba' khaun:
ceinture (f)	ခါးပတ်	kha: ba'
bandoulière (f)	ပုခုံးသိုင်းကြိုး	pu. goun: dhain: gjou:
sac (m)	လက်ကိုင်အိတ်	le' kain ei'
sac (m) à main	မိန်းကလေးပုခုံးလွယ်အိတ်	mein: galei: bou goun: lwe ei'
sac (m) à dos	ကျောပိုးအိတ်	kjo: bou: ei'

40. Les vêtements. Divers

mode (f)	ဖက်ရှင်	hpe' shin
à la mode (adj)	ခေတ်မီသော	khi' mi de.
couturier, créateur de mode	ဖက်ရှင်ဒီဇိုင်နာ	hpe' shin di zain na
col (m)	အကျီကော်လာ	akji. ko la
poche (f)	အိတ်ကပ်	ei' ka'
de poche (adj)	အိတ်ဆောင်	ei' hsaun
manche (f)	အကျီလက်	akji. le'
bride (f)	အကျီချိတ်ကွင်း	akji. gjei' kwin:
braguette (f)	ဘောင်းဘီလျှာဆက်	baun: bi ja ze'
fermeture (f) à glissière	ဇစ်	zi'
agrafe (f)	ချိတ်စရာ	che' zaja
bouton (m)	ကြယ်သီး	kje dhi:
boutonnière (f)	ကြယ်သီးပေါက်	kje dhi: bau'
s'arracher (bouton)	ပြုတ်ထွက်သည်	pjou' htwe' te
coudre (vi, vt)	စက်ချုပ်သည်	se' khjou' te
broder (vt)	ပန်းထိုးသည်	pan: dou: de
broderie (f)	ပန်းထိုးခြင်း	pan: dou: gjin:
aiguille (f)	အပ်	a'
fil (m)	အပ်ချည်	a' chi
couture (f)	ချုပ်ရိုး	chou' jou:
se salir (vp)	ညစ်ပေသွားသည်	nji' pei dhwa: de
tache (f)	အစွန်းအထင်း	aswan: ahtin:
se froisser (vp)	တွန့်ကြေစေသည်	tun. gjei zei de
déchirer (vt)	ပေါက်ပြဲသွားသည်	pau' pje: dhwa: de
mite (f)	အဝတ်ပိုးဖလံ	awu' pou: hpa. lan

41. L'hygiène corporelle. Les cosmétiques

dentifrice (m)	သွားတိုက်ဆေး	thwa: tai' hsei:
brosse (f) à dents	သွားတိုက်တံ	thwa: tai' tan
se brosser les dents	သွားတိုက်သည်	thwa: tai' te

rasoir (m)	သင်တုန်းဓား	thin toun: da:
crème (f) à raser	မုတ်ဆိတ်ရိတ် ဆပ်ပြာ	mou' zei' jei' hsa' pja
se raser (vp)	ရိတ်သည်	jei' te
savon (m)	ဆပ်ပြာ	hsa' pja
shampooing (m)	ခေါင်းလျှော်ရည်	gaun: sho je
ciseaux (m pl)	ကတ်ကြေး	ka' kjei:
lime (f) à ongles	လက်သည်းတိုက်တံစဉ်း	le' the:
pinces (f pl) à ongles	လက်သည်းညှပ်	le' the: hnja'
pince (f) à épiler	အဂၤါ	za ga. na

produits (m pl) de beauté	အလှကုန်ပစ္စည်း	ahla. koun pji' si:
masque (m) de beauté	မျက်နှာပေါင်းတင်ခြင်း	mje' hna baun: din gjin:
manucure (f)	လက်သည်းအလှပြုခြင်း	le' the: ahla bjin gjin
se faire les ongles	လက်သည်းအလှပြုသည်	le' the: ahla bjin de
pédicurie (f)	ခြေသည်းအလှပြုသည်	chei dhi: ahla. pjin de

trousse (f) de toilette	မိတ်ကပ်အိတ်	mi' ka' ei'
poudre (f)	ပေါင်ဒါ	paun da
poudrier (m)	ပေါင်ဒါဘူး	paun da bu:
fard (m) à joues	ပါးနီ	pa: ni

parfum (m)	ရေမွှေး	jei mwei:
eau (f) de toilette	ရေမွှေး	jei mwei:
lotion (f)	လိုးရှင်း	lou shin:
eau de Cologne (f)	အော်ဒီကလုန်းရေမွှေး	o di ka lun: jei mwei:

fard (m) à paupières	မျက်ခွံဆိုးဆေး	mje' khwan zou: zei:
crayon (m) à paupières	အိုင်းလိုင်နာတောင့်	ain: lain: na daun.
mascara (m)	မျက်တောင်ခြယ်ဆေး	mje' taun gje zei:

rouge (m) à lèvres	နှုတ်ခမ်းနီ	hna' khan: ni
vernis (m) à ongles	လက်သည်းဆိုးဆေး	le' the: azou: zei:
laque (f) pour les cheveux	ဆံပင်သုံး စပ်ရေး	zabin dhoun za. ba. jei:
déodorant (m)	ချွေးနံ့ပျောက်ဆေး	chwei: nan. bjau' hsei:

crème (f)	ခရင်မ်	khajin m
crème (f) pour le visage	မျက်နှာခရင်မ်	mje' hna ga. jin m
crème (f) pour les mains	ဟန်ခရင်မ်	han kha. rin m
crème (f) anti-rides	အသားခြောက်ကာကွယ်ဆေး	atha: gjau' ka gwe zei:
crème (f) de jour	နေ့လိမ်းခရင်မ်	nei. lein: ga jin'm
crème (f) de nuit	ညလိမ်းခရင်မ်	nja lein: khajinm
de jour (adj)	နေ့လယ်ဘက်သုံးသော	nei. le be' thoun: de.
de nuit (adj)	ညဘက်သုံးသော	nja. be' thoun: de.

tampon (m)	အတောင့်	ataun.
papier (m) de toilette	အိမ်သာသုံးစက္ကူ	ein dha dhoun: se' ku
sèche-cheveux (m)	ဆံပင်အခြောက်ခံစက်	zabin achou' hsan za'

42. Les bijoux. La bijouterie

bijoux (m pl)	လက်ဝတ်ရတနာ	le' wa' ja. da. na
précieux (adj)	အဖိုးတန်	ahpou: dan
poinçon (m)	ရွှေကွေကငွေကမှတ်	shwei ge: ngwei ge: hma'

bague (f)	လက်စွပ်	le' swa'
alliance (f)	လက်ထပ်လက်စွပ်	le' hta' le' swa'
bracelet (m)	လက်ကောက်	le' kau'
boucles (f pl) d'oreille	နားကပ်	na: ka'
collier (m) (de perles)	လည်ဆွဲ	le zwe:
couronne (f)	သရဖူ	tharahpu:
collier (m) (en verre, etc.)	လည်ဆွဲပုတီး	le zwe: bu. di:

diamant (m)	စိန်	sein
émeraude (f)	မြ	mja.
rubis (m)	ပတ္တမြား	pa' ta. mja:
saphir (m)	နီလာ	ni la
perle (f)	ပုလဲ	pale:
ambre (m)	ပယင်း	pajin:

43. Les montres. Les horloges

montre (f)	နာရီ	na ji
cadran (m)	နာရီဒိုက်ခွက်	na ji dai' hpwe'
aiguille (f)	နာရီလက်တံ	na ji le' tan
bracelet (m)	နာရီကြိုး	na ji gjou:
bracelet (m) (en cuir)	နာရီကြိုး	na ji gjou:

pile (f)	ဓာတ်ခဲ	da' khe:
être déchargé	အားကုန်သည်	a: kun de
changer de pile	ဘတ်ထရီလဲသည်	ba' hta ji le: de
avancer (vi)	မြန်သည်	mjan de
retarder (vi)	နောက်ကျသည်	nau' kja. de

pendule (f)	တိုင်ကပ်နာရီ	tain ka' na ji
sablier (m)	သဲနာရီ	the: naji
cadran (m) solaire	နေနာရီ	nei na ji
réveil (m)	နှိုးစက်	hnou: ze'
horloger (m)	နာရီပြင်ဆရာ	ma ji bjin zaja
réparer (vt)	ပြင်သည်	pjin de

Les aliments. L'alimentation

viande (f)	အသား	atha:
poulet (m)	ကြက်သား	kje' tha:
poulet (m) (poussin)	ကြက်ကလေး	kje' ka. lei:
canard (m)	ဘဲသား	be: dha:
oie (f)	ဘဲငန်းသား	be: ngan: dha:
gibier (m)	တောကောင်သား	to: gaun dha:
dinde (f)	ကြက်ဆင်သား	kje' hsin dha:
du porc	ဝက်သား	we' tha:
du veau	နွားကလေးသား	nwa: ga. lei: dha:
du mouton	သိုးသား	thou: tha:
du bœuf	အမဲသား	ame: dha:
lapin (m)	ယုန်သား	joun dha:
saucisson (m)	ဝက်အူချောင်း	we' u gjaun:
saucisse (f)	အသားချောင်း	atha: gjaun:
bacon (m)	ဝက်ဆားနယ်ခြောက်	we' has: ne gjau'
jambon (m)	ဝက်ပေါင်ခြောက်	we' paun gjau'
cuisse (f)	ဝက်ပေါင်ကြက်တိုက်	we' paun gje' tai'
pâté (m)	အနစ်အခဲပျော့	ahni' akhe pjo.
foie (m)	အသည်း	athe:
farce (f)	ကြိတ်သား	kjei' tha:
langue (f)	လျှာ	sha
œuf (m)	ဥ	u.
les œufs	ဥများ	u. mja:
blanc (m) d'œuf	အကာ	aka
jaune (m) d'œuf	အနစ်	ahni'
poisson (m)	ငါး	nga:
fruits (m pl) de mer	ပင်လယ်အစားအစာ	pin le asa: asa
crustacés (m pl)	အခွံမာရေနေသတ္တဝါ	akhun ma jei nei dha' ta. wa
caviar (m)	ငါးဥ	nga: u.
crabe (m)	ကကန်း	kanan:
crevette (f)	ပုစွန်	bazun
huître (f)	ကမာကောင်	kama kaun
langoustine (f)	ကျောက်ပုစွန်	kjau' pu. zun
poulpe (m)	ရေဘဝဲသား	jei ba. we: dha:
calamar (m)	ပြည်ကြီးငါး	pjei gji: nga:
esturgeon (m)	စတာဂျင်ငါး	sata gjin nga:
saumon (m)	ဆော်လမွန်ငါး	hso: la. mun nga:
flétan (m)	ပင်လယ်ကြီးသား	pin le nga: gji: dha:
morue (f)	ငါးကြီးဆီထုတ်သောငါး	nga: gji: zi dou' de. nga:

maquereau (m)	မက်ကရယ်ငါး	me' ka. je nga:
thon (m)	တူနာငါး	tu na nga:
anguille (f)	ငါးရှဉ့်	nga: shin.

truite (f)	ထရောက်ငါး	hta. jau' nga:
sardine (f)	ငါးသေတ္တာငါး	nga: dhei ta' nga:
brochet (m)	ပိုက်ငါး	pai' nga
hareng (m)	ငါးသလောက်	nga: dha. lau'

pain (m)	ပေါင်မုန့်	paun moun.
fromage (m)	ဒိန်ခဲ	dain ge:
sucre (m)	သကြား	dhagja:
sel (m)	ဆား	hsa:

riz (m)	ဆန်ပပါး	hsan zaba
pâtes (m pl)	အီတလီခေါက်ဆွဲ	ita. li khau' hswe:
nouilles (f pl)	ခေါက်ဆွဲ	gau' hswe:

beurre (m)	ထောပတ်	hto: ba'
huile (f) végétale	ဆီ	hsi
huile (f) de tournesol	နေကြာပန်းဆီ	nei gja ban: zi
margarine (f)	ဟင်းရွက်အဆီခဲ	hin: jwe' ahsi khe:

| olives (f pl) | သံလွင်သီး | than lun dhi: |
| huile (f) d'olive | သံလွင်ဆီ | than lun zi |

lait (m)	နွားနို့	nwa: nou.
lait (m) condensé	နို့ဆီ	ni. zi
yogourt (m)	ဒိန်ချဉ်	dain gjin
crème (f) aigre	နို့ချဉ်	nou. gjin
crème (f) (de lait)	မလိုင်	ma. lain

| sauce (f) mayonnaise | ခပ်ပျစ်ပျစ်စားမြိန်ရည် | kha' pji' pji' sa: mjein jei |
| crème (f) au beurre | ထောပတ်မလိုင် | hto: ba' ma. lein |

gruau (m)	နှမ်းစားစေ့	nhnan za: zei.
farine (f)	ဂျုံမှုန့်	gjoun hmoun.
conserves (f pl)	စည်သွပ်ပုံးများ	si dhwa' bu: mja:

pétales (m pl) de maïs	ပြောင်းဖူးမုန့်ဆန်း	pjaun: bu: moun. zan:
miel (m)	ပျားရည်	pja: je
confiture (f)	ယို	jou
gomme (f) à mâcher	ပီကေ	pi gei

45. Les boissons

eau (f)	ရေ	jei
eau (f) potable	သောက်ရေ	thau' jei
eau (f) minérale	ဓာတ်ဆားရည်	da' hsa: ji

plate (adj)	ဂတ်စ်မပါသော	ga' s ma. ba de.
gazeuse (l'eau ~)	ဂတ်စ်ပါသော	ga' s ba de.
pétillante (adj)	စပါကာလင်	saba ga. lin
glace (f)	ရေခဲ	jei ge:

avec de la glace	ရေခဲနှင့်	jei ge: hnin.
sans alcool	အယ်လ်ကိုဟောမပါသော	e kou ho: ma. ba de.
boisson (f) non alcoolisée	အယ်လ်ကိုဟောမှုဟုတ် သော ဖျော်ရည်စရာ	e kou ho: ma. hou' te. dhau' sa. ja
rafraîchissement (m)	အအေး	aei:
limonade (f)	လီမွန်ဖျော်ရည်	li mun hpjo ji

boissons (f pl) alcoolisées	အယ်လ်ကိုဟောပါဝင် သော ဖျော်သောက်စရာ	e kou ho: ba win de. dhau' sa. ja
vin (m)	ဝိုင်	wain
vin (m) blanc	ဝိုင်ဖြူ	wain gju
vin (m) rouge	ဝိုင်နီ	wain ni

liqueur (f)	အရက်ချိုပြင်း	aje' gjou pjin
champagne (m)	ရှန်ပိန်	shan pein
vermouth (m)	ရန်သင်းသောဆေးဖိမိဝိုင်	jan dhin: dho: zei: zein wain

whisky (m)	ဝိစကီ	wi sa. gi
vodka (f)	ဗော့ကာ	bo ga
gin (m)	ဂျင်	gjin
cognac (m)	ကော့ညက်	ko. nja'
rhum (m)	ရမ်	ran

café (m)	ကော်ဖီ	ko hpi
café (m) noir	ဘလက်ကော်ဖီ	ba. le' ko: phi
café (m) au lait	ကော်ဖီနို့ရော	ko hpi ni. jo:
cappuccino (m)	ကပုချီနို	ka. pu chi ni.
café (m) soluble	ကော်ဖီမစ်	ko hpi mi'

lait (m)	နွားနို့	nwa: nou.
cocktail (m)	ကော့တေး	ko. dei:
cocktail (m) au lait	မစ်ရှိတ်	mi' shei'

jus (m)	အချိုရည်	achou ji
jus (m) de tomate	ခရမ်းချဉ်သီးအချိုရည်	khajan: chan dhi: achou jei
jus (m) d'orange	လိမ္မော်ရည်	limmo ji
jus (m) pressé	အသီးဖျော်ရည်	athi: hpjo je

bière (f)	ဘီယာ	bi ja
bière (f) blonde	အရောင်ဖျော့သောဘီယာ	ajaun bjau. de. bi ja
bière (f) brune	အရောင်ရင့်သောဘီယာ	ajaun jin. de. bi ja

thé (m)	လက်ဖက်ရည်	le' hpe' ji
thé (m) noir	လက်ဖက်နက်	le' hpe' ne'
thé (m) vert	လက်ဖက်စိမ်း	le' hpe' sein:

46. Les légumes

| légumes (m pl) | ဟင်းသီးဟင်းရွက် | hin: dhi: hin: jwe' |
| verdure (f) | ဟင်းခတ်အမွှေးရွက် | hin: ga' ahmwei: jwe' |

tomate (f)	ခရမ်းချဉ်သီး	khajan: chan dhi:
concombre (m)	သခွါးသီး	thakhwa: dhi:
carotte (f)	မုန်လာဥနီ	moun la u. ni

pomme (f) de terre	ကြက်သွန်နီ	a lu:
oignon (m)	ကြက်သွန်နီ	kje' thwan ni
ail (m)	ကြက်သွန်ဖြူ	kje' thwan bju

chou (m)	ဂေါ်ဖီ	go bi
chou-fleur (m)	ပန်းဂေါ်ဖီ	pan: gozi
chou (m) de Bruxelles	ဂေါ်ဖီထုပ်အသေးစား	go bi dou' athei: za:
brocoli (m)	ပန်းဂေါ်ဖီအစိမ်း	pan: gozi asein:

betterave (f)	မုန်လာဥနီလုံး	moun la u. ni loun:
aubergine (f)	ခရမ်းသီး	khajan: dhi:
courgette (f)	ဘူးသီး	bu: dhi:
potiron (m)	ဖရုံသီး	hpa joun dhi:
navet (m)	တရုတ်မုန်လာဥ	tajou' moun la u.

persil (m)	တရုတ်နံနံပင်	tajou' nan nan bin
fenouil (m)	စမြိတ်ပင်	samjei' pin
laitue (f) (salade)	ဆလပ်ရွက်	hsa. la' jwe'
céleri (m)	တရုတ်နံနံကြီး	tajou' nan nan gji:
asperge (f)	ကညွတ်မာပင်	ka. nju' ma bin
épinard (m)	ဒေါက်ခွ	dau' khwa.

pois (m)	ပဲစေ့	pe: zei.
fèves (f pl)	ပဲအမျိုးမျိုး	pe: amjou: mjou:
maïs (m)	ပြောင်းဖူး	pjaun: bu:
haricot (m)	ပိုလဲစားပဲ	bou za: be:

poivron (m)	ငရုတ်သီး	nga jou' thi:
radis (m)	မုန်လာဥသေး	moun la u. dhei:
artichaut (m)	အာတိရှော	a ti cho.

47. Les fruits. Les noix

fruit (m)	အသီး	athi:
pomme (f)	ပန်းသီး	pan: dhi:
poire (f)	သစ်တော်သီး	thi' to dhi:
citron (m)	သံပုယိုသီး	than bu. jou dhi:
orange (f)	လိမ္မော်သီး	limmo dhi:
fraise (f)	စတော်ဘယရီသီး	sato be ri dhi:

mandarine (f)	ပျားလိမ္မော်သီး	pja: lein mo dhi:
prune (f)	ဆီးသီး	hsi: dhi:
pêche (f)	မက်မွန်သီး	me' mwan dhi:
abricot (m)	တရုတ်ဆီးသီး	jau' hsi: dhi:
framboise (f)	ရက်စဘယရီ	re' sa be ji
ananas (m)	နာနတ်သီး	na na' dhi:

banane (f)	ငှက်ပျောသီး	hnge' pjo: dhi:
pastèque (f)	ဖရဲသီး	hpa. je: dhi:
raisin (m)	စပျစ်သီး	zabji' thi:
merise (f), cerise (f)	ချယ်ရီသီး	che ji dhi:
cerise (f)	ချယ်ရီရင့်သီး	che ji gjin dhi:
merise (f)	ချယ်ရီရဲ့သီး	che ji gjou dhi:
melon (m)	သခွားမွှေးသီး	thakhwa: hmwei: dhi:

pamplemousse (m)	ဂရိတ်ဖရုသီး	ga. ri' hpa. ju dhi:
avocat (m)	ထောပတ်သီး	hto: ba' thi:
papaye (f)	သင်္ဘောသီး	thin: bo: dhi:
mangue (f)	သရက်သီး	thaje' thi:
grenade (f)	တလည်းသီး	tale: dhi:

groseille (f) rouge	အနီရောင်ဘယ်ရီသီး	ani jaun be ji dhi:
cassis (m)	ဘလက်ကားရန့်	ba. le' ka: jan.
groseille (f) verte	ကလားစင်းဖြူ	ka. la: his: hpju
myrtille (f)	ဘီဘယ်ရီအသီး	bi: be ji athi:
mûre (f)	ရှမ်းဇီးသီး	shan: zi: di:

raisin (m) sec	စပျစ်သီးခြောက်	zabji' thi: gjau'
figue (f)	သဖန်းသီး	thahpjan: dhi:
datte (f)	စွန်ပလွံသီး	sun palun dhi:

cacahuète (f)	မြေပဲ	mjei be:
amande (f)	ဗာဒံသီး	ba dan di:
noix (f)	သစ်ကြားသီး	thi' kja: dhi:
noisette (f)	ဟောဇယ်သီး	ho: ze dhi:
noix (f) de coco	အုန်းသီး	aun: dhi:
pistaches (f pl)	ခွဲမာသီး	khwan ma dhi:

48. Le pain. Les confiseries

confiserie (f)	မုန့်ရှို	moun. gjou
pain (m)	ပေါင်မုန့်	paun moun.
biscuit (m)	ဘီစကစ်	bi za. ki'

chocolat (m)	ချောကလက်	cho: ka. le'
en chocolat (adj)	ချောကလက်အရသာရှိသော	cho: ka. le' aja. dha shi. de.
bonbon (m)	သကြားလုံး	dhagja: loun:
gâteau (m), pâtisserie (f)	ကိတ်	kei'
tarte (f)	ကိတ်မုန့်	kei' moun.

| gâteau (m) | ပိုင်မုန့် | pain hmoun. |
| garniture (f) | သွပ်ထားသောအစာ | thu' hta: dho: asa |

confiture (f)	ယို	jou
marmelade (f)	အထူးပြုလုပ်ထားသော ယို	a htu: bju. lou' hta: de. jou
gaufre (f)	ဝေဖာ	wei hpa
glace (f)	ရေခဲမုန့်	jei ge: moun.
pudding (m)	ပုတင်း	pu tin:

49. Les plats cuisinés

plat (m)	ဟင်းပွဲ	hin: bwe:
cuisine (f)	အစားအသောက်	asa: athau'
recette (f)	ဟင်းချက်နည်း	hin: gji' ne:
portion (f)	တစ်ယောက်စာဟင်းပွဲ	ti' jau' sa hin: bwe:
salade (f)	အသုပ်	athou'
soupe (f)	စွပ်ပြုတ်	su' pjou'

bouillon (m)	ဟင်းရည်	hin: ji
sandwich (m)	အသားညှပ်ပေါင်မုန့်	atha: hnja' paun moun.
les œufs brouillés	ကြက်ဥခြော်	kje' u. kjo

| hamburger (m) | ဟန်ဘာဂါ | han ba ga |
| steak (m) | အမဲသားတုံး | ame: dha: doun: |

garniture (f)	အရံဟင်း	ajan hin:
spaghettis (m pl)	အီတာလီခေါက်ဆွဲ	ita. li khau' hswe:
purée (f)	အာလူးနွားနွံဖျော်	a luu: nwa: nou. bjo
pizza (f)	ပီဇာ	pi za
bouillie (f)	အုတ်ဂျုံယာဂု	ou' gjoun ja gu.
omelette (f)	ကြက်ဥခေါက်ကြော်	kje' u. khau' kjo

cuit à l'eau (adj)	ပြုတ်ထားသော	pjou' hta: de.
fumé (adj)	ကြိုတင်ထားသော	kja' tin da: de.
frit (adj)	ကြော်ထားသော	kjo da de.
sec (adj)	ခြောက်နေသော	chau' nei de.
congelé (adj)	အအေးခဲနေသော	ei: khe: nei de.
mariné (adj)	ဆားရည်စိမ်ထားသော	hsa:

sucré (adj)	ချိုသော	chou de.
salé (adj)	ငန်သော	ngan de.
froid (adj)	အအေးသော	ei: de.
chaud (adj)	ပူသော	pu dho:
amer (adj)	ခါးသော	kha: de.
bon (savoureux)	အရသာရှိသော	aja. dha shi. de.

cuire à l'eau	ပြုတ်သည်	pjou' te
préparer (le dîner)	ချက်သည်	che' de
faire frire	ကြော်သည်	kjo de
réchauffer (vt)	အပူပေးသည်	apu bei: de

saler (vt)	ဆားထည့်သည်	hsa: hte. de
poivrer (vt)	အစပ်ထည့်သည်	asin hte. dhe
râper (vt)	ခြစ်သည်	chi' te
peau (f)	အခွံ	akhun
éplucher (vt)	အခွံနွာသည်	akhun hnwa de

50. Les épices

sel (m)	ဆား	hsa:
salé (adj)	ငန်သော	ngan de.
saler (vt)	ဆားထည့်သည်	hsa: hte. de

poivre (m) noir	ငရုတ်ကောင်း	nga jou' kaun:
poivre (m) rouge	ငရုတ်သီး	nga jou' thi:
moutarde (f)	မုန်ညင်း	moun njin:
raifort (m)	သဘောဒန့်သလွန်	thin: bo: dan. dha lun

condiment (m)	ဟင်းခတ်အမွှန်အမျိုးမျိုး	hin: ga' ahnun. amjou: mjou:
épice (f)	ဟင်းခတ်အမွှေးအကြိုင်	hin: ga' ahmwei: akjain
sauce (f)	ဆော့	hso.
vinaigre (m)	ရှာလကာရည်	sha la. ga je

anis (m)	စမုန်စပါးပင်	samoun zaba: bin
basilic (m)	ပင်စိမ်း	pin zein:
clou (m) de girofle	လေးညှင်း	lei: hnjin:
gingembre (m)	ဂျင်း	gjin:
coriandre (m)	နံနံပင်	nan nan bin
cannelle (f)	သစ်ကြံပိုးခေါက်	thi' kjan bou: gau'

sésame (m)	နှမ်း	hnan:
feuille (f) de laurier	ကရဝေးရွက်	ka ja wei: jwe'
paprika (m)	ပန်းရေတံမှုန့်	pan: nga. jou' hnoun.
cumin (m)	ကရဝေး	ka. ja. wei:
safran (m)	ကုံကုမံ	koun kou man

51. Les repas

| nourriture (f) | အစားအစာ | asa: asa |
| manger (vi, vt) | စားသည် | sa: de |

petit déjeuner (m)	နံနက်စာ	nan ne' za
prendre le petit déjeuner	နံနက်စာစားသည်	nan ne' za za: de
déjeuner (m)	နေ့လယ်စာ	nei. le za
déjeuner (vi)	နေ့လယ်စာစားသည်	nei. le za za de
dîner (m)	ညစာ	nja. za
dîner (vi)	ညစာစားသည်	nja. za za: de

| appétit (m) | စားချင်စိတ် | sa: gjin zei' |
| Bon appétit! | စားကောင်းပါစေ | sa: gaun: ba zei |

ouvrir (vt)	ဖွင့်သည်	hpwin. de
renverser (liquide)	ဖိတ်ကျသည်	hpi' kja de
se renverser (liquide)	မှောက်သည်	hmau' de
bouillir (vi)	ဆူပွက်သည်	hsu. bwe' te
faire bouillir	ဆူပွက်သည်	hsu. bwe' te
bouilli (l'eau ~e)	ဆူပွက်ထားသော	hsu. bwe' hta: de.
refroidir (vt)	အအေးခံသည်	aei: gan de
se refroidir (vp)	အေးသွားသည်	ei: dhwa: de

| goût (m) | အရသာ | aja. dha |
| arrière-goût (m) | ပအာ့ရှင်း | pa. achin: |

suivre un régime	ဝိတ်ချသည်	wei' cha. de
régime (m)	ဓာတ်စာ	da' sa
vitamine (f)	ဗီတာမင်	bi ta min
calorie (f)	ကယ်လိုရီ	ke lou ji
végétarien (m)	သက်သက်လွတ်စားသူ	the' the' lu' za: dhu
végétarien (adj)	သက်သက်လွတ်စားသော	the' the' lu' za: de.

lipides (m pl)	အဆီ	ahsi
protéines (f pl)	အသားဓာတ်	atha: da'
glucides (m pl)	ကစီဓာတ်	ka. zi da'

tranche (f)	အချပ်	acha'
morceau (m)	အတုံး	atoun:
miette (f)	အစအန	asa an

52. Le dressage de la table

cuillère (f)	ဇွန်း	zun:
couteau (m)	ဓား	da:
fourchette (f)	ခက်ရင်း	khajin:
tasse (f)	ခွက်	khwe'
assiette (f)	ပန်းကန်ပြား	bagan: bja:
soucoupe (f)	အောက်ခံပန်းကန်ပြား	au' khan ban: kan pja:
serviette (f)	လက်သုတ်ပုဝါ	le' thou' pu. wa
cure-dent (m)	သွားကြားထိုးတံ	thwa: kja: dou: dan

53. Le restaurant

restaurant (m)	စားသောက်ဆိုင်	sa: thau' hsain
salon (m) de café	ကော်ဖီဆိုင်	ko hpi zain
bar (m)	ဘား	ba:
salon (m) de thé	လက်ဖက်ရည်ဆိုင်	le' hpe' ji zain
serveur (m)	စားပွဲထိုး	sa: bwe: dou:
serveuse (f)	စားပွဲထိုးမိန်းကလေး	sa: bwe: dou: mein: ga. lei:
barman (m)	အရက်ဘားဝန်ထမ်း	aje' ba: wun dan:
carte (f)	စားသောက်ဖွယ်စာရင်း	sa: thau' hpwe za jin:
carte (f) des vins	ဝိုင်စာရင်း	wain za jin:
réserver une table	စားပွဲကြိုတင်မှာယူသည်	sa: bwe: gjou din hma ju de
plat (m)	ဟင်းပွဲ	hin: bwe:
commander (vt)	မှာသည်	hma de
faire la commande	မှာသည်	hma de
apéritif (m)	နှတ်မြိန်ဆေး	hna' mjein zei:
hors-d'œuvre (m)	နှတ်မြိန်စာ	hna' mjein za
dessert (m)	အချိုပွဲ	achou bwe:
addition (f)	ကျသင့်ငွေ	kja. thin. ngwei
régler l'addition	ကုန်ကျငွေရှင်းသည်	koun gja ngwei shin: de
rendre la monnaie	ပြန်အမ်းသည်	pjan an: de
pourboire (m)	မုန့်ဖိုး	moun. bou:

La famille. Les parents. Les amis

54. Les données personnelles. Les formulaires

prénom (m)	အမည်	amji
nom (m) de famille	မိသားစုအမည်	mi. dha: zu. amji
date (f) de naissance	မွေးနေ့	mwei: nei.
lieu (m) de naissance	မွေးရပ်	mwer: ja'
nationalité (f)	လူမျိုး	lu mjou:
domicile (m)	နေရပ်ဒေသ	nei ja' da. dha.
pays (m)	နိုင်ငံ	nain ngan
profession (f)	အလုပ်အကိုင်	alou' akain
sexe (m)	လိင်	lin
taille (f)	အရပ်	aja'
poids (m)	ကိုယ်အလေးချိန်	kou alei: chain

55. La famille. Les liens de parenté

mère (f)	အမေ	amei
père (m)	အဖေ	ahpei
fils (m)	သား	tha:
fille (f)	သမီး	thami:
fille (f) cadette	သမီးအငယ်	thami: ange
fils (m) cadet	သားအငယ်	tha: ange
fille (f) aînée	သမီးအကြီး	thami: akji:
fils (m) aîné	သားအကြီး	tha: akji:
frère (m)	ညီအစ်ကို	nji a' kou
frère (m) aîné	အစ်ကို	akou
frère (m) cadet	ညီ	nji
sœur (f)	ညီအစ်မ	nji a' ma
sœur (f) aînée	အစ်မ	ama.
sœur (f) cadette	ညီမ	nji ma.
cousin (m)	ဝမ်းကွဲအစ်ကို	wan: kwe: i' kou
cousine (f)	ဝမ်းကွဲညီမ	wan: kwe: nji ma.
maman (f)	မေမေ	mei mei
papa (m)	ဖေဖေ	hpei hpei
parents (m pl)	မိဘတွေ	mi. ba. dwei
enfant (m, f)	ကလေး	kalei:
enfants (pl)	ကလေးများ	kalei: mja:
grand-mère (f)	အဘွား	ahpwa
grand-père (m)	အဘိုး	ahpou:

petit-fils (m)	မြေး	mjei:
petite-fille (f)	မြေးမ	mjei: ma.
petits-enfants (pl)	မြေးများ	mjei: mja:

oncle (m)	ဦးလေး	u: lei:
tante (f)	အဒေါ်	ado
neveu (m)	တူ	tu
nièce (f)	တူမ	tu ma.

belle-mère (f)	ယောက္ခမ	jau' khama.
beau-père (m)	ယောက္ခထီး	jau' khadi:
gendre (m)	သားမက်	tha: me'
belle-mère (f)	မိထွေး	mi. dwei:
beau-père (m)	ပထွေး	pahtwei:

nourrisson (m)	နို့စို့ကလေး	nou. zou. galei:
bébé (m)	ကလေးငယ်	kalei: nge
petit (m)	ကလေး	kalei:

femme (f)	မိန်းမ	mein: ma.
mari (m)	ယောက်ျား	jau' kja:
époux (m)	ခင်ပွန်း	khin bun:
épouse (f)	ဇနီး	zani:

marié (adj)	မိန်းမရှိသော	mein: ma. shi. de.
mariée (adj)	ယောက်ျားရှိသော	jau' kja: shi de
célibataire (adj)	လူလွတ်ဖြစ်သော	lu lu' hpji te.
célibataire (m)	လူပျို	lu bjou
divorcé (adj)	တစ်ခုလပ်ဖြစ်သော	ti' khu. la' hpji' te.
veuve (f)	မုဆိုးမ	mu. zou: ma.
veuf (m)	မုဆိုးဖို	mu. zou: bou

parent (m)	ဆွေမျိုး	hswe mjou:
parent (m) proche	ဆွေမျိုးရင်းချာ	hswe mjou: jin: gja
parent (m) éloigné	ဆွေမျိုးနီးစပ်	hswe mjou: ni: za'
parents (m pl)	မွေးချင်းများ	mwei: chin: mja:

orphelin (m), orpheline (f)	မိဘမဲ့	mi. ba me.
orphelin (m)	မိဘမဲ့ကလေး	mi. ba me. ga lei:
orpheline (f)	မိဘမဲ့ကလေးမ	mi. ba me. ga lei: ma
tuteur (m)	အုပ်ထိန်းသူ	ou' htin: dhu
adopter (un garçon)	သားအဖြစ်မွေးစားသည်	tha: ahpji' mwei: za: de
adopter (une fille)	သမီးအဖြစ်မွေးစားသည်	thami: ahpji' mwei: za: de

56. Les amis. Les collègues

ami (m)	သူငယ်ချင်း	thu nge gjin:
amie (f)	မိန်းကလေးသူငယ်ချင်း	mein: galei: dhu nge gjin:
amitié (f)	ခင်မင်ရင်းနီးမှု	khin min jin: ni: hmu.
être ami	ခင်မင်သည်	khin min de

copain (m)	အပေါင်းအသင်း	apaun: athin:
copine (f)	အပေါင်းအသင်း	apaun: athin:
partenaire (m)	လုပ်ဖော်ကိုင်ဖက်	lou' hpo kain be'

chef (m)	အကြီးအကဲ	akji: ake:
supérieur (m)	အထက်လူကြီး	a hte' lu gji:
propriétaire (m)	ပိုင်ရှင်	pain shin
subordonné (m)	လက်အောက်ခံအမှုထမ်း	le' au' khan ahmu. htan:
collègue (m, f)	လုပ်ဖော်ကိုင်ဖက်	lou' hpo kain be'

connaissance (f)	အကျွမ်းဝင်မှု	akjwan: win hmu.
compagnon (m) de route	ခရီးဖော်	khaji: bo
copain (m) de classe	တစ်တန်းတည်းသား	ti' tan: de: dha:

voisin (m)	အိမ်နီးနားရှင်း	ein ni: na: gjin:
voisine (f)	မိန်းကလေးအိမ်နီးနားရှင်း	mein: galei: ein: ni: na: gjin:
voisins (m pl)	အိမ်နီးနားရှင်းများ	ein ni: na: gjin: mja:

57. L'homme. La femme

femme (f)	အမျိုးသမီး	amjou: dhami:
jeune fille (f)	မိန်းကလေး	mein: ga. lei:
fiancée (f)	သတို့သမီး	dhadou. thami:

| belle (adj) | လှပသော | hla. ba. de. |
| de grande taille | အရပ်မြင့်သော | aja' mjin. de. |

| svelte (adj) | သွယ်လျသော | thwe lja de. |
| de petite taille | အရပ်ပုသော | aja' pu. de. |

| blonde (f) | ဆံပင်ရွှေရောင်ဖျော့မိန်းကလေး | zabin shwei jaun bjo. min: ga lei: |
| brune (f) | ဆံပင်နက်သောမိန်းကလေး | zabin ne' de.min: ga lei: |

de femme (adj)	အမျိုးသမီးနှင့်ဆိုင်သော	amjou: dhami: hnin. zain dho:
vierge (f)	အပျိုစင်	apjou zin
enceinte (adj)	ကိုယ်ဝန်ဆောင်ထားသော	kou wun hsaun da: de.

homme (m)	အမျိုးသား	amjou: dha:
blond (m)	ဆံပင်ရွှေရောင်ဖျောယော်ကျားလေး	zabin shwei jaun bjo. jau' gja: lei:
brun (m)	ဆံပင်နက်သောယောကျ်ားလေး	zabin ne' de. jau' gja: lei:

| de grande taille | အရပ်မြင့်သော | aja' mjin. de. |
| de petite taille | အရပ်ပုသော | aja' pu. de. |

rude (adj)	ရိုင်းစိုင်းသော	jain: zain: de.
trapu (adj)	တုတ်ခိုင်သော	tou' khain de.
robuste (adj)	တောင့်တင်းသော	taun. din: de

| fort (adj) | သန်မာသော | than ma de. |
| force (f) | ခွန်အား | khwan a: |

| gros (adj) | ဝသော | wa. de. |
| basané (adj) | ညိုသော | njou de. |

| svelte (adj) | သွယ်လျသော | thwe lja de. |
| élégant (adj) | ကျော့ရှင်းသော | kjo. shin: de |

55

58. L'age

âge (m)	အသက်အရွယ်	athe' ajwe'
jeunesse (f)	ပျိုရွယ်ချိန်	pjou jwe gjein
jeune (adj)	ငယ်ရွယ်သော	ngwe jwe de.
plus jeune (adj)	ပိုငယ်သော	pou nge de.
plus âgé (adj)	အသက်ပိုကြီးသော	athe' pou kji: de.
jeune homme (m)	လူငယ်	lu nge
adolescent (m)	ဆယ်ကျော်သက်	hse gjo dhe'
gars (m)	လူငယ်	lu nge
vieillard (m)	လူကြီး	lu gji:
vieille femme (f)	အမျိုးသမီးကြီး	amjou: dhami: gji:
adulte (m)	အရွယ်ရောက်သော	ajwe' jau' te.
d'âge moyen (adj)	သက်လတ်ပိုင်း	the' la' pain:
âgé (adj)	အိုမင်းသော	ou min de.
vieux (adj)	အသက်ကြီးသော	athe' kji: de.
retraite (f)	အငြိမ်းစားလစာ	anjein: za: la. za
prendre sa retraite	အငြိမ်းစားယူသည်	anjein: za: ju dhe
retraité (m)	အငြိမ်းစား	anjein: za:

59. Les enfants. Les adolescents

enfant (m, f)	ကလေး	kalei:
enfants (pl)	ကလေးများ	kalei: mja:
jumeaux (m pl)	အမွှာ	ahmwa
berceau (m)	ကလေးပုခက်	kalei: pou khe'
hochet (m)	ခြောက်ခြက်	gjo' gja'
couche (f)	ခါးတောင်းကျိုက်အထည်	kha: daun: gjai' ahte
tétine (f)	ချိုလိမ်	chou lein
poussette (m)	ကလေးလက်တွန်းလှည်း	kalei: le' twan: hle:
école (f) maternelle	ကလေးထိန်းကျောင်း	kalei: din: kjaun:
baby-sitter (m, f)	ကလေးထိန်း	kalei: din:
enfance (f)	ကလေးဘဝ	kalei: ba. wa.
poupée (f)	အရုပ်မ	ajou' ma.
jouet (m)	ကစားစရာအရုပ်	gaza: zaja ajou'
jeu (m) de construction	ပြန်ဆက်ရသော ကလေး	pjan za' ja de. galei:
	ကစားစရာ	gaza: zaja
bien élevé (adj)	လိမ္မာသော	limmo: de
mal élevé (adj)	ဆိုးသွမ်းသော	hsou: dhwan: de.
gâté (adj)	အလိုလိုက်ခံရသော	alou lou' khan ja de.
faire le vilain	ဆိုးသည်	hsou:de
vilain (adj)	ကျယ်ဝယ်တတ်သော	kji ze da' de.
espièglerie (f)	ကျယ်ဝယ်သည်	kji ze de

vilain (m)	အဆောုမက်သောကလေး	ahsau me' dho: ga. lei:
obéissant (adj)	နာခံတတ်သော	na gan da' te.
désobéissant (adj)	မနာခံသော	ma. na gan de.

sage (adj)	လိမ္မာသော	limmo: de
intelligent (adj)	တော်သော	to de.
l'enfant prodige	ပါရမီရှင်ကလေး	pa rami shin galei:

60. Les couples mariés. La vie de famille

embrasser (sur les lèvres)	နမ်းသည်	nan: de
s'embrasser (vp)	အနမ်းပေးသည်	anan: pei: de
famille (f)	မိသားစု	mi. dha: zu.
familial (adj)	မျိုးရိုး	mjou: jou:
couple (m)	စုံတွဲ	soun dwe:
mariage (m) (~ civil)	အိမ်ထောင်သည်	ein daun de
foyer (m) familial	အိမ်	ein
dynastie (f)	မင်းဆက်	min: ze'

rendez-vous (m)	ချိန်းတွေ့ခြင်း	chein: dwei chin:
baiser (m)	အနမ်း	anan:

amour (m)	အချစ်	akja'
aimer (qn)	ချစ်သည်	chi' te
aimé (adj)	ချစ်လှစွာသော	chi' hla. zwa de.

tendresse (f)	ကြင်နာမှု	kjin na hmu.
tendre (affectueux)	ကြင်နာသော	kjin na hmu. de.
fidélité (f)	သစ္စာ	thi' sa
fidèle (adj)	သစ္စာရှိသော	thi' sa shi. de.
soin (m) (~ de qn)	ဂရုစိုက်ခြင်း	ga ju. sai' chin:
attentionné (adj)	ဂရုစိုက်သော	ga ju. sai' te.

jeunes mariés (pl)	လက်ထပ်ကာစဖြစ်သော	le' hta' ka za. bji' de.
lune (f) de miel	ပျားရည်ဆမ်းကာလ	pja: je zan: ga la.
se marier (prendre pour époux)	ယောက်ျားယူသည်	jau' kja: ju de
se marier (prendre pour épouse)	မိန်းမယူသည်	mein: ma. ju de

mariage (m)	မင်္ဂလာဆောင်ပွဲ	min ga. la zaun bwe:
les noces d'or	ရွှေရတု	shwei jadu.
anniversaire (m)	နှစ်ပတ်လည်	hni' ba' le

amant (m)	လင်ငယ်	lin nge
maîtresse (f)	မယားငယ်	ma. ja: nge

adultère (m)	ဖောက်ပြန်ခြင်း	hpau' pjan gjin
commettre l'adultère	ဖောက်ပြန်သည်	hpau' pjan de
jaloux (adj)	သဝန်တိုသော	thawun dou de.
être jaloux	သဝန်တိုသည်	thawun dou de
divorce (m)	ကွာရှင်းခြင်း	kwa shin: gjin:
divorcer (vi)	ကွာရှင်းသည်	kwa shin: de
se disputer (vp)	ငြင်းခုံသည်	njin: goun de

se réconcilier (vp)	ပြန်လည်သင့်မြတ်သည်	pjan le dhin. mja' te
ensemble (adv)	အတူတကွ	atu da. kwa.
sexe (m)	လိင်ကိစ္စ	lein gei' sa.

bonheur (m)	ပျော်ရွှင်မှု	pjo shwin hmu
heureux (adj)	ပျော်ရွှင်သော	pjo shwin de.
malheur (m)	ကံဆိုးခြင်း	kan hsou: chin:
malheureux (adj)	ကံဆိုးသော	kan hsoun de.

Le caractère. Les émotions

Français	Birman	Translittération
sentiment (m)	ခံစားချက်	khan za: che'
sentiments (m pl)	ခံစားချက်များ	khan za: che' mja:
sentir (vt)	ခံစားရသည်	khan za ja. de
faim (f)	ဆာခြင်း	hsa gjin:
avoir faim	ဗိုက်ဆာသည်	bai' hsa de
soif (f)	ရေဆာခြင်း	jei za gjin:
avoir soif	ရေဆာသည်	jei za de
somnolence (f)	အိပ်ချင်ခြင်း	ei' chin gjin:
avoir sommeil	အိပ်ချင်သည်	ei' chin de
fatigue (f)	ပင်ပန်းခြင်း	pin ban: chin:
fatigué (adj)	ပင်ပန်းသော	pin ban: de.
être fatigué	ပင်ပန်းသည်	pin ban: de
humeur (f) (de bonne ~)	စိတ်ခံစားမှု	sei' khan za: hmu.
ennui (m)	ငြီးငွေ့ခြင်း	ngji: ngwei. chin:
s'ennuyer (vp)	ပျင်းသည်	pjin: de
solitude (f)	မမြင်ကွယ်ရာ	ma. mjin gwe ja
s'isoler (vp)	မျက်ကွယ်ပြုသည်	mje' kwe' pju. de
inquiéter (vt)	စိတ်ပူအောင်လုပ်သည်	sei' pu aun lou' te
s'inquiéter (vp)	စိတ်ပူသည်	sei' pu de
inquiétude (f)	စိုးရိမ်မှု	sou: jein hmu.
préoccupation (f)	စိုးရိမ်ပူပန်မှု	sou: jein bu ban hmu.
soucieux (adj)	ကိုယ့်တွက်စရပ်ရပ်တွင် နှိပ်မျိုပ်နေသော	kei. sa ti' ja' ja' twin ni' mju' nei de.
s'énerver (vp)	စိတ်လှုပ်ရှားသည်	sei' hlou' sha: de
paniquer (vi)	တုန်လှုပ်ချောက်ချားသည်	toun hlou' chau' cha: de
espoir (m)	မျှော်လင့်ချက်	hmjo. lin. gje'
espérer (vi)	မျှော်လင့်သည်	hmjo. lin. de
certitude (f)	ကျိန်းသေ	kjein: dhei
certain (adj)	ကျိန်းသေသော	kjein: dhei de.
incertitude (f)	မရေရာခြင်း	ma. jei ja gjin:
incertain (adj)	မရေရာသော	ma. jei ja de.
ivre (adj)	အရက်မူးသော	aje' mu: de.
sobre (adj)	အရက်မမူးသော	aje' ma mu: de.
faible (adj)	အားပျော့သော	a: bjo. de.
heureux (adj)	ပျော်ရွှင်သော	pjo shwin de.
faire peur	လန့်သည်	lan. de
fureur (f)	ရူးသွပ်ခြင်း	ju: dhu' chin
rage (f), colère (f)	ဒေါသ	do: dha.
dépression (f)	စိတ်ဓာတ်ကျခြင်း	sei' da' cha. gjin:

inconfort (m)	စိတ်ကသိကအောက်ဖြစ်ခြင်း	sei' ka thi ga au' hpji' chin:
confort (m)	စိတ်ချမ်းသာခြင်း	sei' chan: dha gjin:
regretter (vt)	နောင်တရသည်	naun da. ja. de
regret (m)	နောင်တရခြင်း	naun da. ja. gjin:
malchance (f)	ကံဆိုးခြင်း	kan hsou: chin:
tristesse (f)	ဝမ်းနည်းခြင်း	wan: ne: gjin:
honte (f)	အရှက်	ashe'
joie, allégresse (f)	ဝမ်းသာမှု	wan: dha hmu.
enthousiasme (m)	စိတ်အားထက်သန်မှု	sei' a: de' than hmu.
enthousiaste (m)	စိတ်အားထက်သန်သူ	sei' a: de' than hmu
avoir de l'enthousiasme	စိတ်အားထက်သန်မှုပြုသည်	sei' a: de' than hmu. bja. de

62. Le caractère. La personnalité

caractère (m)	စရိုက်	zajai'
défaut (m)	အားနည်းချက်	a: ne: gje'
esprit (m)	ဦးနှောက်	oun: hnau'
raison (f)	ဆင်ခြင်တုံတရား	hsin gjin doun da. ja:
conscience (f)	အသိတရား	athi. taja:
habitude (f)	အကျင့်	akjin.
capacité (f)	စွမ်းရည်	swan: ji
savoir (faire qch)	လုပ်နိုင်သည်	lou' nain de
patient (adj)	သည်းခံတတ်သော	thi: khan da' te
impatient (adj)	သည်းမခံတတ်သော	thi: ma. gan da' te
curieux (adj)	စပ်စုသော	sa' su. de.
curiosité (f)	စပ်စုခြင်း	sa' su. gjin:
modestie (f)	ကျုံ့	ein darei
modeste (adj)	ကျုံ့ရှိသော	ein darei shi. de
vaniteux (adj)	ကျုံ့မရှိသော	ein darei ma. shi. de
paresse (f)	ပျင်းရိခြင်း	pjin: ji. gjin:
paresseux (adj)	ပျင်းရိသော	pjin: ji. de.
paresseux (m)	ငပျင်း	nga. bjin:
astuce (f)	ကလိမ်ကျစ်လုပ်ပြင်း	kalein kji' lou' chin
rusé (adj)	ကလိမ်ကကျစ်ကျသော	kalein ka. kji' kja de.
méfiance (f)	သံသယဝင်ခြင်း	than thaja.
méfiant (adj)	သံသယဝင်သော	than thaja. win de.
générosité (f)	ရက်ရောမှု	je' jo: hmu.
généreux (adj)	ရက်ရောသော	je' jo: de.
doué (adj)	ပါရမီရှိသော	pa rami shi. de
talent (m)	ပါရမီ	pa rami
courageux (adj)	သတ္တိရှိသော	tha' ti. shi. de.
courage (m)	သတ္တိ	tha' ti.
honnête (adj)	ရိုးသားသော	jou: dha: de.
honnêteté (f)	ရိုးသားမှု	jou: dha: hmu.
prudent (adj)	ဂရုစိုက်သော	ga ju. sai' te.
courageux (adj)	ရဲရင့်သော	je: jin. de.

| sérieux (adj) | လေးနက်သော | lei: ne' de. |
| sévère (adj) | တင်းကျပ်သော | tin: gja' te |

décidé (adj)	တိကျပြတ်သားသော	ti. gja. bja' tha: de.
indécis (adj)	မတိကျမပြတ်သားသော	ma. di. gja. ma. bja' tha: de.
timide (adj)	ရှက်တတ်သော	she' ta' te.
timidité (f)	ရှက်ရွံ့မှု	she' jwan. hmu.

confiance (f)	မိမိကိုယ်မိမိယုံကြည်မှု	mi. mi. kou mi. mi. gji hmu.
croire (qn)	ယုံကြည်သည်	joun kji de
confiant (adj)	အယုံလွယ်သော	ajoun lwe de.

sincèrement (adv)	ဟန်မဆောင်ဘဲ	han ma. zaun be:
sincère (adj)	ဟန်မဆောင်တတ်သော	han ma. zaun da' te
sincérité (f)	ရိုးသားမှု	jou: dha: hmu.
ouvert (adj)	ပွင့်လင်းသော	pwin: lin: de.

calme (adj)	တိတ်ဆိတ်သော	tei' hsei' te
franc (sincère)	ပွင့်လင်းသော	pwin: lin: de.
naïf (adj)	အယုံလွယ်သော	ajoun lwe de.
distrait (adj)	စိုးစားဉာဏ်မရှိသော	sin: za: njan ma. shi. de.
drôle, amusant (adj)	ရယ်စရာကောင်းသော	je zaja gaun: de.

avidité (f)	လောဘကြီးခြင်း	lau ba. gji: gjin:
avare (adj)	လောဘကြီးသော	lau ba. gji: de.
radin (adj)	တွန့်တိုသော	tun. dou de.
méchant (adj)	ယုတ်မာသော	jou' ma de.
têtu (adj)	ခေါင်းမာသော	gaun: ma de.
désagréable (adj)	မဖွယ်မရာဖြစ်သော	ma. bwe ma. ja bji' te.

égoïste (m)	တစ်ကိုယ်ကောင်းဆန်သူ	ti' kai gaun: zan dhu
égoïste (adj)	တစ်ကိုယ်ကောင်းဆန်သော	ti' kai gaun: zan de.
peureux (m)	ကြောက်	nga. gjau'
peureux (adj)	ကြောက်တတ်သော	kjau' ta' te.

63. Le sommeil. Les rêves

dormir (vi)	အိပ်သည်	ei' ja de
sommeil (m)	အိပ်ခြင်း	ei' chin:
rêve (m)	အိပ်မက်	ei' me'
rêver (en dormant)	အိပ်မက်မက်သည်	ei' me' me' te
endormi (adj)	အိပ်ချင်သော	ei' chin de.

lit (m)	ခုတင်	khu. din
matelas (m)	မွေ့ယာ	mwei. ja
couverture (f)	စောင်	saun
oreiller (m)	ခေါင်းအုံး	gaun: oun:
drap (m)	အိပ်ရာခင်း	ei' ja khin:

insomnie (f)	အိပ်မပျော်နိုင်ခြင်း	ei' ma. bjo nain gjin:
sans sommeil (adj)	အိပ်မပျော်သော	ei' ma. bjo de.
somnifère (m)	အိပ်ဆေး	ei' hsei:
prendre un somnifère	အိပ်ဆေးသောက်သည်	ei' hsei: thau' te
avoir sommeil	အိပ်ချင်သည်	ei' chin de

bâiller (vi)	သမ်းသည်	than: de
aller se coucher	အိပ်ရာဝင်သည်	ei' ja win de
faire le lit	အိပ်ရာခင်းသည်	ei' ja khin: de
s'endormir (vp)	အိပ်ပျော်သွားသည်	ei' pjo dhwa: de

cauchemar (m)	အိပ်မက်ဆိုး	ei' me' hsou:
ronflement (m)	ဟောက်သံ	hau' than
ronfler (vi)	ဟောက်သည်	hau' te

réveil (m)	နှိုးစက်	hnou: ze'
réveiller (vt)	နှိုးသည်	hnou: de
se réveiller (vp)	နိုးသည်	nou: de
se lever (tôt, tard)	အိပ်ရာထသည်	ei' ja hta. de
se laver (le visage)	မျက်နှာသစ်သည်	mje' hna dhi' te

64. L'humour. Le rire. La joie

humour (m)	ဟာသ	ha dha.
sens (m) de l'humour	ဟာသအမြင်	ha dha. amjin
s'amuser (vp)	ပျော်ရွှင်သည်	pjo shwin de
joyeux (adj)	ပျော်ရွှင်သော	pjo shwin de.
joie, allégresse (f)	ပျော်ရွှင်မှု	pjo shwin hmu

sourire (m)	အပြုံး	apjoun:
sourire (vi)	ပြုံးသည်	pjoun: de
se mettre à rire	ရယ်လိုက်သည်	je lai' te
rire (vi)	ရယ်သည်	je de
rire (m)	ရယ်သံ	je dhan

anecdote (f)	ဟာသဇာတ်လမ်း	ha dha. za' lan
drôle, amusant (adj)	ရယ်စရာကောင်းသော	je zaja gaun: de.
comique, ridicule (adj)	ရယ်စရာကောင်းသောသူ	je zaja gaun: de. dhu

plaisanter (vi)	စနောက်သည်	sanau' te
plaisanterie (f)	ရယ်စရာ	je zaja
joie (f) (émotion)	ဝမ်းသာမှု	wan: dha hmu.
se réjouir (vp)	ဝမ်းသာသည်	wan: dha de
joyeux (adj)	ဝမ်းသာသော	wan dha de.

65. Dialoguer et communiquer. Partie 1

| communication (f) | ဆက်ဆံပြောဆိုခြင်း | hse' hsan bjou: zou gjin |
| communiquer (vi) | ဆက်ဆံပြောဆိုသည် | hse' hsan bjou: zou de |

conversation (f)	စကားစမြည်	zaga: zamji
dialogue (m)	အပြန်အလှန်ပြောခြင်း	apjan a hlan bau gjin:
discussion (f) (débat)	ဆွေးနွေးခြင်း	hswe: nwe: gjin:
débat (m)	အငြင်းပွားမှု	anjin: bwa: hmu.
discuter (vi)	ငြင်းခုံသည်	njin: goun de

| interlocuteur (m) | ပါဝင်ဆွေးနွေးသူ | pa wln zwei: nwei: dhu |
| sujet (m) | ခေါင်းစဉ် | gaun: zin |

point (m) de vue	ရှုထောင့်	shu. daun.
opinion (f)	အမြင်	amjin
discours (m)	စကား	zaga:

discussion (f) (d'un rapport)	ဆွေးနွေးခြင်း	hswe: nwe: gjin:
discuter (vt)	ဆွေးနွေးသည်	hswe: nwe: de
conversation (f)	စကားပြောပုံ	zaga: bjo: boun
converser (vi)	စကားပြောသည်	zaga: bjo: de
rencontre (f)	တွေ့ဆုံမှု	twei. hsoun hmu
se rencontrer (vp)	တွေ့ဆုံသည်	twei. hsoun de

proverbe (m)	စကားပုံ	zaga: boun
dicton (m)	စကားပုံ	zaga: boun
devinette (f)	စကားထာ	zaga: da
poser une devinette	စကားထာဖွက်သည်	zaga: da bwe' te
mot (m) de passe	စကားဝှက်	zaga: hwe'
secret (m)	လျှို့ဝှက်ချက်	shou. hwe' che'

serment (m)	ကျမ်းသစ္စာ	kjan: thi' sa
jurer (de faire qch)	ကျမ်းသစ္စာဆိုသည်	kjan: thi' sa hsou de
promesse (f)	ကတိ	ka ti
promettre (vt)	ကတိပေးသည်	gadi pei: de

conseil (m)	အကြံဉာဏ်	akjan njan
conseiller (vt)	အကြံပေးသည်	akjan bei: de
suivre le conseil (de qn)	အကြံကိုလ‌က်ခံသည်	akjan kou le' khan de
écouter (~ ses parents)	နားထောင်သည်	na: daun de

nouvelle (f)	သတင်း	dhadin:
sensation (f)	သတင်းထူး	dhadin: du:
renseignements (m pl)	သတင်းအရ‌ချက်အလက်	dhadin: akje' ale'
conclusion (f)	သုံးသပ်ချက်	thoun: dha' che'
voix (f)	အသံ	athan
compliment (m)	ချီးမွမ်းစကား	chi: mun: zaga:
aimable (adj)	ကြင်နာသော	kjin na hmu. de.

mot (m)	စကားလုံး	zaga: loun:
phrase (f)	စကားစု	zaga: zu.
réponse (f)	အဖြေ	ahpei

| vérité (f) | အမှန်တရား | ahman da ja: |
| mensonge (m) | မုသား | mu. dha: |

pensée (f)	အတွေး	atwei:
idée (f)	အကြံ	akjan
fantaisie (f)	စိတ်ကူးယဉ်အိပ်မက်	sei' ku: jin ei' me'

66. Dialoguer et communiquer. Partie 2

respecté (adj)	လေးစားရ‌သော	lei: za: ja. de.
respecter (vt)	လေးစားသည်	lei: za: de
respect (m)	လေးစားမှု	lei: za: hmu.
Cher ...	လေးစားရ‌ပါသော	lei: za: ja. ba. de.
présenter (faire connaître)	မိတ်ဆက်ပေးသည်	mi' hse' pei: de

faire la connaissance	မိတ်ဆက်သည်	mi' hse' te
intention (f)	ရည်ရွယ်ချက်	ji jwe gje'
avoir l'intention	ရည်ရွယ်သည်	ji jwe de
souhait (m)	ဆန္ဒ	hsan da.
souhaiter (vt)	ဆန္ဒပြုသည်	hsan da. bju de
étonnement (m)	အံ့ဩခြင်း	an. o: chin:
étonner (vt)	အံ့ဩစေသည်	an. o: sei: de
s'étonner (vp)	အံ့ဩသည်	an. o. de
donner (vt)	ပေးသည်	pei: de
prendre (vt)	ယူသည်	ju de
rendre (vt)	ပြန်ပေးသည်	pjan bei: de
retourner (vt)	ပြန်ပေးသည်	pjan bei: de
s'excuser (vp)	တောင်းပန်သည်	thaun: ban de
excuse (f)	တောင်းပန်ခြင်း	thaun: ban gjin:
pardonner (vt)	ခွင့်လွှတ်သည်	khwin. hlu' te
parler (~ avec qn)	အပြန်အလှန်ပြောသည်	apjan a hlan bau de
écouter (vt)	နားထောင်သည်	na: daun de
écouter jusqu'au bout	နားထောင်သည်	na: daun de
comprendre (vt)	နားလည်သည်	na: le de
montrer (vt)	ပြသည်	pja. de
regarder (vt)	ကြည့်သည်	kji. de
appeler (vt)	ခေါ်သည်	kho de
distraire (déranger)	နှောင့်ယှက်သည်	hnaun. hje' te
ennuyer (déranger)	နှောင့်ယှက်သည်	hnaun. hje' te
passer (~ le message)	တဆင့်ပေးသည်	tahsin. bei: de
prière (f) (demande)	တောင်းဆိုချက်	taun: hsou che'
demander (vt)	တောင်းဆိုသည်	taun: hsou: de
exigence (f)	တောင်းဆိုခြင်း	taun: hsou: chin:
exiger (vt)	တိုက်တွန်းသည်	tai' tun: de
taquiner (vt)	ကျီစယ်သည်	kji ze de
se moquer (vp)	သရော်သည်	thajo: de
moquerie (f)	သရော်ခြင်း	thajo: gjin:
surnom (m)	ချစ်စနိုးပေး	chi' sa. nou: bei:
	ထားသောနာမည်	da: dho: na me
allusion (f)	စောင်းပြောမှု	saun: bjo: hmu.
faire allusion	စောင်းပြောသည်	saun: bjo: de
sous-entendre (vt)	ဆိုလိုသည်	hsou lou de
description (f)	ဖော်ပြချက်	hpjo bja. gje'
décrire (vt)	ဖော်ပြသည်	hpjo bja. de
éloge (m)	ချီးမွမ်းခြင်း	chi: mun: gjin:
louer (vt)	ချီးမွမ်းသည်	chi: mun: de
déception (f)	စိတ်ပျက်ခြင်း	sei' pje' chin
décevoir (vt)	စိတ်ပျက်စေသည်	sei' pje' sei de
être déçu	စိတ်ပျက်သည်	sei' pje' te
supposition (f)	ယူဆခြင်း	ju za. chin:
supposer (vt)	ယူဆသည်	ju za. de

avertissement (m)	သတိပေးခြင်း	dhadi. pei: gjin:
prévenir (vt)	သတိပေးသည်	dhadi. pei: de

67. Dialoguer et communiquer. Partie 3

convaincre (vt)	စည်းရုံးသည်	si: joun: de
calmer (vt)	ဖျောင်းဖျသည်	hpjaun: bja de

silence (m) (~ est d'or)	နှုတ်ဆိတ်ခြင်း	hnou' hsei' chin:
rester silencieux	နှုတ်ဆိတ်သည်	hnou' hsei' te
chuchoter (vi, vt)	တီးတိုးပြောသည်	ti: dou: bjo de
chuchotement (m)	တီးတိုးပြောသံ	ti: dou: bjo dhan

sincèrement (adv)	ရှင်းရှင်းပြောရရင်	shin: shin: bjo: ja. jin
à mon avis …	ပိမိအမြင်အားဖြင့်	mi. mi. amjin a: bjin.

détail (m) (d'une histoire)	အသေးစိတ်မှု	athei: zi' hmu.
détaillé (adj)	အသေးစိတ်သော	athei: zi' te.
en détail (adv)	အသေးစိတ်	athei: zi'

indice (m)	အရိပ်အမြွက်	aji' ajmwe'
donner un indice	အရိပ်အမြွက်ပေးသည်	aji' ajmwe' pei: de

regard (m)	အသွင်	athwin
jeter un coup d'oeil	ကြည့်သည်	kji. de
fixe (un regard ~)	မလှုပ်မရှားသော	ma. hlou' sha: de
clignoter (vi)	မျက်တောင်ခတ်သည်	mje' taun ga' te
cligner de l'oeil	မျက်စိတစ်ဖက်မှိတ်သည်	mje' zi. di' hpe' hmei' te
hocher la tête	ခေါင်းညိတ်သည်	gaun: njei' te

soupir (m)	သက်ပြင်းချခြင်း	the' pjin: gja. gjin:
soupirer (vi)	သက်ပြင်းချသည်	the' pjin: gja. de
tressaillir (vi)	သိန့်သိမ့်တုန်သည်	thein. dhein. doun de
geste (m)	လက်ဟန်ခြေဟန်	le' han hpjei han
toucher (de la main)	ထိသည်	hti. de
saisir (par le bras)	ဖမ်းကိုင်သည်	hpan: gain de
taper (sur l'épaule)	ပုတ်သည်	pou' te

Attention!	ဂရုစိုက်ပါ	ga ju. sai' pa
Vraiment?	တကယ်လား	dage la:
Tu es sûr?	သေချာလား	thei gja la:
Bonne chance!	အောင်မြင်ပါစေ	aun mjin ba zei
Compris!	ရှင်းပါဘယ်	shin: ba de
Dommage!	စိတ်မကောင်းပါဘူး	sei' ma. kaun: ba bu:

68. L'accord. Le refus

accord (m)	သဘောတူညီချက်	dhabo: tu nji gje'
être d'accord	သဘောတူသည်	dhabo: tu de
approbation (f)	လက်ခံခြင်း	le' khan gjin:
approuver (vt)	လက်ခံသည်	le' khan de
refus (m)	ငြင်းဆန်ခြင်း	njin: zan gjin:

se refuser (vp)	ဖြင်းဆန်သည်	njin: zan de
Super!	အရမ်းကောင်း	ajan: gaun:
Bon!	ကောင်းတယ်	kaun: de
D'accord!	ကောင်းပြီ	kaun: bji

interdit (adj)	တားမြစ်ထားသော	ta: mji' hta: te.
c'est interdit	မလုပ်ရ	ma. lou' ja.
c'est impossible	မဖြစ်နိုင်	ma. bji' nain
incorrect (adj)	မှားသော	hma: de.

décliner (vt)	ပယ်ချသည်	pe gja. de
soutenir (vt)	ထောက်ခံသည်	htau' khan de
accepter (condition, etc.)	လက်ခံသည်	le' khan de

confirmer (vt)	အတည်ပြုသည်	ati pju. de
confirmation (f)	အတည်ပြုချက်	ati pju. gje'
permission (f)	ခွင့်ပြုချက်	khwin bju. che'
permettre (vt)	ခွင့်ပြုသည်	khwin bju. de
décision (f)	ဆုံးဖြတ်ချက်	hsoun: hpja' cha'
ne pas dire un mot	နှုတ်ဆိတ်တသည်	hnou' hsei' te

condition (f)	အခြေအနေ	achei anei
excuse (f) (prétexte)	ဆင်ခြေ	hsin gjei
éloge (m)	ချီးမွမ်းခြင်း	chi: mun: gjin:
louer (vt)	ချီးမွမ်းသည်	chi: mun: de

69. La réussite. La chance. L'échec

succès (m)	အောင်မြင်မှု	aun mjin hmu.
avec succès (adv)	အောင်မြင်စွာ	aun mjin zwa
réussi (adj)	အောင်မြင်သော	aun mjin dho:

chance (f)	ကံကောင်းခြင်း	kan gaun: gjin:
Bonne chance!	အောင်မြင်ပါစေ	aun mjin ba zei
de chance (jour ~)	ကံကောင်းစွာရှိသော	kan gaun: zwa ja. shi. de.
chanceux (adj)	ကံကောင်းသော	kan kaun: de.

échec (m)	မအောင်မြင်ခြင်း	ma. aun mjin gjin:.
infortune (f)	ကံဆိုးခြင်း	kan hsou: chin:
malchance (f)	ကံဆိုးခြင်း	kan hsou: chin:

| raté (adj) | မအောင်မြင်သော | ma. aun mjin de. |
| catastrophe (f) | ကပ်ဘေး | ka' bei: |

fierté (f)	ဂုဏ်	goun
fier (adj)	ဂုဏ်ယူသော	goun dhu de.
être fier	ဂုဏ်ယူသည်	goun dhu de

gagnant (m)	အနိုင်ရသူ	anain ja. dhu
gagner (vi)	အနိုင်ရသည်	anain ja de
perdre (vi)	ရှုံးသည်	shoun: de
tentative (f)	ကြိုးစားမှု	kjou: za: hmu.
essayer (vt)	ကြိုးစားသည်	kjou. za: de
chance (f)	အခွင့်အရေး	akhwin. ajei:

70. Les disputes. Les émotions négatives

cri (m)	အော်သံ	o dhan
crier (vi)	အော်သည်	o de
se mettre à crier	စတင်အော်သည်	sa. tin o de
dispute (f)	ငြင်းခုံခြင်း	njin: goun gjin:
se disputer (vp)	ငြင်းခုံသည်	njin: goun de
scandale (m) (dispute)	ဖိက်ရန်ဖြစ်ခြင်း	khai' jan bji' chin:
faire un scandale	ဖိက်ရန်ဖြစ်သည်	khai' jan bji' te
conflit (m)	အငြင်းပွားမှု	anjin: bwa: hmu.
malentendu (m)	နားလည်မှုလွဲခြင်း	na: le hmu. lwe: gjin:
insulte (f)	စော်ကားမှု	so ga: hmu
insulter (vt)	စော်ကားသည်	so ga: de
insulté (adj)	အစော်ကားခံရသော	aso ka: gan ja de.
offense (f)	စိတ်နာမှု	sei' na hmu.
offenser (vt)	စိတ်နာအောင်လုပ်သည်	sei' na aun lou' te
s'offenser (vp)	စိတ်နာသည်	sei' na de
indignation (f)	မခံမရပ်နိုင်ဖြစ်ခြင်း	ma. gan ma. ja' nain bji' chin
s'indigner (vp)	မခံမရပ်နိုင်ဖြစ်သည်	ma. gan ma. ja' nain bji' te
plainte (f)	တိုင်ပြောခြင်း	tain bjo: gjin:
se plaindre (vp)	တိုင်ပြောသည်	tain bjo: de
excuse (f)	တောင်းပန်ခြင်း	thaun: ban gjin:
s'excuser (vp)	တောင်းပန်သည်	thaun: ban de
demander pardon	တောင်းပန်သည်	thaun: ban de
critique (f)	ဝေဖန်မှု	wei ban hmu.
critiquer (vt)	ဝေဖန်သည်	wei ban de
accusation (f)	စွပ်စွဲခြင်း	su' swe: chin:
accuser (vt)	စွပ်စွဲသည်	su' swe: de
vengeance (f)	လက်စားချေခြင်း	le' sa: gjei gjin:
se venger (vp)	လက်စားချေသည်	le' sa: gjei de
faire payer (qn)	ပြန်ဆပ်သည်	pjan za' te
mépris (m)	အထင်သေးခြင်း	a htin dhei: gjin:
mépriser (vt)	အထင်သေးသည်	a htin dhei: de
haine (f)	အမုန်း	amun:
haïr (vt)	မုန်းသည်	moun: de
nerveux (adj)	စိတ်လှုပ်ရှားသော	sei' hlou' sha: de.
s'énerver (vp)	စိတ်လှုပ်ရှားသည်	sei' hlou' sha: de
fâché (adj)	စိတ်ဆိုးသော	sei' hsou: de.
fâcher (vt)	ဒေါသထွက်စေသည်	do: dha. dwe' sei de
humiliation (f)	မျက်နှာပျက်ရခြင်း	mje' hna bje' ja gjin:
humilier (vt)	မျက်နှာပျက်စေသည်	mje' hna bje' sei de
s'humilier (vp)	အရှက်ရသည်	ashe' ja. de
choc (m)	တုန်လှုပ်ချောက်ချားခြင်း	toun hlou' chau' cha: gjin:
choquer (vt)	တုန်လှုပ်ချောက်ချားသည်	toun hlou' chau' cha: de
ennui (m) (problème)	ဒုက္ခ	dou' kha.

désagréable (adj)	မဖွယ်မရာဖြစ်သော	ma. bwe ma. ja bji' te.
peur (f)	ကြောက်ရွံ့ခြင်း	kjau' jun. gjin:
terrible (tempête, etc.)	အလွန်	alun
effrayant (histoire ~e)	ထိတ်လန့်သော	htei' lan. de
horreur (f)	ကြောက်မက်ဖွယ်ရာ	kjau' ma' hpwe ja
horrible (adj)	ကြောက်မက်ဖွယ်ဖြစ်သော	kjau' ma' hpwe bja' te.

commencer à trembler	တုန်သည်	toun de
pleurer (vi)	ငိုသည်	ngou de
se mettre à pleurer	မျက်ရည်ဝဲသည်	mje' je we: de
larme (f)	မျက်ရည်	mje' je

faute (f)	အပြစ်	apja'
culpabilité (f)	စိတ်မသန့်ခြင်း	sei' ma. dhan. gjin:
déshonneur (m)	အရှက်	ashe'
protestation (f)	ကန့်ကွက်ချက်	kan gwe' che'
stress (m)	စိတ်ဖိစီးမှု	sei' hpi zi: hmu.

déranger (vt)	နှောင့်ယှက်သည်	hnaun. hje' te
être furieux	ဒေါသထွက်သည်	do: dha. dwe' de
en colère, fâché (adj)	ဒေါသကြီးသော	do: dha. gji: de.
rompre (relations)	အဆုံးသတ်သည်	ahsoun: tha' te
réprimander (vt)	ဆူပူကြိမ်းမောင်းသည်	hsu. bu gjein: maun: de

prendre peur	လန့်သွားသည်	lan. dhwa: de
frapper (vt)	ရိုက်သည်	jai' te
se battre (vp)	ရိုက်ရန်ဖြစ်သည်	khai' jan bji' te

régler (~ un conflit)	ဖျန်ဖြေပေးသည်	hpan bjei bjei: de
mécontent (adj)	မကျေနပ်သော	ma. gjei na' te.
enragé (adj)	ပြင်းထန်သော	pjin: dan dho:

Ce n'est pas bien!	ဒါ မကောင်းဘူး	da ma. gaun: dhu:
C'est mal!	ဒါတော့ဆိုးတယ်	da do. zou: de

La médecine

Français	မြန်မာ	Transcription
maladie (f)	ရောဂါ	jo: ga
être malade	ဖျားနာသည်	hpa: na de
santé (f)	ကျန်းမာရေး	kjan: ma jei:
rhume (m) (coryza)	နာစေးခြင်း	hna zei: gjin:
angine (f)	အာသီးရောင်ခြင်း	a sha. jaun gjin:
refroidissement (m)	အအေးမိခြင်း	aei: mi. gjin:
prendre froid	အအေးမိသည်	aei: mi. de
bronchite (f)	ရောင်းဆိုးရင်ကျပ်နာ	gaun: ou: jin gja' na
pneumonie (f)	အဆုတ်ရောင်ရောဂါ	ahsou' jaun jo: ga
grippe (f)	တုပ်ကွေး	tou' kwei:
myope (adj)	အဝေးမှုန်သော	awei: hmun de.
presbyte (adj)	အနီးမှုန်	ani: hmoun
strabisme (m)	မျက်စိစွေခြင်း	mje' zi. zwei gjin:
strabique (adj)	မျက်စိစွေသော	mje' zi. zwei de.
cataracte (f)	နာမကျန်းဖြစ်ခြင်း	na. ma. gjan: bji' chin:
glaucome (m)	ရေတိမ်	jei dein
insulte (f)	လေသင်တုန်းဖြတ်ခြင်း	lei dhin doun: bja' chin:
crise (f) cardiaque	နှလုံးဖောက်ပြန်မှု	hnaloun: bau' bjan hmu.
infarctus (m) de myocarde	နှလုံးကြွက်သားပုပ်ခြင်း	hnaloun: gjwe' tha: bou' chin:
paralysie (f)	သွက်ချာပါဒ	thwe' cha ba da.
paralyser (vt)	ဆိုင်းတွသွားသည်	hsain: dwa dhwa: de
allergie (f)	မတည့်ခြင်း	ma. de. gjin:
asthme (m)	ပန်းနာ	pan: na
diabète (m)	ဆီးချိုရောဂါ	hsi: gjou jau ba
mal (m) de dents	သွားကိုက်ခြင်း	thwa: kai' chin:
carie (f)	သွားပိုးစားခြင်း	thwa: pou: za: gjin:
diarrhée (f)	ဝမ်းလျှောခြင်း	wan: sho: gjin:
constipation (f)	ဝမ်းချုပ်ခြင်း	wan: gjou' chin:
estomac (m) barbouillé	ဗိုက်နာခြင်း	bai' na gjin:
intoxication (f) alimentaire	အစာအဆိပ်သင့်ခြင်း	asa: ahsei' thin. gjin:
être intoxiqué	အစားမှားခြင်း	asa: hma: gjin:
arthrite (f)	အဆစ်ရောင်နာ	ahsi' jaun na
rachitisme (m)	အရိုးပျော့နာ	ajou: bjau. na
rhumatisme (m)	ဂုလာ	du la
athérosclérose (f)	နှလုံးသွေးကြော အဆိပ်တိခြင်း	hna. loun: twei: kjau ahsi pei' khin:
gastrite (f)	အစာအိမ်ရောင်ရမ်းနာ	asa: ein jaun jan: na
appendicite (f)	အူအတက်ရောင်ခြင်း	au hte' jaun gjin:

cholécystite (f)	သည်းခြေပြွန်ရောင်ခြင်း	thi: gjei bjun jaun gjin:
ulcère (m)	ဖက်ခွက်နာ	hpe' khwe' na

rougeole (f)	ဝက်သက်	we' the'
rubéole (f)	ဂျုက်သိုး	gjou' thou:
jaunisse (f)	အသားဝါရောဂါ	atha: wa jo: ga
hépatite (f)	အသည်းရောင်ရောဂါ	athe: jaun jau ba

schizophrénie (f)	စိတ်ကစဉ့်ကလျားရောဂါ	sei' ga. zin. ga. lja: jo: ga
rage (f) (hydrophobie)	ခွေးရူးပြန်ရောဂါ	khwei: ju: bjan jo: ba
névrose (f)	စိတ်မှုမမှန်ခြင်း	sei' mu ma. hman gjin:
commotion (f) cérébrale	ဦးနှောက်ထိခိုက်ခြင်း	oun: hnau' hti. gai' chin:

cancer (m)	ကင်ဆာ	kin hsa
sclérose (f)	အသားမျှင်ခက် မာသွားခြင်း	atha: hmjin kha' ma dwa: gjin:
sclérose (f) en plaques	အာရုံကြောပျက်စီး ရောင်ရမ်းသည့်ရောဂါ	a joun gjo: bje' si: jaun jan: dhi. jo: ga

alcoolisme (m)	အရက်နာစွဲခြင်း	aje' na zwe: gjin:
alcoolique (m)	အရက်သမား	aje' dha. ma:
syphilis (f)	ဆစ်ဖလစ်ကာလသားရောဂါ	his' hpa. li' ka la. dha: jo: ba
SIDA (m)	ကိုယ်ခံအားကျကူးစက်ရောဂါ	kou khan a: kja ku: za' jau ba

tumeur (f)	အသားပို	atha: pou
maligne (adj)	ကင်ဆာဖြစ်နေသော	kin hsa bji' nei de.
bénigne (adj)	ပြန့်ပွားခြင်းမရှိသော	pjan. bwa: gjin: ma. shi. de.

fièvre (f)	အဖျားတက်ရောဂါ	ahpja: de' jo: ga
malaria (f)	ငှက်ဖျားရောဂါ	hnge' hpja: jo: ba
gangrène (f)	ဂန်ဂရိန်းနာရောဂါ	gan ga. ji na jo: ba
mal (m) de mer	လှိုင်းမူးခြင်း	hlain: mu: gjin:
épilepsie (f)	ဝက်ရူးပြန်ရောဂါ	we' ju: bjan jo: ga

épidémie (f)	ကပ်ရောဂါ	ka' jo ba
typhus (m)	တိုက်ဖိုက်ရောဂါ	tai' hpai' jo: ba
tuberculose (f)	တီဘီရောဂါ	ti bi jo: ba
choléra (m)	ကာလဝမ်းရောဂါ	ka la. wan: jau ga
peste (f)	ကပ်ဆိုး	ka' hsou:

72. Les symptômes. Le traitement. Partie 1

symptôme (m)	လက္ခဏာ	le' khana
température (f)	အပူချိန်	apu gjein
fièvre (f)	ကိုယ်အပူချိန်တက်	kou apu chain de'
pouls (m)	သွေးခုန်နှုန်း	thwei: khoun hnan:

vertige (m)	မူးနောက်ခြင်း	mu: nau' chin:
chaud (adj)	ပူသော	pu dho:
frisson (m)	တုန်ခြင်း	toun gjin:
pâle (adj)	ဖြူရောသော	hpju jo de.

toux (f)	ချောင်းဆိုးခြင်း	gaun: zou: gjin:
tousser (vi)	ချောင်းဆိုးသည်	gaun: zou: de
éternuer (vi)	နှာချေသည်	hna gjei de

| évanouissement (m) | အားနည်းခြင်း | a: ne: gjin: |
| s'évanouir (vp) | သတိလစ်သည် | dhadi. li' te |

bleu (m)	ပွန်းပဲ့ဒက်ရာ	pun: be. dan ja
bosse (f)	ဆောင့်မိခြင်း	hsaun. mi. gjin:
se heurter (vp)	ဆောင့်မိသည်	hsaun. mi. de.
meurtrissure (f)	ပွန်းပဲ့ဒက်ရာ	pun: be. dan ja
se faire mal	ပွန်းပဲ့ဒက်ရာရသည်	pun: be. dan ja ja. de

boiter (vi)	ထော့နဲ့ထော့နဲ့လျှောက်သည်	hto. ne. hto. ne. shau' te
foulure (f)	အဆစ်လွဲခြင်း	ahsi' lwe: gjin:
se démettre (l'épaule, etc.)	အဆစ်လွဲသည်	ahsi' lwe: de
fracture (f)	ကျိုးအက်ခြင်း	kjou: e' chin:
avoir une fracture	ကျိုးအက်သည်	kjou: e' te

coupure (f)	ရှသည်	sha. de
se couper (~ le doigt)	ရှမိသည်	sha. mi. de
hémorragie (f)	သွေးထွက်ခြင်း	thwei: htwe' chin:

| brûlure (f) | မီးလောင်သည့်ဒက်ရာ | mi: laun de. dan ja |
| se brûler (vp) | မီးလောင်ဒက်ရာရသည် | mi: laun dan ja ja. de |

se piquer (le doigt)	ဖောက်သည်	hpau' te
se piquer (vp)	ကိုယ်တိုင်ဖောက်သည်	kou tain hpau' te
blesser (vt)	ထိခိုက်ဒက်ရာရသည်	hti. gai' dan ja ja. de
blessure (f)	ထိခိုက်ဒက်ရာ	hti. gai' dan ja
plaie (f) (blessure)	ဒက်ရာ	dan ja
trauma (m)	စိတ်ဒက်ရာ	sei' dan ja

délirer (vi)	ကယောင်ကတမ်းဖြစ်သည်	kajaun ka dan: bi' te
bégayer (vi)	တုံ့နေးတုံ့နေးဖြစ်သည်	toun. hnei: toun. hnei: bji' te
insolation (f)	အပူလျပ်ခြင်း	apu hlja' chin

73. Les symptômes. Le traitement. Partie 2

| douleur (f) | နာကျင်မှု | na gjin hmu. |
| écharde (f) | ပဲ့ထွက်သောအစ | pe. dwe' tho: asa. |

sueur (f)	ချွေး	chwei:
suer (vi)	ချွေးထွက်သည်	chwei: htwe' te
vomissement (m)	အန်ခြင်း	an gjin:
spasmes (m pl)	အကြောလိုက်ခြင်း	akjo: lai' chin:

enceinte (adj)	ကိုယ်ဝန်ဆောင်ထားသော	kou wun hsaun da: de.
naître (vi)	မွေးဖွားသည်	mwei: bwa: de
accouchement (m)	မီးဖွားခြင်း	mi: bwa: gjin:
accoucher (vi)	မီးဖွားသည်	mi: bwa: de
avortement (m)	ကိုယ်ဝန်ဖျက်ချခြင်း	kou wun hpje' cha chin:

respiration (f)	အသက်ရှုခြင်း	athe' shu gjin:
inhalation (f)	ဝင်လေ	win lei
expiration (f)	ထွက်လေ	htwe' lei
expirer (vi)	အသက်ရှုထုတ်သည်	athe' shu dou' te
inspirer (vi)	အသက်ရှုသွင်းသည်	athe' shu dhwin: de

invalide (m)	ကိုယ်အင်္ဂါမသန်စွမ်းသူ	kou an ga ma. dhan swan: dhu
handicapé (m)	မသန်မစွမ်းသူ	ma. dhan ma. zwan dhu
drogué (m)	ဆေးစွဲသူ	hsei: zwe: dhu
sourd (adj)	နားမကြားသော	na: ma. gja: de.
muet (adj)	ဆွံ့အသော	hsun. ade.
sourd-muet (adj)	ဆွံ့အ နားမကြားသူ	hsun. ana: ma. gja: dhu
fou (adj)	စိတ်မနှံ့သော	sei' ma. hnan. de.
fou (m)	စိတ်မနှံ့သူ	sei' ma. hnan. dhu
folle (f)	စိတ်ဝေဒနာရှင်မိန်းကလေး	sei' wei da. na shin mein: ga. lei:
devenir fou	ရူးသွပ်သည်	ju: dhu' de
gène (m)	မျိုးရိုးဗီဇ	mjou: jou: bi za.
immunité (f)	ကိုယ်ခံအား	kou gan a:
héréditaire (adj)	မျိုးရိုးလိုက်သော	mjou: jou: lou' te.
congénital (adj)	မွေးရာပါဖြစ်သော	mwei: ja ba bji' te.
virus (m)	ဗိုင်းရပ်ပိုးများ	bain: ja' pou: hmwa:
microbe (m)	အဏုဇီဝရုပ်	anu zi wa. jou'
bactérie (f)	ဘက်တီးရီးယားပိုး	be' ti: ji: ja: bou:
infection (f)	ရောဂါကူးစက်မှု	jo ga gu: ze' hmu.

74. Les symptômes. Le traitement. Partie 3

hôpital (m)	ဆေးရုံ	hsei: joun
patient (m)	လူနာ	lu na
diagnostic (m)	ရောဂါစစ်ဆေးခြင်း	jo ga zi' hsei: gjin:
cure (f) (faire une ~)	ဆေးကုထုံး	hsei: ku. doun:
traitement (m)	ဆေးဝါးကုသမှု	hsei: wa: gu. dha. hmu.
se faire soigner	ဆေးကုသမှုခံယူသည်	hsei: ku. dha. hmu. dha de
traiter (un patient)	ပြုစုသည်	pju. zu. de
soigner (un malade)	ပြုစုစောင့်ရှောက်သည်	pju. zu. zaun. shau' te
soins (m pl)	ပြုစုစောင့်ရှောက်ခြင်း	pju. zu. zaun. shau' chin:
opération (f)	ခွဲစိတ်ကုသခြင်း	khwe: zei' ku. dha. hin:
panser (vt)	ပတ်တီးစည်းသည်	pa' ti: ze: de
pansement (m)	ပတ်တီးစည်းခြင်း	pa' ti: ze: gjin:
vaccination (f)	ကာကွယ်ဆေးထိုးခြင်း	ka gwe hsei: dou: gjin:
vacciner (vt)	ကာကွယ်ဆေးထိုးသည်	ka gwe hsei: dou: de
piqûre (f)	ဆေးထိုးခြင်း	hsei: dou: gjin:
faire une piqûre	ဆေးထိုးသည်	hsei: dou: de
crise, attaque (f)	ရောဂါ ရုတ်တရက်ကျရောက်ခြင်း	jo ga jou' ta. je' kja. jau' chin:
amputation (f)	ဖြတ်တောက်ကုသခြင်း	hpja' tau' ku. dha gjin:
amputer (vt)	ဖြတ်တောက်ကုသသည်	hpja' tau' ku. dha de
coma (m)	မေ့မြောခြင်း	mei. mjo: gjin:
être dans le coma	မေ့မြောသည်	mei. mjo: de
réanimation (f)	အသွမ်းကုန်ပြုစုခြင်း	aswan: boun bju. zu. bjin.
se rétablir (vp)	ရောဂါသက်သာလာသည်	jo ga dhe' tha la de

état (m) (de santé)	ကျန်းမာရေးအခြေအနေ	kjan: ma jei: achei a nei
conscience (f)	ပြန်လည်သတိရလာခြင်း	pjan le dhadi. ja. la. gjin:
mémoire (f)	မှတ်ဉာဏ်	hma' njan

arracher (une dent)	နှုတ်သည်	hna' te
plombage (m)	သွားပေါက်ဖာထေးမှု	thwa: bau' hpa dei: hmu.
plomber (vt)	ဖာသည်	hpa de

| hypnose (f) | အိပ်မွေ့ရှုခြင်း | ei' mwei. gja. gjin: |
| hypnotiser (vt) | အိပ်မွေ့ရှုသည် | ei' mwei. gja. de |

75. Les médecins

médecin (m)	ဆရာဝန်	hsa ja wun
infirmière (f)	သူနာပြု	thu na bju.
médecin (m) personnel	ကိုယ်ရေး ဆရာဝန်	kou jei: hsaja wun

dentiste (m)	သွားဆရာဝန်	thwa: hsaja wun
ophtalmologiste (m)	မျက်စိဆရာဝန်	mje' si. za. ja wun
généraliste (m)	ရောဂါရာဖွေရေးဆရာဝန်	jo ga sha bwei jei: hsaja wun
chirurgien (m)	ခွဲစိတ်ကုဆရာဝန်	khwe: hsei' ku hsaja wun

psychiatre (m)	စိတ်ရောဂါအထူးကုဆရာဝန်	sei' jo: ga ahtu: gu. zaja wun
pédiatre (m)	ကလေးအထူးကုဆရာဝန်	kalei: ahtu: ku. hsaja wun
psychologue (m)	စိတ်ပညာရှင်	sei' pjin nja shin
gynécologue (m)	မီးယပ်ရောဂါအထူး ကုဆရာဝန်	mi: ja' jo: ga ahtu: gu za. ja wun
cardiologue (m)	နှလုံးရောဂါအထူး ကုဆရာဝန်	hnaloun: jo: ga ahtu: gu. zaja wun

76. Les médicaments. Les accessoires

médicament (m)	ဆေးဝါး	hsei: wa:
remède (m)	ကုသခြင်း	ku. dha. gjin:
prescrire (vt)	ဆေးအညွှန်းပေးသည်	hsa: ahnjun: bwe: de
ordonnance (f)	ဆေးညွှန်း	hsei: hnjun:

comprimé (m)	ဆေးပြား	hsei: bja:
onguent (m)	လိမ်းဆေး	lein: zei:
ampoule (f)	လေလုံဖန်ပုလင်းငယ်	lei loun ban bu. lin: nge
mixture (f)	စပ်ဆေးရည်	sa' ei: je
sirop (m)	ဖျော်ရည်ဆီ	hpjo jei zi
pilule (f)	ဆေးတောင့်	hsei: daun.
poudre (f)	အမှုန့်	ahmoun.

bande (f)	ပတ်တီး	pa' ti:
coton (m) (ouate)	ဝွမ်းလိပ်	gwan: lei'
iode (m)	တင်ဂျာအိုင်ဒင်း	tin gja ein din:

sparadrap (m)	ပလာစတာ	pa. la sata
compte-gouttes (m)	မျက်စဉ်းဆတ်ကိရိယာ	mje' zin: ba' ki. ji. ja
thermomètre (m)	အပူရှိန်တိုင်းကိရိယာ	apu gjein dain: gi. ji. ja

73

seringue (f)	ဆေးထိုးပြွတ်	hsei: dou: bju'
fauteuil (m) roulant	ဘီးတပ်ကုလားထိုင်	bi: da' ku. la: dain
béquilles (f pl)	ချိုင်းထောက်	chain: dau'

anesthésique (m)	အကိုက်အခဲပျောက်ဆေး	akai' akhe: pjau' hsei:
purgatif (m)	ဝမ်းနုတ်ဆေး	wan: hnou' hsei:
alcool (m)	အရက်ပုံ	aje' pjan
herbe (f) médicinale	ဆေးဖက်ဝင်အပင်များ	hsei: hpa' win apin mja:
d'herbes (adj)	ဆေးဖက်ဝင်အပင် နှင့်ဆိုင်သော	hsei: hpa' win apin hnin. zain de.

77. Le tabac et ses produits dérivés

tabac (m)	ဆေးရွက်ကြီး	hsei: jwe' kji:
cigarette (f)	စီးကရက်	si: ga. ja'
cigare (f)	ဆေးပြင်းလိပ်	hsei: bjin: li'
pipe (f)	ဆေးတံ	hsei: dan
paquet (m)	ဘူး	bu:

allumettes (f pl)	မီးခြစ်ဆံများ	mi: gji' zain mja:
boîte (f) d'allumettes	မီးခြစ်ဆံဘူး	mi: gji' zain bu:
briquet (m)	မီးခြစ်	mi: gji'
cendrier (m)	ဆေးလိပ်ပြာခွက်	hsei: lei' pja gwe'
étui (m) à cigarettes	စီးကရက်အလှဘူး	si: ga. ja' ahla. bu:

fume-cigarette (m)	စီးကရက်ထည့်သောက်သည့် ပြွန်တံငယ်	si: ga. ja' hti. dau' thi. bjwan dan nge
filtre (m)	ဖင်ဇီခံ	hpin zi gan

fumer (vi, vt)	ဆေးလိပ်သောက်သည်	hsei: lei' ma. dhau' te
allumer une cigarette	ဆေးလိပ်မီးညှိသည်	hsei: lei' mi: hni. de
tabagisme (m)	ဆေးလိပ်သောက်ခြင်း	hsei: lei' ma. dhau' chin:
fumeur (m)	ဆေးလိပ်သောက်သူ	hsei: lei' ma. dhau' thu

mégot (m)	ဆေးလိပ်တို	hsei: lei' tou
fumée (f)	မီးခိုး	mi: gou:
cendre (f)	ပြာ	pja

L'HABITAT HUMAIN

La ville

78. La ville. La vie urbaine

ville (f)	မြို့	mjou.
capitale (f)	မြို့တော်	mjou. do
village (m)	ရွာ	jwa
plan (m) de la ville	မြို့လမ်းညွှန်မြေပုံ	mjou. lan hnjun mjei boun
centre-ville (m)	မြို့လယ်ခေါင်	mjou. le gaun
banlieue (f)	ဆင်ခြေဖုံးအရပ်	hsin gjei aja'
de banlieue (adj)	ဆင်ခြေဖုံးအရပ်ဖြစ်သော	hsin gjei hpoun aja' hpa' te.
périphérie (f)	မြို့စွန်	mjou. zun
alentours (m pl)	ပတ်ဝန်းကျင်	pa' wun: gjin:
quartier (m)	စည်ကားရာမြို့လယ်နေရာ	si: ga: ja mjou. le nei ja
quartier (m) résidentiel	လူနေရပ်ကွက်	lu nei ja' kwe'
trafic (m)	ယာဉ်အသွားအလာ	jin athwa: ala
feux (m pl) de circulation	မီးပွိုင့်	mi: bwain.
transport (m) urbain	ပြည်သူပိုင်ခရီးသွား	pji dhu bain gaji: dhwa:
	ပို့ဆောင်ရေး	bou. zaun jei:
carrefour (m)	လမ်းဆုံ	lan: zoun
passage (m) piéton	လူကူးမျဉ်းကြား	lu gu: mji: gja:
passage (m) souterrain	မြေအောက်လမ်းကူး	mjei au' lan: gu:
traverser (vt)	လမ်းကူးသည်	lan: gu: de
piéton (m)	လမ်းသွားလမ်းလာ	lan: dhwa: lan: la
trottoir (m)	လူသွားလမ်း	lu dhwa: lan:
pont (m)	တံတား	dada:
quai (m)	ကမ်းနားတမံ	kan: na: da. man
fontaine (f)	ရေပန်း	jei ban:
allée (f)	ရိပ်သာလမ်း	jei' tha lan:
parc (m)	ပန်းခြံ	pan: gjan
boulevard (m)	လမ်းငယ်	lan: ge
place (f)	ရင်ပြင်	jin bjin
avenue (f)	လမ်းမကြီး	lan: mi. gji:
rue (f)	လမ်း	lan:
ruelle (f)	လမ်းသွယ်	lan: dhwe
impasse (f)	လမ်းဆုံး	lan: zoun:
maison (f)	အိမ်	ein
édifice (m)	အဆောက်အဦ	ahsau' au
gratte-ciel (m)	မိုးမျှော်တိုက်	mou: hmjo tou'
façade (f)	အိမ်ရှေ့နံရံ	ein shei. nan jan

toit (m)	အမိုး	amou:
fenêtre (f)	ပြတင်းပေါက်	badin: pau'
arc (m)	မုခ်ဝ	mou' wa.
colonne (f)	တိုင်	tain
coin (m)	ထောင့်	htaun.
vitrine (f)	ဆိုင်ရှေ့ပစ္စည်း အခင်းအကျင်း	hseun shei. bji' si: akhin: akjin:
enseigne (f)	ဆိုင်းဘုတ်	hsain: bou'
affiche (f)	ပိုစတာ	pou sata
affiche (f) publicitaire	ကြော်ငြာပိုစတာ	kjo nja bou sata
panneau-réclame (m)	ကြော်ငြာဆိုင်းဘုတ်	kjo nja zain: bou'
ordures (f pl)	အမှိုက်	ahmai'
poubelle (f)	အမှိုက်ပုံး	ahmai' poun:
jeter à terre	လွှင့်ပစ်သည်	hlwin. bi' te
décharge (f)	အမှိုက်ပုံ	ahmai' poun
cabine (f) téléphonique	တယ်လီဖုန်းဆက်ရန်နေရာ	te li hpoun: ze' jan nei ja
réverbère (m)	လမ်းမီး	lan: mi:
banc (m)	ခုံတန်းရှည်	khoun dan: shei
policier (m)	ရဲ	je:
police (f)	ရဲ	je:
clochard (m)	သူတောင်းစား	thu daun: za:
sans-abri (m)	အိမ်ယာမဲ့	ein ja me.

79. Les institutions urbaines

magasin (m)	ဆိုင်	hsain
pharmacie (f)	ဆေးဆိုင်	hsei: zain
opticien (m)	မျက်မှန်ဆိုင်	mje' hman zain
centre (m) commercial	ဈေးဝင်စင်တာ	zei: wun zin da
supermarché (m)	ကုန်တိုက်ကြီး	koun dou' kji:
boulangerie (f)	မုန့်တိုက်	moun. dai'
boulanger (m)	ပေါင်မုန့်ဖုတ်သူ	paun moun. bou' dhu
pâtisserie (f)	မုန့်ဆိုင်	moun. zain
épicerie (f)	ကုန်စုံဆိုင်	koun zoun zain
boucherie (f)	အသားဆိုင်	atha: ain
magasin (m) de légumes	ဟင်းသီးဟင်းရွက်ဆိုင်	hin: dhi: hin: jwe' hsain
marché (m)	ဈေး	zei:
salon (m) de café	ကော်ဖီဆိုင်	ko hpi zain
restaurant (m)	စားသောက်ဆိုင်	sa: thau' hsain
brasserie (f)	ဘီယာဆိုင်	bi ja zain:
pizzeria (f)	ပီဇာမုန့်ဆိုင်	pi za moun. zain
salon (m) de coiffure	ဆံပင်ညှပ်ဆိုင်	zain hnja' hsain
poste (f)	စာတိုက်	sa dai'
pressing (m)	အဝတ်အခြောက်လျှော်လုပ်ငန်း	awu' achou' hlo: lou' ngan:
atelier (m) de photo	ဓာတ်ပုံရိုက်ခန်း	da' poun jal' khan:
magasin (m) de chaussures	ဖိနပ်ဆိုင်	hpana' sain

| librairie (f) | စာအုပ်ဆိုင် | sa ou' hsain |
| magasin (m) d'articles de sport | အားကစားပစ္စည်းဆိုင် | a: gaza: pji' si: zain |

atelier (m) de retouche	စက်ပြင်ဆိုင်	se' pjin zain
location (f) de vêtements	ဝတ်စုံအငှါးဆိုင်	wa' zoun ahnga: zain
location (f) de films	အခွေငှါးဆိုင်	akhwei hnga: zain:

cirque (m)	ဆပ်ကပ်	hsa' ka'
zoo (m)	တိရစ္ဆာန်ဥယျာဉ်	tharei' hsan u. jin
cinéma (m)	ရုပ်ရှင်ရုံ	jou' shin joun
musée (m)	ပြတိုက်	pja. dai'
bibliothèque (f)	စာကြည့်တိုက်	sa gji. dai'

théâtre (m)	ကဇာတ်ရုံ	ka. za' joun
opéra (m)	အော်ပရာဇာတ်ရုံ	o pa ra za' joun
boîte (f) de nuit	နိုက်ကလပ်	nai' ka. la'
casino (m)	လောင်းကစားရုံ	laun: gaza: joun

mosquée (f)	ဗလီ	bali
synagogue (f)	ရှူးဒီဘုရား	ja. hu di bu. ja:
	ရှိခိုးကျောင်း	shi. gou: gjaun:
cathédrale (f)	ဘုရားရှိခိုးကျောင်းတော်	hpaja: gjaun: do:
temple (m)	ဘုရားကျောင်း	hpaja: gjaun:
église (f)	ဘုရားကျောင်း	hpaja: gjaun:

institut (m)	တက္ကသိုလ်	te' kathou
université (f)	တက္ကသိုလ်	te' kathou
école (f)	စာသင်ကျောင်း	sa dhin gjaun:

préfecture (f)	စီရင်စုနယ်	si jin zu. ne
mairie (f)	မြို့တော်ခန်းမ	mjou. do gan: ma.
hôtel (m)	ဟိုတယ်	hou te
banque (f)	ဘဏ်	ban

ambassade (f)	သံရုံး	than joun:
agence (f) de voyages	ခရီးသွားလုပ်ငန်း	khaji: thwa: lou' ngan:
bureau (m) d'information	သတင်းအချက်အလက်ဌာန	dhadin: akje' ale' hta. na.
bureau (m) de change	ငွေလဲရန်နေရာ	ngwei le: jan nei ja

| métro (m) | မြေအောက်ဥမင်လမ်း | mjei au' u. min lan: |
| hôpital (m) | ဆေးရုံ | hsei: joun |

| station-service (f) | ဆီဆိုင် | hsi: zain |
| parking (m) | ကားပါကင် | ka: pa kin |

80. Les enseignes. Les panneaux

enseigne (f)	ဆိုင်းဘုတ်	hsain: bou'
pancarte (f)	သတိပေးစာ	dhadi. pei: za
poster (m)	ပိုစတာ	pou sata
indicateur (m) de direction	လမ်းညွှန်	lan: hnjun
flèche (f)	လမ်းညွှန်မြား	lan: hnjun hmja:
avertissement (m)	သတိပေးခြင်း	dhadi. pei: gjin:
panneau d'avertissement	သတိပေးချက်	dhadi. pei: gje'

avertir (vt)	သတိပေးသည်	dhadi. pei: de
jour (m) de repos	ရုံးပိတ်ရက်	joun: bei' je'
horaire (m)	အချိန်ဇယား	achein zaja:
heures (f pl) d'ouverture	ဖွင့်ချိန်	hpwin. gjin

BIENVENUE!	ကြိုဆိုပါသည်	kjou hsou ba de
ENTRÉE	ဝင်ပေါက်	win bau'
SORTIE	ထွက်ပေါက်	htwe' pau'

POUSSER	တွန်းသည်	tun: de
TIRER	ဆွဲသည်	hswe: de
OUVERT	ဖွင့်သည်	hpwin. de
FERMÉ	ပိတ်သည်	pei' te

FEMMES	အမျိုးသမီးသုံး	amjou: dhami: dhoun:
HOMMES	အမျိုးသားသုံး	amjou: dha: dhoun:

RABAIS	လျှော့ဈေး	sho. zei:
SOLDES	လျှော့ဈေး	sho. zei:
NOUVEAU!	အသစ်	athi'
GRATUIT	အခမဲ့	akha me.

ATTENTION!	သတိ	thadi.
COMPLET	အလွတ်မရှိ	alu' ma shi.
RÉSERVÉ	ကြိုတင်မှာယူထားပြီး	kjou tin hma ju da: bji:

ADMINISTRATION	စီမံအုပ်ချုပ်ခြင်း	si man ou' chou' chin:
RÉSERVÉ AU PERSONNEL	အမှုထမ်းအတွက်အသာ	ahmu. htan: atwe' atha

ATTENTION CHIEN MÉCHANT	ခွေးကိုက်တတ်သည်	khwei: kai' ta' te
DÉFENSE DE FUMER	ဆေးလိပ်မသောက်ရ	hsei: lei' ma. dhau' ja.
PRIÈRE DE NE PAS TOUCHER	မထိရ	ma. di. ja.

DANGEREUX	အန္တရာယ်ရှိသည်	an dare shi. de.
DANGER	အန္တရာယ်	an dare
HAUTE TENSION	�ို့အားပြင်း	bou. a: bjin:
BAIGNADE INTERDITE	ရေမကူးရ	jei ma. gu: ja.
HORS SERVICE	ပျက်နေသည်	pje' nei de

INFLAMMABLE	မီးလောင်တတ်သည်	mi: laun da' te
INTERDIT	တားမြစ်သည်	ta: mji' te
PASSAGE INTERDIT	မကျူးကျော်ရ	ma. gju: gjo ja
PEINTURE FRAÎCHE	ဆေးမခြောက်သေး	hsei: ma. gjau' dhei:

81. Les transports en commun

autobus (m)	ဘတ်စ်ကား	ba's ka:
tramway (m)	ဓာတ်ရထား	da' ja hta:
trolleybus (m)	ဓာတ်ကား	da' ka:
itinéraire (m)	လမ်းကြောင်း	lan: gjaun:
numéro (m)	ကားနံပါတ်	ka: nan ba'
prendre ...	ယဉ်စီးသည်	jin zi: de

monter (dans l'autobus)	ထိုင်သည်	htain de
descendre de ...	ကားပေါ်မှဆင်းသည်	ka: bo hma. zin: de
arrêt (m)	မှတ်တိုင်	hma' tain
arrêt (m) prochain	နောက်မှတ်တိုင်	nau' hma' tain
terminus (m)	အဆုံးမှတ်တိုင်	ahsoun: hma' tain
horaire (m)	အချိန်ဇယား	achein zaja:
attendre (vt)	စောင့်သည်	saun. de
ticket (m)	လက်မှတ်	le' hma'
prix (m) du ticket	ယာဉ်စီးခ	jin zi: ga.
caissier (m)	ငွေကိုင်	ngwei gain
contrôle (m) des tickets	လက်မှတ်စစ်ဆေးခြင်း	le' hma' ti' hsei: chin
contrôleur (m)	လက်မှတ်စစ်ဆေးသူ	le' hma' ti' hsei: dhu:
être en retard	နောက်ကျသည်	nau' kja. de
rater (~ le train)	ကားနောက်ကျသည်	ka: nau' kja de
se dépêcher	အမြန်လုပ်သည်	aman lou' de
taxi (m)	တက္ကစီ	te' kasi
chauffeur (m) de taxi	တက္ကစီမောင်းသူ	te' kasi maun: dhu
en taxi	တက္ကစီဖြင့်	te' kasi hpjin.
arrêt (m) de taxi	တက္ကစီရပ်	te' kasi zu. ja'
appeler un taxi	တက္ကစီခေါ်သည်	te' kasi go de
prendre un taxi	တက္ကစီငှားသည်	te' kasi hnga: de
trafic (m)	ယာဉ်အသွားအလာ	jin athwa: ala
embouteillage (m)	ယာဉ်ကြောပိတ်ဆို့မှု	jin gjo: bei' hsou. hmu.
heures (f pl) de pointe	အလုပ်ဆင်းချိန်	alou' hsin: gjain
se garer (vp)	ယာဉ်ရပ်နားရန်နေရာယူသည်	jin ja' na: jan nei ja ju de
garer (vt)	ကားအားပါကင်ထိုးသည်	ka: a: pa kin dou: de
parking (m)	ပါကင်	pa gin
métro (m)	မြေအောက်ဉမင်လမ်း	mjei au' u. min lan:
station (f)	ဘူတာရုံ	bu da joun
prendre le métro	မြေအောက်ရထားဖြင့်သွားသည်	mjei au' ja. da: bjin. dhwa: de
train (m)	ရထား	jatha:
gare (f)	ရထားဘူတာရုံ	jatha: buda joun

82. Le tourisme

monument (m)	ရုပ်တု	jou' tu.
forteresse (f)	ခံတပ်ကြီး	khwan da' kji:
palais (m)	နန်းတော်	nan do
château (m)	ရဲတိုက်	je: dai'
tour (f)	မျှော်စင်	hmjo zin
mausolée (m)	ဂူဗိမာန်	gu bi. man
architecture (f)	ဗိသုကာပညာ	bi. thu. ka pjin nja
médiéval (adj)	အလယ်ခေတ်နှင့်ဆိုင်သော	ale khei' hnin. zain de.
ancien (adj)	ရှေးကျသော	shei: gja. de
national (adj)	အမျိုးသားနှင့်ဆိုင်သော	amjou: dha: hnin. zain de.
connu (adj)	နာမည်ကြီးသော	na me gji: de.

touriste (m)	ကမ္ဘာလှည့်ခရီးသည်	ga ba hli. kha. ji: de
guide (m) (personne)	လမ်းညွှန်	lan: hnjun
excursion (f)	လေ့လာရေးခရီး	lei. la jei: gaji:
montrer (vt)	ပြသည်	pja. de
raconter (une histoire)	ပြောပြသည်	pjo: bja. de

trouver (vt)	ရှာတွေ့သည်	sha dwei. de
se perdre (vp)	ပျောက်သည်	pjau' te
plan (m) (du metro, etc.)	မြေပုံ	mjei boun
carte (f) (de la ville, etc.)	မြေပုံ	mjei boun

souvenir (m)	အမှတ်တရလက်ဆောင်ပစ္စည်း	ahma' ta ra le' hsaun pji' si:
boutique (f) de souvenirs	လက်ဆောင်ပစ္စည်းဆိုင်	le' hsaun pji' si: zain
prendre en photo	ဓာတ်ပုံရိုက်သည်	da' poun jai' te
se faire prendre en photo	ဓာတ်ပုံရိုက်သည်	da' poun jai' te

83. Le shopping

acheter (vt)	ဝယ်သည်	we de
achat (m)	ဝယ်စရာ	we zaja
faire des achats	ဈေးဝယ်ထွက်ခြင်း	zei: we htwe' chin:
shopping (m)	ရှော့ပင်း	sho. bin:

être ouvert	ဆိုင်ဖွင့်သည်	hsain bwin. de
être fermé	ဆိုင်ပိတ်သည်	hseun bi' te

chaussures (f pl)	ဖိနပ်	hpana'
vêtement (m)	အဝတ်အစား	awu' aza:
produits (m pl) de beauté	အလှကုန်ပစ္စည်း	ahla. koun pji' si:
produits (m pl) alimentaires	စားသောက်ကုန်	sa: thau' koun
cadeau (m)	လက်ဆောင်	le' hsaun

vendeur (m)	ရောင်းသူ	jaun: dhu
vendeuse (f)	ရောင်းသူ	jaun: dhu

caisse (f)	ငွေရှင်းရန်နေရာ	ngwei shin: jan nei ja
miroir (m)	မှန်	hman
comptoir (m)	ကောင်တာ	kaun da
cabine (f) d'essayage	အဝတ်လဲခန်း	awu' le: gan:

essayer (robe, etc.)	တိုင်းကြည့်သည်	tain: dhi. de
aller bien (robe, etc.)	သင့်တော်သည်	thin. do de
plaire (être apprécié)	ကြိုက်သည်	kjai' de

prix (m)	ဈေးနှုန်း	zei: hnan:
étiquette (f) de prix	ဈေးနှုန်းကပ်ပြား	zei: hnan: ka' pja:
coûter (vt)	ကုန်ကျသည်	koun mja. de
Combien?	ဘယ်လောက်လဲ	be lau' le:
rabais (m)	လျှော့ဈေး	sho. zei:

pas cher (adj)	ဈေးမကြီးသော	zei: ma. kji: de.
bon marché (adj)	ဈေးပေါသော	zei: po: de.
cher (adj)	ဈေးကြီးသော	zei: kji: de.
C'est cher	ဒါဈေးကြီးတယ်	da zei: gji: de

location (f)	၄့ိရမ်းခြင်း	hna: jan: chin:
louer (une voiture, etc.)	၄့ိရမ်းသည်	hna: jan: de
crédit (m)	အကြွေးစနစ်	akjwei: sani'
à crédit (adv)	အကြွေးစနစ်ဖြင့်	akjwei: sa ni' hpjin.

84. L'argent

argent (m)	ပိုက်ဆံ	pai' hsan
échange (m)	လဲလှယ်ခြင်း	le: hle gjin:
cours (m) de change	ငွေလဲနန်း	ngwei le: hnan:
distributeur (m)	အလိုအလျောက်ငွေထုတ်စက်	alou aljau' ngwei htou' se'
monnaie (f)	အကြွေစေ့	akjwei zei.

| dollar (m) | ဒေါ်လာ | do la |
| euro (m) | ယူရို | ju rou |

lire (f)	အီတလီ လိုင်ရာငွေ	ita. li lain ja ngwei
mark (m) allemand	ဂျာမန်မတ်ငွေ	gja man ma' ngwei
franc (m)	ဖရန့်	hpa. jan.
livre sterling (f)	စတာလင်ပေါင်	sata lin baun
yen (m)	ယန်း	jan:

dette (f)	အကြွေး	akjwei:
débiteur (m)	မြီစား	mji za:
prêter (vt)	ချေးသည်	chei: de
emprunter (vt)	အကြွေးယူသည်	akjwei: ju de

banque (f)	ဘဏ်	ban
compte (m)	ငွေစာရင်း	ngwei za jin:
verser (dans le compte)	ထည့်သည်	hte de.
verser dans le compte	ငွေသွင်းသည်	ngwei dhwin: de
retirer du compte	ငွေထုတ်သည်	ngwei dou' te

carte (f) de crédit	အကြွေးဝယ်ကဒ်ပြား	akjwei: we ka' pja
espèces (f pl)	လက်ငင်း	le' ngin:
chèque (m)	ချက်	che'
faire un chèque	ချက်ရေးသည်	che' jei: de
chéquier (m)	ချက်စာအုပ်	che' sa ou'

portefeuille (m)	ပိုက်ဆံအိတ်	pai' hsan ei'
bourse (f)	ပိုက်ဆံအိတ်	pai' hsan ei'
coffre fort (m)	မီးခံသေတ္တာ	mi: gan dhi' ta

héritier (m)	အမွေစားအမွေခံ	amwei za: amwei gan
héritage (m)	အမွေဆက်ခံခြင်း	amwei ze' khan gjin:
fortune (f)	အခွင့်အလမ်း	akhwin. alan:

location (f)	အိမ်ငှါး	ein hnga:
loyer (m) (argent)	အခန်းငှားခ	akhan: hnga: ga
louer (prendre en location)	ငှားသည်	hnga: de

prix (m)	ဈေးနန်း	zei: hnan:
coût (m)	ကုန်ကျစရိတ်	koun gja. za. ji'
somme (f)	ပေါင်းလဒ်	paun: la'

dépenser (vt)	သုံးစွဲသည်	thoun: zwe: de
dépenses (f pl)	စရိတ်စက	zaei' zaga.
économiser (vt)	ချေတာသည်	chwei da de
économe (adj)	တွက်ခြေကိုက်သော	twe' chei kai' te.

payer (régler)	ပေးချေသည်	pei: gjei de
paiement (m)	ပေးချေသည့်ငွေ	pei: gjei de. ngwei
monnaie (f) (rendre la ~)	ပြန်အမ်းငွေ	pjan an: ngwe

impôt (m)	အခွန်	akhun
amende (f)	ဒဏ်ငွေ	dan ngwei
mettre une amende	ဒဏ်ရိုက်သည်	dan jai' de

85. La poste. Les services postaux

poste (f)	စာတိုက်	sa dai'
courrier (m) (lettres, etc.)	မေးလ်	mei: l
facteur (m)	စာပို့သမား	sa bou, dhama:
heures (f pl) d'ouverture	ဖွင့်ချိန်	hpwin. gjin

lettre (f)	စာ	sa
recommandé (m)	မှတ်ပုံတင်ပြီးသောစာ	hma' poun din bji: dho: za:
carte (f) postale	ပို့စကတ်	pou. sa. ka'
télégramme (m)	ကြေးနန်း	kjei: nan:
colis (m)	ပါဆယ်	pa ze
mandat (m) postal	ငွေလွှဲခြင်း	ngwei hlwe: gjin:

recevoir (vt)	လက်ခံရရှိသည်	le' khan ja. shi. de
envoyer (vt)	ပို့သည်	pou. de
envoi (m)	ပို့ခြင်း	pou. gjin:

adresse (f)	လိပ်စာ	lei' sa
code (m) postal	စာပို့သင်္ကေတ	sa bou dhin kei ta.
expéditeur (m)	ပို့သူ	pou. dhu
destinataire (m)	လက်ခံသူ	le' khan dhu

prénom (m)	အမည်	amji
nom (m) de famille	မိသားစု မျိုးရိုးနာမည်	mi. dha: zu. mjou: jou: na mji

tarif (m)	စာပို့ခ နှုန်းထား	sa bou. kha. hnan: da:
normal (adj)	စံနှုန်းသတ်မှတ်ထားသော	san hnoun: dha' hma' hta: de.
économique (adj)	ကုန်ကျငွေသက်သာသော	koun gja ngwe dhe' dha de.

poids (m)	အလေးချိန်	alei: gjein
peser (~ les lettres)	ချိန်သည်	chein de
enveloppe (f)	စာအိတ်	sa ei'
timbre (m)	တံဆိပ်ခေါင်း	da zei' khaun:
timbrer (vt)	တံဆိပ်ခေါင်းကပ်သည်	da zei' khaun: ka' te

Le logement. La maison. Le foyer

maison (f)	အိမ်	ein
chez soi	အိမ်မှာ	ein hma
cour (f)	ခြံမြေကွက်လပ်	chan mjei gwe' la'
clôture (f)	ခြံစည်းရိုး	chan zi: jou:
brique (f)	အုတ်	ou'
en brique (adj)	အုတ်ဖြင့်လုပ်ထားသော	ou' hpjin. lou' hta: de.
pierre (f)	ကျောက်	kjau'
en pierre (adj)	ကျောက်ဖြင့်လုပ်ထားသော	kjau' hpjin. lou' hta: de.
béton (m)	ကွန်ကရစ်	kun ka. ji'
en béton (adj)	ကွန်ကရစ်လောင်းထားသော	kun ka. ji' laun: da: de.
neuf (adj)	သစ်သော	thi' te.
vieux (adj)	ဟောင်းသော	haun: de.
délabré (adj)	အိုဟောင်းပျက်စီးနေသော	ou haun: pje' si: nei dho:
moderne (adj)	ခေတ်မီသော	khi' mi de.
à plusieurs étages	အထပ်များစွာပါသော	a hta' mja: swa ba de.
haut (adj)	မြင့်သော	mjin. de.
étage (m)	အထပ်	a hta'
sans étage (adj)	အထပ်တစ်ထပ်တည်းဖြစ်သော	a hta' ta' hta' te: hpja' tho:
rez-de-chaussée (m)	မြေညီထပ်	mjei nji da'
dernier étage (m)	အပေါ်ဆုံးထပ်	apo zoun: da'
toit (m)	အမိုး	amou:
cheminée (f)	မီးခိုးခေါင်းတိုင်	mi: gou: gaun: dain
tuile (f)	အုတ်ကြွပ်ပြား	ou' gju' pja:
en tuiles (adj)	အုတ်ကြွပ်ဖြင့်မိုးထားသော	ou' gju' hpjin: mou: hta: de.
grenier (m)	ထပ်ခိုး	hta' khou:
fenêtre (f)	ပြတင်းပေါက်	badin: pau'
vitre (f)	ဖန်	hpan
rebord (m)	ပြတင်းအောက်ခြေတောင်	badin: au' chei dhaun
volets (m pl)	ပြတင်းကာ	badin: ga
mur (m)	နံရံ	nan jou:
balcon (m)	ဝရန်တာ	wa jan da
gouttière (f)	ရေဆင်းပိုက်	jei zin: bai'
en haut (à l'étage)	အပေါ်မှာ	apo hma
monter (vi)	တက်သည်	te' te
descendre (vi)	ဆင်းသည်	hsin: de
déménager (vi)	အိမ်ပြောင်းသည်	ein bjaun: de

87. La maison. L'entrée. L'ascenseur

entrée (f)	ဝင်ပေါက်	win bau'
escalier (m)	လှေကား	hlei ga:
marches (f pl)	လှေကားထစ်	hlei ga: di'
rampe (f)	လှေကားလက်ရန်း	hlei ga: le' jan:
hall (m)	ညှို့ခန်းမ	e. gan: ma.
boîte (f) à lettres	စာတိုက်ပုံး	sa dai' poun:
poubelle (f) d'extérieur	အမှိုက်ပုံး	ahmai' poun:
vide-ordures (m)	အမှိုက်ဆင်းပိုက်	ahmai' hsin: bai'
ascenseur (m)	ဓာတ်လှေကား	da' hlei ga:
monte-charge (m)	ဝန်တင်ဓာတ်လှေကား	wun din da' hlei ga:
cabine (f)	ကုန်တင်ဓာတ်လှေကား	koun din ga' hlei ga:
prendre l'ascenseur	ဓာတ်လှေကားစီးသည်	da' hlei ga: zi: de
appartement (m)	တိုက်ခန်း	tai' khan:
locataires (m pl)	နေထိုင်သူများ	nei dain dhu mja:
voisin (m)	အိမ်နီးနားချင်း	ein ni: na: gjin:
voisine (f)	မိန်းကလေးအိမ်နီးနားချင်း	mein: galei: ein: ni: na: gjin:
voisins (m pl)	အိမ်နီးနားချင်းများ	ein ni: na: gjin: mja:

88. La maison. L'électricité

électricité (f)	လျှပ်စစ်ဓာတ်အား	hlja' si' da' a:
ampoule (f)	မီးသီး	mi: dhi:
interrupteur (m)	ခလုတ်	khalou'
plomb, fusible (m)	ဖျူး	hpju: s
fil (m) (~ électrique)	ဝိုင်ယာကြိုး	wain ja gjou:
installation (f) électrique	လျှပ်စစ်ကြိုးသွယ်တန်းမှု	hlja' si' kjou: dhwe dan: hmu
compteur (m) électrique	လျှပ်စစ်မီတာ	hlja' si' si da
relevé (m)	ပြသောပမာဏ	pja. dho: ba ma na.

89. La maison. La porte. La serrure

porte (f)	တံခါး	daga:
portail (m)	ဂိတ်	gei'
poignée (f)	တံခါးလက်ကိုင်	daga: le' kain
déverrouiller (vt)	သော့ဖွင့်သည်	tho. bwin. de
ouvrir (vt)	ဖွင့်သည်	hpwin. de
fermer (vt)	ပိတ်သည်	pei' te
clé (f)	သော့	tho.
trousseau (m), jeu (m)	အတွဲ	atwe:
grincer (la porte)	တကျွီကျွီမြည်သည်	ta kjwi. kjwi. mji de
grincement (m)	တကျွီကျွီမြည်သံ	ta kjwi. kjwi. mji dhan
gond (m)	ပတ္တာ	pa' ta
paillasson (m)	ခြေသုတ်ခုံ	chei dhou' goun
serrure (f)	တံခါးဂျက်	daga: gje'

trou (m) de la serrure	သော့ပေါက်	tho. bau'
verrou (m)	မင်းတုံး	min: doun:
loquet (m)	တံခါးချက်	daga: che'
cadenas (m)	သော့ခလောက်	tho. ga. lau'
sonner (à la porte)	ခေါင်းလောင်းမြည်သည်	gaun: laun: mje de
sonnerie (f)	ခေါင်းလောင်းမြည်သံ	gaun: laun: mje dhan
sonnette (f)	လူခေါ်ခေါင်းလောင်း	lu go gaun: laun:
bouton (m)	လူခေါ်ခေါင်းလောင်းခလုတ်	lu go gaun: laun: khalou'
coups (m pl) à la porte	တံခါးခေါက်သံ	daga: khau' than
frapper (~ à la porte)	တံခါးခေါက်သည်	daga: khau' te
code (m)	သင်္ကေတဂဏန်း	thin gei ta. hwe'
serrure (f) à combinaison	ကုဒ်သော့	kou' tho.
interphone (m)	အိမ်တွင်းဆက်သွယ်မှုစနစ်	ein dwin: ze' dhwe hmu. zani'
numéro (m)	နံပါတ်	nan ba'
plaque (f) de porte	အိမ်တံခါးရှေ့ ဆိုင်းဘုတ်	ein da ga: shei. hsain: bou'
judas (m)	ချောင်းကြည့်ပေါက်	chaun: gje. bau'

90. La maison de campagne

village (m)	ရွာ	jwa
potager (m)	အသီးအရွက်စိုက်ခင်း	athi: ajwe' sai' khin:
palissade (f)	ခြံစည်းရိုး	chan zi: jou:
clôture (f)	ခြံစည်းရိုးတံတိုင်	chan zi: jou: dain
portillon (m)	မလွယ်ပေါက်	ma. lwe bau'
grange (f)	ကျီ	kji
cave (f)	မြေအောက် အစာသိုလှောင်ခန်း	mjei au' asa dhou hlaun gan:
abri (m) de jardin	ဝိုင်ဒေါင်	gou daun
puits (m)	ရေတွင်း	jei dwin:
poêle (m) (~ à bois)	မီးဖို	mi: bou
chauffer le poêle	မီးပြင်းအောင်ထိုးသည်	mi: bjin: aun dou: de
bois (m) de chauffage	ထင်း	htin:
bûche (f)	ထင်းတုံး	tin: doun:
véranda (f)	ဝရန်တာ	wa jan da
terrasse (f)	စကြ	sin gja.
perron (m) d'entrée	အိမ်ရှေ့လှေကား	ein shei. hlei ga:
balançoire (f)	ဒန်း	dan:

91. La villa et le manoir

maison (f) de campagne	တောအိမ်	to: ein
villa (f)	ကမ်းခြေအပန်းဖြေအိမ်	kan: gjei apan: hpjei ein
aile (f) (~ ouest)	တစ်ကျွိုတ်	toun ze' mei'
jardin (m)	ဥယျာဉ်	u. jin
parc (m)	ပန်းခြံ	pan: gjan
serre (f) tropicale	ဖန်လုံအိမ်	hpan ain
s'occuper (~ du jardin)	ပြုစုစောင့်ရှောက်သည်	pju. zu. zaun. shau' te

85

piscine (f)	ရေကူးကန်	jei ku: gan
salle (f) de gym	အိမ်တွင်း ကျန်းမာ	ein dwin: gjan: ma
	ရေးလေ့ကျင့်ရှ	jei: lei. gjin. joun
court (m) de tennis	တင်းနစ်ကွင်း	tin: ni' kwin:
salle (f) de cinéma	အိမ်တွင်း ရုပ်ရှင်ရှ	ein dwin: jou' shin joun
garage (m)	ဂိုဒေါင်	gou daun

propriété (f) privée	တသီးပုဂ္ဂလိက	tadhi: pou' ga li ka.
	ပိုင်ဆိုင်မှုမြေပစ္စည်း	bain: zain mjei pji' si:
terrain (m) privé	တသီးပုဂ္ဂလိကပိုင်နယ်မြေ	tadhi: pou' ga li ka. bain: mjei

| avertissement (m) | သတိပေးချက် | dhadi. pei: gje' |
| panneau d'avertissement | သတိပေးဆိုင်းပုဒ် | dhadi. pei: zain: bou' |

sécurité (f)	လုံခြုံရေး	loun gjoun jei:
agent (m) de sécurité	လုံခြုံရေးအစောင့်	loun gjoun jei: asaun.
alarme (f) antivol	သူခိုးလှန့်ခေါင်းလောင်း	thu khou: hlan. khaun: laun:

92. Le château. Le palais

château (m)	ရဲတိုက်	je: dai'
palais (m)	နန်းတော်	nan do
forteresse (f)	ခံတပ်ကြီး	khwan da' kji:

muraille (f)	ရဲတိုက်နံရံဝိုင်း	je: dai' nan jan wain:
tour (f)	မျှော်စင်	hmjo zin
donjon (m)	ရဲတိုက်ဗဟို	je: dai' ba. hou
	မျှော်စင်ခံတပ်ကြီး	hmjo zin gan ta' kji:

herse (f)	ဆိုင်းကြီးသံးသဲ	hsain: kjou: dhoun: dhan
	ကွန်ရက်တံခါးကြီး	kwan ja' dan ga: kji:
souterrain (m)	မြေအောက်လမ်း	mjei au' lan:
douve (f)	ကျုံး	kjun:
chaîne (f)	ကြိုး	kjou:
meurtrière (f)	မှားတံလွှတ်ပေါက်	hmja: dan hlwa' pau'

magnifique (adj)	ခမ်းနားသော	khan: na: de.
majestueux (adj)	နှိုးဆော်ထည်ဝါသော	khan nja: hte wa de.
inaccessible (adj)	မထိုးဖောက်နိုင်သော	ma. dou: bau' nein de.
médiéval (adj)	အလယ်ခေတ်နှင့်ဆိုင်သော	ale khei' hnin. zain de.

93. L'appartement

appartement (m)	တိုက်ခန်း	tai' khan:
chambre (f)	အခန်း	akhan:
chambre (f) à coucher	အိပ်ခန်း	ei' khan:
salle (f) à manger	ထမင်းစားခန်း	htamin: za: gan:
salon (m)	ဧည့်ခန်း	e. gan:
bureau (m)	အိမ်တွင်းရုံးခန်းလေး	ein dwin: joun: gan: lei:

| antichambre (f) | ဝင်ပေါက် | win bau' |
| salle (f) de bains | ရေချိုးခန်း | jei gjou gan: |

toilettes (f pl)	အိမ်သာ	ein dha
plafond (m)	မျက်နှာကြက်	mje' hna gje'
plancher (m)	ကြမ်းပြင်	kan: pjin
coin (m)	ထောင့်	htaun.

94. L'appartement. Le ménage

| faire le ménage | သန့်ရှင်းရေးလုပ်သည် | than. shin: jei: lou' te |
| ranger (jouets, etc.) | သန့်ရှင်းရေးလုပ်သည် | than. shin: jei: lou' te |

poussière (f)	ဖုန်	hpoun
poussiéreux (adj)	ဖုန်ထူသော	hpoun du de.
essuyer la poussière	ဖုန်သုတ်သည်	hpoun dou' te
aspirateur (m)	ဖုန်စုပ်စက်	hpoun zou' se'
passer l'aspirateur	ဖုန်စုပ်စက်ဖြင့် စုပ်သည်	hpoun zou' se' chin. zou' te

balayer (vt)	တံမြက်စည်းလှည်းသည်	tan mje' si: hle: de
balayures (f pl)	အမှိုက်များ	ahmai' mja:
ordre (m)	စနစ်တကျ	sani' ta. gja.
désordre (m)	ရှုပ်ပွေခြင်း	shou' pwei gjin:

balai (m) à franges	လက်ကိုင်ရှည်ကြမ်းသုတ်ဖတ်	le' kain she gjan: dhou' hpa'
torchon (m)	ဖုန်သုတ်အဝတ်	hpoun dou' awu'
balayette (f) de sorgho	တံမြက်စည်း	tan mje' si:
pelle (f) à ordures	အမှိုက်ဂေါ်	ahmai' go

95. Les meubles. L'intérieur

meubles (m pl)	ပရိဘောဂ	pa ri. bo: ga.
table (f)	စားပွဲ	sa: bwe:
chaise (f)	ကုလားထိုင်	kala: dain
lit (m)	ကုတင်	ku din
canapé (m)	ဆိုဖာ	hsou hpa
fauteuil (m)	လက်တင်ပါသောကုလားထိုင်	le' tin ba dho: ku. la: dain

| bibliothèque (f) (meuble) | စာအုပ်စင် | sa ou' sin |
| rayon (m) | စင် | sin |

armoire (f)	ဗီရို	bi jou
patère (f)	နံရံကပ်အဝတ်ချိတ်စင်	nan jan ga' awu' gei' zin
portemanteau (m)	အဝတ်ချိတ်စင်	awu' gjei' sin

| commode (f) | အံဆွဲပါ မှန်တင်ခုံ | an. zwe: pa hman din khoun |
| table (f) basse | စားပွဲပု | sa: bwe: bu. |

miroir (m)	မှန်	hman
tapis (m)	ကော်ဇော	ko zo:
petit tapis (m)	ကော်ဇော	ko zo:

cheminée (f)	မီးလင်းဖို	mi: lin: bou
bougie (f)	ဖယောင်းတိုင်	hpa. jaun dain
chandelier (m)	ဖယောင်းတိုင်စိုက်သောတိုင်	hpa. jaun dain zou' tho dain

rideaux (m pl)	ခန်းဆီးရှည်	khan: zi: shei
papier (m) peint	နံရံကပ်ကတ္တာ	nan jan ga' se' ku
jalousie (f)	ဘောင်းလိုပ်	jin: lei'

lampe (f) de table	စားပွဲတင်မီးအိမ်	sa: bwe: din mi: ein
applique (f)	နံရံကပ်မီး	nan jan ga' mi:
lampadaire (m)	မတ်တပ်မီးစလောင်း	ma' ta' mi: za. laun
lustre (m)	မီးပန်းဆိုင်း	mi: ban: zain:

pied (m) (~ de la table)	ခြေထောက်	chei htau'
accoudoir (m)	လက်တန်း	le' tan:
dossier (m)	နောက်မှီ	nau' mi
tiroir (m)	အံဆွဲ	an. zwe:

96. La literie

linge (m) de lit	အိပ်ရာခင်းများ	ei' ja khin: mja:
oreiller (m)	ခေါင်းအုံး	gaun: oun:
taie (f) d'oreiller	ခေါင်းစွပ်	gaun: zu'
couverture (f)	စောင်	saun
drap (m)	အိပ်ရာခင်း	ei' ja khin:
couvre-lit (m)	အိပ်ရာဖုံး	ei' ja hpoun:

97. La cuisine

cuisine (f)	မီးဖိုခန်း	mi: bou gan:
gaz (m)	ဓာတ်ငွေ့	da' ngwei.
cuisinière (f) à gaz	ဂတ်စ်မီးဖို	ga' s mi: bou
cuisinière (f) électrique	လျှပ်စစ်မီးဖို	hlja' si' si: bou
four (m)	မုန့်ဖုတ်ရန်ဖို	moun. bou' jan bou
four (m) micro-ondes	မိုက်ခရိုဝေ့ဗ်	mou'kha. jou wei. b

réfrigérateur (m)	ရေခဲသေတ္တာ	je ge: dhi' ta
congélateur (m)	ရေခဲခန်း	jei ge: gan:
lave-vaisselle (m)	ပန်းကန်ဆေးစက်	bagan: zei: ze'

hachoir (m) à viande	အသားကြိတ်စက်	atha: kjei' za'
centrifugeuse (f)	အသီးဖျော်စက်	athi: hpjo ze'
grille-pain (m)	ပေါင်မုန့်ကင်စက်	paun moun. gin ze'
batteur (m)	မွှေစက်	hmwei ze'

machine (f) à café	ကော်ဖီဖျော်စက်	ko hpi hpjo ze'
cafetière (f)	ကော်ဖီအိုး	ko hpi ou:
moulin (m) à café	ကော်ဖီကြိတ်စက်	ko hpi kjei ze'

bouilloire (f)	ရေနွေးကျားအိုး	jei nwei: gaja: ou:
théière (f)	လက်ဘက်ရည်အိုး	le' be' ji ou:
couvercle (m)	အိုးအဖုံး	ou: ahpoun:
passoire (f) à thé	လက်ဖက်ရည်စစ်	le' hpe' ji zi'

cuillère (f)	ဇွန်း	zun:
petite cuillère (f)	လက်ဖက်ရည်ဇွန်း	le' hpe' ji zwan:

cuillère (f) à soupe	အရှည်သောက်ဇွန်း	aja: dhau' zun:
fourchette (f)	ခက်ရင်း	khajin:
couteau (m)	ဓား	da:

vaisselle (f)	အိုးခွက်ပန်းကန်	ou: kwe' pan: gan
assiette (f)	ပန်းကန်ပြား	bagan: bja:
soucoupe (f)	အောက်ခံပန်းကန်ပြား	au' khan ban: kan pja:

verre (m) à shot	ဖန်ခွက်	hpan gwe'
verre (m) (~ d'eau)	ဖန်ခွက်	hpan gwe'
tasse (f)	ခွက်	khwe'

sucrier (m)	သကြားခွက်	dhagja: khwe'
salière (f)	ဆားဘူး	hsa: bu:
poivrière (f)	ငြုတ်ကောင်းဘူး	njou' kaun: bu:
beurrier (m)	ထောပတ်ခွက်	hto: ba' khwe'

casserole (f)	ပေါင်းအိုး	paun: ou:
poêle (f)	ဟင်းကြော်အိုး	hin: gjo ou:
louche (f)	ဟင်းခပ်ဇွန်း	hin: ga' zun
passoire (f)	ဆန်ခါ	zaga
plateau (m)	လင်ပန်း	lin ban:

bouteille (f)	ပုလင်း	palin:
bocal (m) (à conserves)	ဖန်ဘူး	hpan bu:
boîte (f) en fer-blanc	သံဘူး	than bu:

ouvre-bouteille (m)	ပုလင်းဖောက်တံ	pu. lin: bau' tan
ouvre-boîte (m)	သံဘူးဖောက်တံ	than bu: bau' tan
tire-bouchon (m)	ဝက်အူဖောက်တံ	we' u bau' dan
filtre (m)	ရေစစ်	jei zi'
filtrer (vt)	စစ်သည်	si' te

| ordures (f pl) | အမှိုက် | ahmai' |
| poubelle (f) | အမှိုက်ပုံး | ahmai' poun: |

98. La salle de bains

salle (f) de bains	ရေချိုးခန်း	jei gjou gan:
eau (f)	ရေ	jei
robinet (m)	ရေပိုက်ခေါင်း	jei bai' khaun:
eau (f) chaude	ရေပူ	jei bu
eau (f) froide	ရေအေး	jei ei:

dentifrice (m)	သွားတိုက်ဆေး	thwa: tai' hsei:
se brosser les dents	သွားတိုက်သည်	thwa: tai' te
brosse (f) à dents	သွားတိုက်တံ	thwa: tai' tan

se raser (vp)	ရိတ်သည်	jei' te
mousse (f) à raser	မုတ်ဆိတ်တို့ရိတ်သုံးဆပ်ပြာမှုပ်	mou' hsei' jei' thoun: za' pja hmjou'
rasoir (m)	သင်တုန်းဓား	thin toun: da:
laver (vt)	ဆေးသည်	hsei: de
se laver (vp)	ရေချိုးသည်	jei gjou: de

douche (f)	ရေပန်း	jei ban:
prendre une douche	ရေချိုးသည်	jei gjou: de
baignoire (f)	ရေချိုးကန်	jei gjou: gan
cuvette (f)	အိမ်သာ	ein dha
lavabo (m)	လက်ဆေးကန်	le' hsei: kan
savon (m)	ဆပ်ပြာ	hsa' pja
porte-savon (m)	ဆပ်ပြာခွက်	hsa' pja gwe'
éponge (f)	ရေမြှုပ်	jei hmjou'
shampooing (m)	ခေါင်းလျှော်ရည်	gaun: sho je
serviette (f)	တဘက်	tabe'
peignoir (m) de bain	ရေချိုးခန်းဝတ်စုံ	jei gjou: gan: wu' soun
lessive (f) (faire la ~)	အဝတ်လျှော်ခြင်း	awu' sho gjin
machine (f) à laver	အဝတ်လျှော်စက်	awu' sho ze'
faire la lessive	ဒိုဘီလျှော်သည်	dou bi jo de
lessive (f) (poudre)	အဝတ်လျှော်ဆပ်ပြာမှုန့်	awu' sho hsa' pja hmun.

99. Les appareils électroménagers

téléviseur (m)	ရုပ်မြင်သံကြားစက်	jou' mjin dhan gja: ze'
magnétophone (m)	အသံသွင်းစက်	athan dhwin: za'
magnétoscope (m)	ဗီဒီယိုပြစက်	bi di jou bja. ze'
radio (f)	ရေဒီယို	rei di jou
lecteur (m)	ပလေယာစက်	pa. lei ja ze'
vidéoprojecteur (m)	ဗီဒီယိုပရိုဂျက်တာ	bi di jou pa. jou gje' da
home cinéma (m)	အိမ်တွင်းရုပ်ရှင်ခန်း	ein dwin: jou' shin gan:
lecteur DVD (m)	ဒီဗီဒီပလေယာ	di bi di ba lei ja
amplificateur (m)	အသံချဲ့စက်	athan che. zek
console (f) de jeux	ဂိမ်းခလုတ်	gein: kha lou'
caméscope (m)	ဗွီဒီယိုကင်မရာ	bwi di jou kin ma. ja
appareil (m) photo	ကင်မရာ	kin ma. ja
appareil (m) photo numérique	ဒီဂျစ်တယ်ကင်မရာ	digji' te gin ma. ja
aspirateur (m)	ဖုန်စုပ်စက်	hpoun zou' se'
fer (m) à repasser	မီးပူ	mi: bu
planche (f) à repasser	မီးပူတိုက်ရန်စင်	mi: bu tai' jan zin
téléphone (m)	တယ်လီဖုန်း	te li hpoun:
portable (m)	မိုဘိုင်းဖုန်း	mou bain: hpoun:
machine (f) à écrire	လက်နှိပ်စက်	le' hnei' se'
machine (f) à coudre	အပ်ချုပ်စက်	a' chou' se'
micro (m)	စကားပြောခွက်	zaga: bjo: gwe'
écouteurs (m pl)	နားကြပ်	na: kja'
télécommande (f)	အဝေးထိန်းကိရိယာ	awei: htin: ki. ja. ja
CD (m)	စီဒီပြား	si di bja:
cassette (f)	တိပ်ခွေ	tei' khwei
disque (m) (vinyle)	ရှေးခေတ်သုံးဓာတ်ပြား	shei: gi' thoun da' pja:

100. Les travaux de réparation et de rénovation

rénovation (f)	အသစ်ပြုပြင်ဆောက်လုပ်ခြင်း	athi' pju. bin zau' lou' chin:
faire la rénovation	အသစ်ပြုပြင်ဆောက်လုပ်သည်	athi' pju. bin zau' lou' te
réparer (vt)	ပြန်လည်ပြင်ဆင်သည်	pjan le bjin zin de
remettre en ordre	အစီအစဉ်တကျထားသည်	asi asin da. gja. da: de
refaire (vt)	ပြန်လည်ပြုပြင်သည်	pjan le bju. bjin de

peinture (f)	သုတ်ဆေး	thou' hsei:
peindre (des murs)	ဆေးသုတ်သည်	hsei: dhou' te
peintre (m) en bâtiment	အိမ်ဆေးသုတ်သူ	ein zei: dhou' thu
pinceau (m)	ဆေးသုတ်တံ	hsei: dhou' tan

chaux (f)	ထုံး	htoun:
blanchir à la chaux	ထုံးသုတ်သည်	htoun: dhou' te

papier (m) peint	နံရံကပ်စက္ကူ	nan jan ga' se' ku
tapisser (vt)	နံရံစက္ကူကပ်သည်	nan ja' se' ku ga' te
vernis (m)	အရောင်တင်ဆီ	ajaun din zi
vernir (vt)	အရောင်တင်သည်	ajaun din de

101. La plomberie

eau (f)	ရေ	jei
eau (f) chaude	ရေပူ	jei bu
eau (f) froide	ရေအေး	jei ei:
robinet (m)	ရေပိုက်ခေါင်း	jei bai' khaun:
goutte (f)	ရေစက်	jei ze'
goutter (vi)	ရေစက်ကျသည်	jei ze' kja. de
fuir (tuyau)	ယိုစိမ့်သည်	jou zein. de
fuite (f)	ယိုပေါက်	jou bau'
flaque (f)	ရေအိုင်	jei ain

tuyau (m)	ရေပိုက်	jei bai'
valve (f)	အဖွင့်အပိတ်ဝလ်ဗ်	ahpwin apei' khalou'
se boucher (vp)	အပေါက်ဆို့သည်	apau' zou. de
outils (m pl)	ကိရိယာများ	ki. ji. ja mja:
clé (f) réglable	ရွှရှင်	khwa shin
dévisser (vt)	ဖြုတ်သည်	hpjei: de
visser (vt)	ဝက်အူကျပ်သည်	we' u gja' te

déboucher (vt)	ဆို့နေသည့်ကို ပြန်ဖွင့်သည်	hsou. nei de gou bjan bwin. de
plombier (m)	ပိုက်ပြင်သူ	pai' bjin dhu
sous-sol (m)	မြေအောက်ခန်း	mjei au' khan:
égouts (m pl)	မိလ္လာစနစ်	mein la zani'

102. L'incendie

feu (m)	မီး	mi:
flamme (f)	မီးတောက်	mi: tau'

étincelle (f)	မီးပွါး	mi: bwa:
fumée (f)	မီးခိုး	mi: gou:
flambeau (m)	မီးတုတ်	mi: dou'
feu (m) de bois	မီးပုံ	mi: boun

essence (f)	လောင်စာ	laun za
kérosène (m)	ရေနံဆီ	jei nan zi
inflammable (adj)	မီးလောင်လွယ်သော	mi: laun lwe de.
explosif (adj)	ပေါက်ကွဲစေသော	pau' kwe: zei de.
DÉFENSE DE FUMER	ဆေးလိပ်မသောက်ရ	hsei: lei' ma. dhau' ja.

sécurité (f)	ဘေးကင်းမှု	bei: gin: hmu
danger (m)	အန္တရာယ်	an dare
dangereux (adj)	အန္တရာယ်ရှိသော	an dare shi. de.

prendre feu	မတော်တဆမီးစွဲသည်	ma. do da. za. mi: zwe: de
explosion (f)	ပေါက်ကွဲမှု	pau' kwe: hmu.
mettre feu	မီးရှို့သည်	mi: shou. de
incendiaire (m)	မီးရှို့မှုကျူးလွန်သူ	mi: shou. hmu. gju: lun dhu
incendie (m) prémédité	မီးရှို့မှု	mi: shou. hmu.

flamboyer (vi)	မီးတောက်ကြီး	mi: tau' kji:
brûler (vi)	မီးလောင်သည်	mi: laun de
brûler complètement	မီးကျွမ်းသည်	mi: kjwan: de
appeler les pompiers	မီးသတ်ဌာနသို့ အကြောင်းကြားသည်	mi: dha' hta. na. dhou akjaun: gja: de

pompier (m)	မီးသတ်သမား	mi: tha' dhama:
voiture (f) de pompiers	မီးသတ်ကား	mi: tha' ka:
sapeurs-pompiers (pl)	မီးသတ်ဦးစီးဌာန	mi: dha' i: zi: hta. na.
échelle (f) des pompiers	မီးသတ်လှေကား	mi: tha' hlei ga:

tuyau (m) d'incendie	မီးသတ်ပိုက်	mi: tha' bai'
extincteur (m)	မီးသတ်ဘူး	mi: tha' bu:
casque (m)	ဟဲလ်မက်ဦးထုပ်	he: l me u: htou'
sirène (f)	အချက်ပေးညှိသံ	ache' pei: ou' o: dhan

crier (vi)	အကူအညီအော်ဟစ်တောင်းခံသည်	aku anji o hi' taun: gan de.
appeler au secours	အကူအညီတောင်းသည်	aku anji daun: de
secouriste (m)	ကယ်ဆယ်သူ	ke ze dhu
sauver (vt)	ကယ်ဆယ်သည်	ke ze de

venir (vi)	ရောက်ရှိသည်	jau' shi. de
éteindre (feu)	မီးသတ်သည်	mi: tha' de
eau (f)	ရေ	jei
sable (m)	သဲ	the:

ruines (f pl)	အပျက်အစီး	apje' asi:
tomber en ruine	ယိုယွင်းသည်	jou jwin: de
s'écrouler (vp)	ပြိုကျသည်	pjou gja. de
s'effondrer (vp)	ပြိုကျသည်	pjou gja de

morceau (m) (de mur, etc.)	အကျိုးအပဲ့	akjou: ape.
cendre (f)	ပြာ	pja
mourir étouffé	အသက်ရှူကျပ်သည်	athe' shu gja' te
périr (vi)	အသက်ခံရသည်	atha' khan ja. de

LES ACTIVITÉS HUMAINS

Le travail. Les affaires. Partie 1

103. Le bureau. La vie de bureau

bureau (m) (établissement)	ရုံး	joun:
bureau (m) (au travail)	ရုံးခန်း	joun: gan:
accueil (m)	ကြိုဆိုလက်ခံရာနေရာ	kjou hsou le' khan ja nei ja
secrétaire (m)	အတွင်းရေးမှူး	atwin: jei: hmu:
secrétaire (f)	အတွင်းရေးမှူးမ	atwin: jei: hmu: ma
directeur (m)	ဒါရိုက်တာ	da je' ta
manager (m)	မန်နေဂျာ	man nei gji
comptable (m)	စာရင်းကိုင်	sajin: gain
collaborateur (m)	ဝန်ထမ်း	wun dan:
meubles (m pl)	ပရိဘောဂ	pa ri. bo: ga.
bureau (m)	စားပွဲ	sa: bwe:
fauteuil (m)	အလုပ်ထိုင်ခုံ	alou' htain goun
classeur (m) à tiroirs	အံဆွဲပါသောပရိဘောဂအစုံ	an. zwe: dho: pa. ji. bo: ga. soun
portemanteau (m)	ကုတ်အင်္ကျီချိတ်စင်	kou' akji gji' sin
ordinateur (m)	ကွန်ပျူတာ	kun pju ta
imprimante (f)	ပုံနှိပ်စက်	poun nei' se'
fax (m)	ဖက်စ်ကူးစက်	hpe's ku: ze'
copieuse (f)	ဓာတ်ပုံကူးစက်	da' poun gu: ze'
papier (m)	စက္ကူ	se' ku
papeterie (f)	ရုံးသုံးကိရိယာများ	joun: dhoun: gi. ji. ja mja:
tapis (m) de souris	မောက်စ်အောက်ခံပြား	mau's au' gan bja:
feuille (f)	အရွက်	ajwa'
classeur (m)	ဖိုင်	hpain
catalogue (m)	စာရင်း	sajin:
annuaire (m)	ဖုန်းလမ်းညွှန်	hpoun: lan: hnjun
documents (m pl)	မှတ်တမ်းတင်ခြင်း	hma' tan: din gjin:
brochure (f)	ကြော်ငြာစာစောင်	kjo nja za zaun
prospectus (m)	လက်ကမ်းစာစောင်	le' kan: za zaun:
échantillon (m)	နမူနာ	na. mu na
formation (f)	လေ့ကျင့်ရေးအစည်းအဝေး	lei. kjin. jei: asi: awei:
réunion (f)	အစည်းအဝေး	asi: awei:
pause (f) déjeuner	နေ့လည်စာစားချိန်	nei. le za za: gjein
faire une copie	မိတ္တူကူးသည်	mi' tu gu: de
faire des copies	မိတ္တူကူးသည်	mi' tu gu: de
recevoir un fax	ဖက်စ်လက်ခံရရှိသည်	hpe's le' khan ja. shi. de

envoyer un fax	ဖက်စ်ပို့သည်	hpe's pou. de
téléphoner, appeler	ဖုန်းဆက်သည်	hpoun: ze' te
répondre (vi, vt)	ဖြေသည်	hpjei de
passer (au téléphone)	ဆက်သွယ်သည်	hse' thwe de

fixer (rendez-vous)	စီစဉ်သည်	si zin de
montrer (un échantillon)	သရုပ်ပြသည်	thajou' pja. de
être absent	ပျက်ကွက်သည်	pje' kwe' te
absence (f)	ပျက်ကွက်ခြင်း	pje' kwe' chin

104. Les processus d'affaires. Partie 1

affaire (f) (business)	လုပ်ငန်း	lou' ngan:
métier (m)	လုပ်ဆောင်မှု	lou' hsaun hmu.

firme (f), société (f)	စီးပွါးရေးလုပ်ငန်း	si: bwa: jei: lou' ngan:
compagnie (f)	ကုမ္ပဏီ	koun pani
corporation (f)	ကော်ပိုရေးရှင်း	ko bou jei: shin:
entreprise (f)	စီးပွါးရေးလုပ်ငန်း	si: bwa: jei: lou' ngan:
agence (f)	ကိုယ်စားလှယ်လုပ်ငန်း	kou za: hle lou' ngan:

accord (m)	သဘောတူညီမှုစာချုပ်	dhabo: tu nji hmu. za gjou'
contrat (m)	ကန်ထရိုက်	kan ta jou'
marché (m) (accord)	အပေးအယူ	apei: aju
commande (f)	ကြိုတင်မှာယူခြင်း	kjou din hma ju chin:
terme (m) (~ du contrat)	စည်းကမ်းချက်	si: kan: gje'

en gros (adv)	လက်ကား	le' ka:
en gros (adj)	လက်ကားဖြစ်သော	le' ka: bji' te.
vente (f) en gros	လက်ကားရောင်းချမှု	le' ka: jaun: gja. hmu.
au détail (adj)	လက်လီစနစ်	le' li za. ni'
vente (f) au détail	လက်လီရောင်းချမှု	le' li jaun: gja. hmu.

concurrent (m)	ပြိုင်ဘက်	pjain be'
concurrence (f)	ပြိုင်ဆိုင်မှု	pjain zain hmu
concurrencer (vt)	ပြိုင်ဆိုင်သည်	pjain zain de

associé (m)	စီးပွါးဖက်	si: bwa: be'
partenariat (m)	စီးပွါးဖက်ဖြစ်ခြင်း	si: bwa: be' bji' chin:

crise (f)	အခက်အခဲကာလ	akhe' akhe: ga la.
faillite (f)	ဒေဝါလီခံရခြင်း	dei wa li gan ja gjin
faire faillite	ဒေဝါလီခံသည်	dei wa li gan de
difficulté (f)	အခက်အခဲ	akhe' akhe:
problème (m)	ပြဿနာ	pjadhana
catastrophe (f)	ကပ်ဘေး	ka' bei:

économie (f)	စီးပွါးရေး	si: bwa: jei:
économique (adj)	စီးပွါးရေးနှင့်ဆိုင်သော	si: bwa: jei: hnin zain de.
baisse (f) économique	စီးပွါးရေးကျဆင်းမှု	si: bwa: jei: gja zin: hmu.

but (m)	ပန်းတိုင်	pan: dain
objectif (m)	လုပ်ငန်းတာဝန်	lou' ngan: da wan
faire du commerce	ကုန်သွယ်သည်	koun dhwe de

réseau (m) (de distribution)	ကွန်ရက်	kun je'
inventaire (m) (stocks)	ပစ္စည်းစာရင်း	pji' si: za jin:
assortiment (m)	အပိုင်းအခြား	apain: acha:

leader (m)	ခေါင်းဆောင်	gaun: zaun
grande (~ entreprise)	ကြီးမားသော	kji: ma: de.
monopole (m)	တစ်ဦးတည်းချုပ်ကိုင်ထား	ti' u: te: gjou' kain da:

théorie (f)	သီအိုရီ	thi ou ji
pratique (f)	လက်တွေ့	le' twei.
expérience (f)	အတွေ့အကြုံ	atwei. akjoun
tendance (f)	ဦးတည်ရာ	u: ti ja
développement (m)	ဖွံ့ဖြိုးတိုးတက်မှု	hpjun. bjou: dou: de' hmu.

105. Les processus d'affaires. Partie 2

| rentabilité (m) | အကျိုးအမြတ် | akjou: amja' |
| rentable (adj) | အကျိုးအမြတ်ရှိသော | akjou: amja' shi. de. |

délégation (f)	ကိုယ်စားလှယ်အဖွဲ့	kou za: hle ahpwe.
salaire (m)	လစာ	la. za
corriger (une erreur)	အမှားပြင်သည်	ahma: pjin de
voyage (m) d'affaires	စီးပွားရေးခရီးစဉ်	si: bwa: jei: khaji: zin
commission (f)	ကော်မရှင်	ko ma. shin

contrôler (vt)	ထိန်းချုပ်တေ	htein: gjou' te
conférence (f)	ဆွေးနွေးပွဲ	hswe: nwe: bwe:
licence (f)	လိုင်စင်	lain zin
fiable (partenaire ~)	ယုံကြည်စိတ်ချရသော	joun kji zei' cha. ja. de.

initiative (f)	စတင်ခြင်း	sa. tin gjin:
norme (f)	စံနှုန်း	san hnoun:
circonstance (f)	အခြေအနေ	achei anei
fonction (f)	တာဝန်	ta wun

entreprise (f)	အဖွဲ့အစည်း	ahpwe. asi:
organisation (f)	စီစဉ်ခြင်း	si zin gjin:
organisé (adj)	စီစဉ်ထားသော	si zin dha de.
annulation (f)	ပယ်ဖျက်ခြင်း	pe hpje' chin:
annuler (vt)	ပယ်ဖျက်သည်	pe hpje' te
rapport (m)	အစီရင်ခံစာ	asi jin gan za

brevet (m)	မူပိုင်ခွင့်	mu bain gwin.
breveter (vt)	မူပိုင်ခွင့်မှတ် ပုံတင်သည်	mu bain gwin. hma' poun din de
planifier (vt)	စီစဉ်သည်	si zin de

prime (f)	အပိုဆုကြေး	apou zu. gjei:
professionnel (adj)	ပညာရှင်အဆင့်တတ်ကျွမ်းသော	pjin nja ahsin da' kjwan: de.
procédure (f)	လုပ်ထုံးလုပ်နည်း	lou' htoun: lou' ne:

examiner (vt)	စဉ်းစားသည်	sin: za: de
calcul (m)	တွက်ချက်ခြင်း	twe' che' chin:
réputation (f)	ဂုဏ်သတင်း	goun dha din:

risque (m)	စွန့်စားခြင်း	sun. za: gjin:
diriger (~ une usine)	ညွှန်ကြားသည်	hnjun gja: de
renseignements (m pl)	သတင်းအချက်အလက်	dhadin: akje' ale'
propriété (f)	ပိုင်ဆိုင်မှု	pain zain hmu
union (f)	အသင်း	athin:

assurance vie (f)	အသက်အာမခံ	athe' ama. khan
assurer (vt)	အာမခံသည်	a ma. gan de
assurance (f)	အာမခံ	a ma. khan

enchères (f pl)	လေလံပွဲ	lei lan bwe:
notifier (informer)	အကြောင်းကြားသည်	akjaun: kja: de
gestion (f)	အုပ်ချုပ်မှု	ou' chou' hmu.
service (m)	ဝန်ဆောင်မှု	wun: zaun hmu.

forum (m)	ဖိုရမ်	hpou jan
fonctionner (vi)	လည်ပတ်သည်	le ba' te
étape (f)	အဆင့်	ahsin.
juridique (services ~s)	ဥပဒေဆိုင်ရာ	u. ba. dei zain ja
juriste (m)	ရှေ့နေ	shei. nei

106. L'usine. La production

usine (f)	စက်ရုံ	se' joun
fabrique (f)	အလုပ်ရုံ	alou' joun
atelier (m)	ဝပ်ရှော့	wu' sho.
site (m) de production	ထုတ်လုပ်ရာလုပ်ငန်းခွင်	htou' lou' ja lou' ngan: gwin

industrie (f)	စက်မှုလုပ်ငန်း	se' hmu. lou' ngan:
industriel (adj)	စက်မှုလုပ်ငန်း	se' hmu. lou' ngan:
	နှင့်ဆိုင်သော	hnin. zain de.
industrie (f) lourde	အကြီးစားစက်မှုလုပ်ငန်း	akji: za: ze' hmu. lou' ngan:
industrie (f) légère	အသေးစားစက်မှုလုပ်ငန်း	athei: za: za' hmu. lou' ngan:

produit (m)	ထုတ်ကုန်	htou' koun
produire (vt)	ထုတ်လုပ်သည်	tou' lou' te
matières (f pl) premières	ကုန်ကြမ်း	koun gjan:

chef (m) d'équipe	အလုပ်သမားခေါင်း	alou' dha ma: gaun:
équipe (f) d'ouvriers	အလုပ်သမားအဖွဲ့	alou' dha ma: ahpwe.
ouvrier (m)	အလုပ်သမား	alou' dha ma:

jour (m) ouvrable	ရုံးဖွင့်ရက်	joun: hpwin je'
pause (f) (repos)	ရပ်နားခြင်း	ja' na: gjin:
réunion (f)	အစည်းအဝေး	asi: awei:
discuter (vt)	ဆွေးနွေးသည်	hswe: nwe: de

plan (m)	အစီအစဉ်	asi asin
accomplir le plan	အကောင်အထည်ဖော်သည်	akaun ahte bo de
norme (f) de production	ကုန်ထုတ်နှုန်း	koun dou' hnan:
qualité (f)	အရည်အသွေး	aji athwei:
contrôle (m)	စစ်ဆေးခြင်း	si' hsei: gjin:
contrôle (m) qualité	အရည်အသွေးစစ်ဆေး	aji athwei: za' hsei:
	သုံးသပ်မှု	thon dha' hma

sécurité (f) de travail	လုပ်ငန်းခွင်လုံ ခြုံမှု	lou' ngan: gwin loun gjun hmu.
discipline (f)	စည်းကမ်း	si: kan:
infraction (f)	ရှိးဖောက်ခြင်း	chou: hpau' chin:
violer (les règles)	ရှိးဖောက်သည်	chou: hpau' te
grève (f)	သပိတ်မှောက်ခြင်း	thabei' hmau' chin:
gréviste (m)	သပိတ်မှောက်သူ	thabei' hmau' thu
faire grève	သပိတ်မှောက်သည်	thabei' hmau' te
syndicat (m)	အလုပ်သမားသမဂ္ဂ	alou' dha ma: dha. me' ga
inventer (machine, etc.)	တီထွင်သည်	ti htwin de
invention (f)	တီထွင်မှု	ti htwin hmu.
recherche (f)	သုတေသန	thu. tei thana
améliorer (vt)	တိုးတက်ကောင်းမွန်စေသည်	tou: te' kaun: mun zei de
technologie (f)	နည်းပညာ	ne: bi nja
dessin (m) technique	နည်းပညာဆိုင်ရာပုံကြမ်း	ne bi nja zain ja boun gjan:
charge (f) (~ de 3 tonnes)	ဝန်	wun
chargeur (m)	ကုန်ထမ်းသမား	koun din dhama:
charger (véhicule, etc.)	ကုန်တင်သည်	koun din de
chargement (m)	ကုန်တင်ခြင်း	koun din gjin
décharger (vt)	ကုန်ချသည်	koun gja de
déchargement (m)	ကုန်ချခြင်း	koun gja gjin:
transport (m)	သယ်ယူပို့ဆောင်ရေး	the ju bou. zaun jei:
compagnie (f) de transport	သယ်ယူပို့ဆောင်ရေး ကုမ္ပဏီ	the ju bou. zaun jei: koun pa. ni
transporter (vt)	ပို့ဆောင်သည်	pou. zaun de
wagon (m) de marchandise	တွဲ	twe:
citerne (f)	တိုင်ကီ	tain ki
camion (m)	ကုန်တင်ကား	koun din ka:
machine-outil (f)	ဖြတ်စက်	hpja' se'
mécanisme (m)	စက်ကိရိယာ	se' kari. ja
déchets (m pl)	စက်ရုံစွန့်ပစ်ပစ္စည်း	se' joun zun bi' pji' si:
emballage (m)	ထုတ်ပိုးမှု	htou' pou: hmu.
emballer (vt)	ထုတ်ပိုးသည်	htou' pou: de

107. Le contrat. L'accord

contrat (m)	ကန်ထရိုက်	kan ta jou'
accord (m)	သဘောတူညီမှု	dhabo: tu nji hmu.
annexe (f)	ပူးတွဲ	pu: twe:
signer un contrat	သဘောတူစာချုပ်ချုပ်သည်	dhabo: tu za gjou' gjou' te
signature (f)	လက်မှတ်	le' hma'
signer (vt)	လက်မှတ်ထိုးသည်	le' hma' htou: de
cachet (m)	တံဆိပ်	da zei'
objet (m) du contrat	သဘောတူညီမှု-အကြောင်းအရာ	dhabo: tu nji hmu. akjaun: aja
clause (f)	အပိုင်းငယ်	apai' nge

| côtés (m pl) | စာချုပ်ပါအဖွဲ့များ | sa gjou' pa ahpwe. mja: |
| adresse (f) légale | တရားဝင်နေရပ်လိပ်စာ | taja: win nei ja' lei' sa |

violer l'accord	သဘောတူညီမှု ချိုးဖောက်သည်	dhabo: tu nji hmu. gjou: bau' te
obligation (f)	အထူးသဖြင့်	a htu: dha. hjin.
responsabilité (f)	တာဝန်ဝတ္တရား	ta wun wu' taja:
force (f) majeure	မလွှဲဆန်နိုင်သောအဖြစ်	ma. lun zan nain de. ahpji'
litige (m)	အငြင်းအခုံ	anjin: akhoun
pénalités (f pl)	ပြစ်ဒဏ်များ	pji' dan mja:

108. L'importation. L'exportation

importation (f)	သွင်းကုန်	thwin: goun
importateur (m)	သွင်းကုန်လုပ်ငန်းရှင်	thwin: goun lou' ngan: shin
importer (vt)	တင်သွင်းသည်	tin dhwin: de
d'importation	သွင်းကုန်နှင့်ဆိုင်သော	thwin: goun hnin. zain de.

exportation (f)	ပို့ကုန်	pou. goun
exportateur (m)	ပို့ကုန်လုပ်ငန်းရှင်	pou. goun lou' ngan: shin
exporter (vt)	ကုန်တင်ပို့သည်	koun tin pou. de
d'exportation (adj)	တင်ပို့သော	tin bou. de.

| marchandise (f) | ကုန်ပစ္စည်း | koun pji' si: |
| lot (m) de marchandises | ပို့ကုန် | pou. goun |

poids (m)	အလေးချိန်	alei: gjein
volume (m)	ပမာဏ	pa. ma na.
mètre (m) cube	ကုဗမီတာ	ku. ba mi ta

producteur (m)	ထုတ်လုပ်သူ	tou' lou' thu
compagnie (f) de transport	သယ်ယူပို့ဆောင်ရေး ကုမ္ပဏီ	the ju bou. zaun jei: koun pa. ni
container (m)	ကွန်တိန်နာ	kun tein na

frontière (f)	နယ်နိမိတ်	ne ni. mei'
douane (f)	အကောက်ခွန်	akau' khun
droit (m) de douane	အကောက်ခွန်နှုန်း	akau' khun hnoun:
douanier (m)	အကောက်ခွန်အရာရှိ	akau' khun aja shi.
contrebande (f) (trafic)	မှောင်ခို	hmaun gou
contrebande (f)	မှောင်ခိုပစ္စည်း	hmaun gou pji' si:

109. La finance

action (f)	စတော့ရှယ်ယာ	sato. shera
obligation (f)	ငွေချေးစာချုပ်	ngwei gjei: za gju'
lettre (f) de change	ငွေပေးချေရန် ကတိစာချုပ်	ngwei bei: gjei jan ga. di. za gju'

bourse (f)	စတော့ရှယ်ယာအိုင်	sato. shera dain
cours (m) d'actions	စတော့ဈေးနှုန်း	sato. zei: hnoun:
baisser (vi)	ဈေးနှုန်းကျဆင်းသည်	zei: hnan: gja. zin: de

augmenter (vi) (prix)	ဈေးနှုန်းတက်သည်	zei: hnan: de' de
part (f)	ရှယ်ယာ	she ja
participation (f) de contrôle	ရှယ်ယာအများစုကို ပိုင်ဆိုင်ခြင်း	she ja amja: zu. gou bain zain gjin:
investissements (m pl)	ရင်းနှီးမြှုပ်နှံမှု	jin: hni: hmjou' hnan hmu.
investir (vt)	ရင်းနှီးမြှုပ်နှံသည်	jin: hni: hmjou' hnan de
pour-cent (m)	ရာခိုင်နှုန်း	ja gain hnan:
intérêts (m pl)	အတိုး	atou:
profit (m)	အမြတ်	amja'
profitable (adj)	အမြတ်ရသော	amja' ja de.
impôt (m)	အခွန်	akhun
devise (f)	ငွေကြေး	ngwei kjei:
national (adj)	အမျိုးသားနှင့်ဆိုင်သော	amjou: dha: hnin. zain de.
échange (m)	လဲလှယ်ခြင်း	le: hle gjin:
comptable (m)	စာရင်းကိုင်	sajin: gain
comptabilité (f)	စာရင်းကိုင်လုပ်ငန်း	sajin: gain lou' ngan:
faillite (f)	ဒေဝါလီခံရခြင်း	dei wa li gan ja gjin
krach (m)	ရုတ်တရက်စီးပွါးရေး ထိုးကျခြင်း	jou' ta ja' si: bwa: jei: dou: gja. gjin:
ruine (f)	ကြီးစွာသောအပျက်အစီး	kji: zwa dho apje' asi:
se ruiner (vp)	ပျက်စီးဆုံးရှုံးသည်	pje' si: zoun: shoun: de
inflation (f)	ငွေကြေးဖောင်းပွခြင်း	ngwei kjei: baun: bwa. gjin:
dévaluation (f)	ငွေကြေးတန်ဖိုးချခြင်း	ngwei kjei: dan bou: gja gjin:
capital (m)	အရင်းအနှီးငွေ	ajin: ani: ngwei
revenu (m)	ဝင်ငွေ	win ngwei
chiffre (m) d'affaires	အနုတ်အသိမ်း	anou' athin:
ressources (f pl)	အရင်းအမြစ်များ	ajin: amja' mja:
moyens (m pl) financiers	ငွေကြေးအရင်းအမြစ်များ	ngwei kjei: ajin: amji' mja:
frais (m pl) généraux	အထွေထွေအသုံးစရိတ်	a htwei htwei athoun: za. jei'
réduire (vt)	လျှော့ချသည်	sho. cha. de

110. La commercialisation. Le marketing

marketing (m)	ဈေးကွက်ရှာဖွေရေး	zei: gwe' sha bwei jei:
marché (m)	ဈေးကွက်	zei: gwe'
segment (m) du marché	ဈေးကွက်အစိတ်အပိုင်း	zei: gwe' asei' apain:
produit (m)	ထုတ်ကုန်	htou' koun
marchandise (f)	ကုန်ပစ္စည်း	koun pji' si:
marque (f) de fabrique	အမှတ်တံဆိပ်	ahma' tan zin
marque (f) déposée	ကုန်အမှတ်တံဆိပ်	koun ahma' tan hsi'
logotype (m)	မှုပိုင်အမှတ်တံဆိပ်	mu bain ahma' dan zei'
logo (m)	တံဆိပ်	da zei'
demande (f)	တောင်းဆိုချက်	taun: hsou che'
offre (f)	ထောက်ပံ့ခြင်း	htau' pan. gjin:
besoin (m)	လိုအပ်မှု	lou a' hmu.

consommateur (m)	သုံးစွဲသူ	thoun: zwe: dhu
analyse (f)	ရှိခြမ်းစိတ်ဖြာခြင်း	khwe: gjan: zei' hpa gjin:
analyser (vt)	ရှိခြမ်းစိတ်ဖြာသည်	khwe: gjan: zei' hpa de
positionnement (m)	နေရာရှာခြင်း	nei ja hja gjin:
positionner (vt)	နေရာရှာသည်	nei ja sha de

prix (m)	ဈေးနှုန်း	zei: hnan:
politique (f) des prix	ဈေးနှုန်းမူဝါဒ	zei: hnan: m wada.
formation (f) des prix	ဈေးနှုန်းဖြစ်တည်ခြင်း	zei: hnan: bji' te gjin:

111. La publicité

publicité (f), pub (f)	ကြော်ငြာ	kjo nja
faire de la publicité	ကြော်ငြာသည်	kjo nja de
budget (m)	ဘတ်ဂျက်	ba' gje'

annonce (f), pub (f)	ခန့်မှန်းခြေရေ့ သုံးငွေစာရင်း	khan hman: gjei ja. dhu: ngwei za jin:
publicité (f) à la télévision	တီဗီကြော်ငြာ	ti bi gjo nja
publicité (f) à la radio	ရေဒီယိုကြော်ငြာ	rei di jou gjo nja
publicité (f) extérieure	ပြင်ပကြော်ငြာ	pjin ba. gjo nja

mass média (m pl)	လူထုဆက်သွယ်ရေး	lu du. ze' thwe jei:
périodique (m)	ပုံမှန်ထုတ်မဂ္ဂဇင်း	poun hmein dou' ma' ga. zin:
image (f)	ပုံရိပ်	poun jei'

| slogan (m) | ကြွေးကြော်သံ | kjwei: kjo dhan |
| devise (f) | ဆောင်ပုဒ် | hsaun bou' |

campagne (f)	အစီအစဉ်	asi asin
campagne (f) publicitaire	ကြော်ငြာအစီအစဉ်	kjo nja a si asin
public (m) cible	ပစ်မှတ်အုပ်စု	pi' hma' ou'zu.

carte (f) de visite	လုပ်ငန်းသုံးလိပ်စာကဒ်ပြား	lou' ngan: loun: lei' sa ka' pja:
prospectus (m)	လက်ကမ်းစာစောင်	le' kan: za zaun:
brochure (f)	ကြော်ငြာစာအုပ်ငယ်	kjo nja za ou' nge
dépliant (m)	လက်ကမ်းစာစောင်	le' kan: za zaun:
bulletin (m)	သတင်းလွှာ	dhadin: hlwa

enseigne (f)	ဆိုင်းဘုတ်	hsain: bou'
poster (m)	ပိုစတာ	pou sata
panneau-réclame (m)	ကြော်ငြာဆိုင်းဘုတ်	kjo nja zain: bou'

112. Les opérations bancaires

| banque (f) | ဘဏ် | ban |
| agence (f) bancaire | ဘဏ်ခွဲ | ban gwe: |

conseiller (m)	အတိုင်ပင်ခံပုဂ္ဂိုလ်	atain bin gan bou' gou
gérant (m)	မန်နေဂျာ	man nei gji
compte (m)	ဘဏ်ငွေစာရင်း	ban ngwei za jin
numéro (m) du compte	ဘဏ်စာရင်းနံပါတ်	ban zajin: nan. ba'

compte (m) courant	ဘဏ်စာရင်းရှင်	ban zajin: shin
compte (m) sur livret	ဘဏ်ငွေစုစာရင်း	ban ngwei zu. za jin
ouvrir un compte	ဘဏ်စာရင်းဖွင့်သည်	ban zajin: hpwin. de
clôturer le compte	ဘဏ်စာရင်းပိတ်သည်	ban zajin: bi' te
verser dans le compte	ငွေသွင်းသည်	ngwei dhwin: de
retirer du compte	ငွေထုတ်သည်	ngwei dou' te
dépôt (m)	အပ်ငွေ	a' ngwei
faire un dépôt	ငွေအပ်သည်	ngwei a' te
virement (m) bancaire	ကြေးနန်းဖြင့်ငွေလွှဲခြင်း	kjei: nan: bjin. ngwe hlwe: gjin
faire un transfert	ကြေးနန်းဖြင့်ငွေလွှဲသည်	kjei: nan: bjin. ngwe hlwe: de
somme (f)	ပေါင်းလဒ်	paun: la'
Combien?	ဘယ်လောက်လဲ	be lau' le:
signature (f)	လက်မှတ်	le' hma'
signer (vt)	လက်မှတ်ထိုးသည်	le' hma' htou: de
carte (f) de crédit	အကြွးဝယ်ကဒ်-ခရက်ဒစ်ကဒ်	achwei: we ka' - ka' je' da' ka'
code (m)	ကုဒ်နံပါတ်	kou' nan ba'
numéro (m) de carte de crédit	ခရက်ဒစ်ကဒ်နံပါတ်	kha. je' di' ka' nan ba'
distributeur (m)	အလိုအလျောက်ငွေထုတ်စက်	alou aljau' ngwei htou' se'
chèque (m)	ချက်လက်မှတ်	che' le' hma'
faire un chèque	ချက်ရေးသည်	che' jei: de
chéquier (m)	ချက်စာအုပ်	che' sa ou'
crédit (m)	ချေးငွေ	chei: ngwei
demander un crédit	ချေးငွေလျှောက်လွှာတင်သည်	chei: ngwei shau' hlwa din de
prendre un crédit	ချေးငွေရယူသည်	chei: ngwei ja. ju de
accorder un crédit	ချေးငွေထုတ်ပေးသည်	chei: ngwei htou' pei: de
gage (m)	အာမခံပစ္စည်း	a ma. gan bji' si:

113. Le téléphone. La conversation téléphonique

téléphone (m)	တယ်လီဖုန်း	te li hpoun:
portable (m)	မိုဘိုင်းဖုန်း	mou bain: hpoun:
répondeur (m)	ဖုန်းတူးစက်	hpoun: du: ze'
téléphoner, appeler	ဖုန်းဆက်သည်	hpoun: ze' te
appel (m)	အဝင်ဖုန်း	awin hpun:
composer le numéro	နံပါတ် နှိပ်သည်	nan ba' hnei' te
Allô!	ဟာလို	ha. lou
demander (~ l'heure)	မေးသည်	mei: de
répondre (vi, vt)	ဖြေသည်	hpjei de
entendre (bruit, etc.)	ကြားသည်	ka: de
bien (adv)	ကောင်းကောင်း	kaun: gaun:
mal (adv)	အရမ်းမကောင်း	ajan: ma. gaun:
bruits (m pl)	ဖြတ်ဝင်သည့်ရာဇံသံ	hpja' win dhi. zu njan dhan
récepteur (m)	တယ်လဖုန်းနားကြပ်ပိုင်း	te li hpoun: na: gja' pain:

| décrocher (vt) | ဖုန်းကောက်ကိုင်သည် | hpoun: gau' gain de |
| raccrocher (vi) | ဖုန်းချသည် | hpoun: gja de |

occupé (adj)	လိုင်းမအားသော	lain: ma. a: de.
sonner (vi)	မြည်သည်	mji de
carnet (m) de téléphone	တယ်လီဖုန်းလမ်းညွှန်စာအုပ်	te li hpoun: lan: hnjun za ou'

local (adj)	ပြည်တွင်း၊ဒေသတွင်းဖြစ်သော	pji dwin: dei. dha dwin: bji' te.
appel (m) local	ပြည်တွင်းခေါ်ဆိုမှု	pji dwin: go zou hmu.
interurbain (adj)	အဝေးခေါ်ဆိုနိုင်သော	awei: go zou nain de.
appel (m) interurbain	အဝေးခေါ်ဆိုမှု	awei: go zou hmu.
international (adj)	အပြည်ပြည်ဆိုင်ရာဖြစ်သော	apji pji zain ja bja' de.
appel (m) international	အပြည်ပြည်ဆိုင်ရာခေါ်ဆိုမှု	apji pji zain ja go: zou hmu

114. Le téléphone portable

portable (m)	မိုဘိုင်းဖုန်း	mou bain: hpoun:
écran (m)	ပြသာချင်း	pja. dha. gjin:
bouton (m)	ခလုတ်	khalou'
carte SIM (f)	ဆင်းကဒ်	hsin: ka'

pile (f)	ဘတ်ထရီ	ba' hta ji
être déchargé	ဖုန်းအားကုန်သည်	hpoun: a: goun: de
chargeur (m)	အားသွင်းကြိုး	a: dhwin: gjou:

menu (m)	အစားအသောက်စာရင်း	asa: athau' sa jin:
réglages (m pl)	ချိန်ညှိခြင်း	chein hnji. chin:
mélodie (f)	တီးလုံး	ti: loun:
sélectionner (vt)	ရွေးချယ်သည်	jwei: che de

calculatrice (f)	ဂဏန်းပေါင်းစက်	ganan: baun: za'
répondeur (m)	အသံမေးလ်	athan mei:l
réveil (m)	နှိုးစက်	hnou: ze'
contacts (m pl)	ဖုန်းအဆက်အသွယ်များ	hpoun: ase' athwe mja:

| SMS (m) | မက်ဆေ့ချ် | me' zei. gja |
| abonné (m) | အသုံးပြုသူ | athoun: bju. dhu |

115. La papeterie

| stylo (m) à bille | ဘောပင် | bo pin |
| stylo (m) à plume | ဖောင်တိန် | hpaun din |

crayon (m)	ခဲတံ	khe: dan
marqueur (m)	အရောင်တောက်မင်တံ	ajaun dau' min dan
feutre (m)	ရေဆေးစုတ်တံ	jei zei: zou' tan

| bloc-notes (m) | မှတ်စုစာအုပ် | hma' su. za ou' |
| agenda (m) | နေ့စဉ်မှတ်တမ်းစာအုပ် | nei. zin hma' tan: za ou' |

| règle (f) | ပေတံ | pei dan |
| calculatrice (f) | ဂဏန်းပေါင်းစက် | ganan: baun: za' |

gomme (f)	ခဲဖျက်	khe: bje'
punaise (f)	ထိပ်ပြားကြီးသံမှို	htei' pja: gji: dhan hmou
trombone (m)	တွယ်ချိတ်	twe gjei'
colle (f)	ကော်	ko
agrafeuse (f)	စတက်ပလာ	sate' pa. la
perforateur (m)	အပေါက်ဖောက်စက်	apau' hpau' se'
taille-crayon (m)	ခဲချွန်စက်	khe: chun ze'

116. Les différents types de documents

rapport (m)	အစီရင်ခံစာ	asi jin gan za
accord (m)	သဘောတူညီမှု	dhabo: tu nji hmu.
formulaire (m) d'inscription	လျှောက်လွှာပုံစံ	shau' hlwa ban zan
authentique (adj)	စစ်မှန်သော	si' hman de.
badge (m)	တံဆိပ်	da zei'
carte (f) de visite	လုပ်ငန်းသုံးလိပ်စာကတ်ပြား	lou' ngan: loun: lei' sa ka' pja:
certificat (m)	အသိအမှတ်ပြုလက်မှတ်	athi ahma' pju la' hma'
chèque (m) de banque	ချက်စာရွက်	che' sa jwe'
addition (f) (restaurant)	ကျသင့်ငွေ	kja. thin. ngwei
constitution (f)	ဖွဲ့စည်းပုံအခြေခံဥပဒေ	hpwe. zi: boun akhei gan u. ba. dei
contrat (m)	စာချုပ်	sa gjou'
copie (f)	မိတ္တူ	mi' tu
exemplaire (m)	မိတ္တူ	mi' tu
déclaration (f) de douane	အကောက်ခွန်ကြေငြာချက်	akau' khun gjei nja gje'
document (m)	စာရွက်စာတမ်း	sajwe' zatan:
permis (m) de conduire	ကားမောင်းလိုင်စင်	ka: maun: lain zin
annexe (f)	ပူးတွဲ	pu: twe:
questionnaire (m)	ပုံစံ	poun zan
carte (f) d'identité	သက်သေခံကတ်ပြား	the' thei gan ga' pja:
demande (f) de renseignements	စုံစမ်းမေးမြန်းခြင်း	soun zan: mei: mjan: gjin:
lettre (f) d'invitation	ဖိတ်စာကဒ်	hpi' sa ka'
facture (f)	ငွေတောင်းခံလွှာ	ngwei daun: gan hlwa
loi (f)	ဥပဒေ	u. ba. dei
lettre (f)	စာ	sa
papier (m) à en-tête	ကုမ္ပဏီစာတမ်းပါ စာရွက်	koun pani za dan: ba za jwe'
liste (f) (~ des noms)	စာရင်း	sajin:
manuscrit (m)	လက်ရေးစာမူ	le' jei: za mu
bulletin (m)	သတင်းလွှာ	dhadin: hlwa
mot (m) (message)	မှတ်စု	hma' su.
laissez-passer (m)	ဝင်ခွင့်ကဒ်ပြား	win gwin. ga' pja
passeport (m)	နိုင်ငံကူးလက်မှတ်	nain ngan gu: le' hma'
permis (m)	ပါမစ်	pa mi'
C.V. (m)	ကိုယ်ရေးမှတ်တမ်းအကျဉ်း	kou jei: hma' tan: akjun:
reconnaissance (f) de dette	ကြွေးမြီဝန်ခံချက်	kjwei: mji wun gan gje'
reçu (m)	လက်ခံရရှိကြောင်းပြေစာ	le' khan ja shi kjaun: bjei za

ticket (m) de caisse	ငွေရပြီးစာ	ngwei ja. bei za
rapport (m)	အစီရင်ခံစာ	asi jin gan za
présenter (pièce d'identité)	ပြသည်	pja. de
signer (vt)	လက်မှတ်ထိုးသည်	le' hma' htou: de
signature (f)	လက်မှတ်	le' hma'
cachet (m)	တံဆိပ်	da zei'
texte (m)	စာသား	sa dha:
ticket (m)	လက်မှတ်	le' hma'
rayer (vt)	ခြစ်ပစ်သည်	chi' pi' te
remplir (vt)	ဖြည့်သည်	hpjei. de
bordereau (m) de transport	ကုန်ပို့လွှာ	koun pou. hlwa
testament (m)	သေတမ်းစာ	thei dan: za

117. Les types d'activités économiques

agence (f) de recrutement	အလုပ်အကိုင်ရှာဖွေ ရေးလုပ်ငန်း	alou' akain sha hpwei jei: lou' ngan:
agence (f) de sécurité	လုံခြုံရေးအကျိုး ဆောင်ကုမ္ပဏီ	loun gjoun jei: akjou: zaun koun pa. ni
agence (f) d'information	သတင်းဌာန	dhadin: hta. na.
agence (f) publicitaire	ကြော်ငြာလုပ်ငန်း	kjo nja lou' ngan:
antiquités (f pl)	ရှေးဟောင်းပစ္စည်း	shei: haun: bji' si:
assurance (f)	အာမခံလုပ်ငန်း	a ma. khan lou' ngan:
atelier (m) de couture	အဝိချုပ်လုပ်ငန်း	a' chou' lu' ngan:
banques (f pl)	ဘဏ်လုပ်ငန်း	ban lou' ngan:
bar (m)	ဘား	ba:
bâtiment (m)	ဆောက်လုပ်ရေးလုပ်ငန်း	hsau' lou' jei: lou' ngan:
bijouterie (f)	လက်ဝတ်ရတနာ	le' wa' ja. da. na
bijoutier (m)	လက်ဝတ်ရတနာကုန်သည်	le' wa' ja. da. na goun de
blanchisserie (f)	ဒိုဘီလုပ်ငန်း	dou bi lou' ngan:
boissons (f pl) alcoolisées	အရက်သေစာ	aje' dhei za
boîte (f) de nuit	နိုက်ကလပ်	nai' ka. la'
bourse (f)	စတော့ရောင်းဝယ်ရေးဌာန	sato. jaun: we jei: hta. na.
brasserie (f) (fabrique)	ဘီယာချက်စက်ရုံ	bi ja gje' se' joun
maison (f) funéraire	အသုဘဘုန်ဆောင် မှုလုပ်ငန်း	athu. ba. wun zaun hmu. lou' ngan:
casino (m)	လောင်းကစားရုံ	laun: gaza: joun
centre (m) d'affaires	စီးပွားရေးလုပ်ငန်းစင်တာ	si: bwa: jei: lou' ngan: zin da
cinéma (m)	ရုပ်ရှင်ရုံ	jou' shin joun
climatisation (m)	လေအေးစက်	lei ei: ze'
commerce (m)	ကုန်သွယ်ရေး	koun dhwe jei:
compagnie (f) aérienne	လေကြောင်း	lei gjaun:
conseil (m)	လူနာမ်းသပ်ဝန်	lu na zan: dha' khan:
coursiers (m pl)	ပစ္စည်းပို့ဆောင်ရေးလုပ်ငန်း	pji' si: bou. zain jei: lou' ngan:
dentistes (pl)	သွားဆေးခန်း	thwa: hsei: gan:
design (m)	ဒီဇိုင်း	di zain:

école (f) de commerce	စီးပွားရေးကျောင်း	si: bwa: jei: gjaun:
entrepôt (m)	ကုန်လှောင်ရုံ	koun hlaun joun
galerie (f) d'art	အနုပညာပြခန်း	anu. pjin ja pja. gan:
glace (f)	ရေခဲမုန့်	jei ge: moun.
hôtel (m)	ဟိုတယ်	hou te
immobilier (m)	အိမ်ခြံမြေလုပ်ငန်း	ein gjan mjei lu' ngan:
imprimerie (f)	ပုံနှိပ်ခြင်း	poun nei' chin:
industrie (f)	စက်မှုလုပ်ငန်း	se' hmu. lou' ngan:
Internet (m)	အင်တာနက်	in ta na'
investissements (m pl)	ရင်းနှီးမြှုပ်နှံမှု	jin: hni: hmjou' hnan hmu.
journal (m)	သတင်းစာ	dhadin: za
librairie (f)	စာအုပ်ဆိုင်	sa ou' hsain
industrie (f) légère	အသေးစားစက်မှုလုပ်ငန်း	athei: za: za' hmu. lou' ngan:
magasin (m)	ဆိုင်	hsain
maison (f) d'édition	ပုံနှိပ်ထုတ်ဝေ သည့်ကုမ္ပဏီ	poun nei' htou' wei dhi. koun pani
médecine (f)	ဆေးပညာ	hsei: pjin nja
meubles (m pl)	ပရိဘောဂ	pa ri. bo: ga.
musée (m)	ပြတိုက်	pja. dai'
pétrole (m)	ရေနံ	jei nan
pharmacie (f)	ဆေးဆိုင်	hsei: zain
industrie (f) pharmaceutique	လူသုံးဆေးဝါး လုပ်ငန်း	lu dhoun: zei: wa: lou' ngan:
piscine (f)	ရေကူးကန်	jei ku: gan
pressing (m)	အဝတ်အခြောက်လျှော်လုပ်ငန်း	awu' achou' hlo: lou' ngan:
produits (m pl) alimentaires	စားသုံးကုန်များ	sa: dhoun: goun mja:
publicité (f), pub (f)	ကြော်ငြာ	kjo nja
radio (f)	ရေဒီယို	rei di jou
récupération (f) des déchets	စွန့်ပစ်ပစ္စည်းစုဆောင်းခြင်း	sun. bi' pji' si: zu zaun: ghin:
restaurant (m)	စားသောက်ဆိုင်	sa: thau' hsain
revue (f)	မဂ္ဂဇင်းစာစောင်	ma' ga. zin: za zaun
salon (m) de beauté	အလှပြင်ဆိုင်	ahla. bjin zain:
service (m) financier	ငွေကြေးဝန်ဆောင် မှုလုပ်ငန်း	ngwei kjei: wun zaun hmu lou' ngan:
service (m) juridique	ဥပဒေအကြံပေး	u. ba. dei akjan bei:
services (m pl) comptables	စာရင်းကိုင်ဝန်ဆောင်မှု	sajin: gain wun zaun hmu.
services (m pl) d'audition	စာရင်းစစ်ဆေးခြင်း	sajin: zi' hsei: gjin:
sport (m)	အားကစား	a: gaza:
supermarché (m)	ကုန်တိုက်ကြီး	koun dou' kji:
télévision (f)	ရုပ်မြင်သံကြား	jou' mjin dhan gja:
théâtre (m)	ကဇာတ်ရုံ	ka. za' joun
tourisme (m)	ခရီးသွားလုပ်ငန်း	khaji: thwa: lou' ngan:
sociétés de transport	သယ်ယူပို့ဆောင်ရေး လုပ်ငန်း	the ju bou. zaun jei: lou' ngan:
vente (f) par catalogue	အော်ဒါကိုစာတိုက်မှ ပို့ဆောင်ခြင်း	o da ko sa dai' hma. bou. hsaun gjin:
vêtement (m)	အဝတ်အစား	awu' aza:
vétérinaire (m)	တိရစ္ဆာန်ကုဆရာဝန်	tharei' hsan gu. zaja wun

Le travail. Les affaires. Partie 2

118. Les foires et les salons

salon (m)	ပြပွဲ	pja. bwe:
salon (m) commercial	ကုန်စည်ပြပွဲ	koun zi pja pwe
participation (f)	ပါဝင်ဆင်နွှဲမှု	pa win zhin hnwe: hmu.
participer à ...	ပါဝင်ဆင်နွှဲသည်	pa win zin hnwe: de
participant (m)	ပါဝင်ဆင်နွှဲသူ	pa win zhin hnwe: dhu
directeur (m)	ဒါရိုက်တာ	da je' ta
direction (f)	ဦးစီးဦးဆောင်သူအဖွဲ့	u: zi: u: zaun dhu ahpwe:
organisateur (m)	စီစဉ်သူ	si zin dhu
organiser (vt)	စီစဉ်သည်	si zin de
demande (f) de participation	ပါဝင်ရန်ဖြည့်စွက်ရ သောပုံစံ	pa win jan bje zwe' ja. dho: boun zan
remplir (vt)	ဖြည့်သည်	hpjei. de
détails (m pl)	အသေးစိတ်အချက်အလက်များ	athei zi' ache' ala' mja:
information (f)	သတင်းအချက်အလက်	dhadin: akje' ale'
prix (m)	ဈေးနှုန်း	zei: hnan:
y compris	အပါအဝင်	apa awin
inclure (~ les taxes)	ပါဝင်သည်	pa win de
payer (régler)	ပေးချေသည်	pei: gjei de
droits (m pl) d'inscription	မှတ်ပုံတင်ခ	hma' poun din ga.
entrée (f)	ဝင်ပေါက်	win bau'
pavillon (m)	ပြခန်းယာယီအဆောက်အအုံ	pja. gan: ja ji ahsau' aoun
enregistrer (vt)	စာရင်းသွင်းသည်	sajin: dhwin: de
badge (m)	တံဆိပ်	da zei'
stand (m)	ပြပွဲဝင်	pja. bwe: zin
réserver (vt)	ကြိုတင်မှာသည်	kjou tin hma de
vitrine (f)	ပစ္စည်းပြရန်မှန်ဘောင်	pji' si: bja. jan hman baun
lampe (f)	မီးမောင်း	mi: maun:
design (m)	ဒီဇိုင်း	di zain:
mettre (placer)	နေရာချသည်	nei ja gja de
être placé	တည်ရှိသည်	ti shi. de
distributeur (m)	ဖြန့်ဝေသူ	hpjan. wei dhu
fournisseur (m)	ပေးသွင်းသူ	pei: dhwin: dhu
fournir (vt)	ပေးသွင်းသည်	pei: dhwin: de
pays (m)	နိုင်ငံ	nain ngan
étranger (adj)	နိုင်ငံခြားနှင့်ဆိုင်သော	nain ngan gja: hnin. zain de.
produit (m)	ထုတ်ကုန်	htou' koun
association (f)	အဖွဲ့အစည်း	ahpwe. asi:

salle (f) de conférences	ဆွေးနွေးပွဲခန်းမ	hswe: nwe: bwe: gan: ma.
congrès (m)	ညီလာခံ	nji la gan
concours (m)	ပြိုင်ပွဲ	pjain bwe:

visiteur (m)	ဧည့်သည်	e. dhe
visiter (vt)	လာရောက်လေ့လာသသည်	la jau' lei. la de
client (m)	ဖောက်သည်	hpau' te

119. Les médias de masse

journal (m)	သတင်းစာ	dhadin: za
revue (f)	မဂ္ဂဇင်းစာစောင်	ma' ga. zin: za zaun
presse (f)	စာနယ်ဇင်း	sa ne zin:
radio (f)	ရေဒီယို	rei di jou
station (f) de radio	ရေဒီယိုဌာန	rei di jou hta. na.
télévision (f)	ရုပ်မြင်သံကြား	jou' mjin dhan gja:

animateur (m)	အစီအစဉ်တင်ဆက်သူ	asi asin din ze' thu
présentateur (m) de journaux télévisés	သတင်းကြေငြာသူ	dhadin: gjei nja dhu
commentateur (m)	အစီရင်ခံသူ	asi jin gan dhu

journaliste (m)	သတင်းစာဆရာ	dhadin: za zaja
correspondant (m)	သတင်းထောက်	dhadin: dau'
reporter photographe (m)	သတင်းဓာတ်ပုံရိုက်ကူးသူ	dhadin: da' poun jai' ku: dhu
reporter (m)	သတင်းထောက်	dhadin: dau'

rédacteur (m)	အယ်ဒီတာ	e di ta
rédacteur (m) en chef	အယ်ဒီတာချုပ်	e di ta chu'

s'abonner (vp)	ပေးသွင်းသည်	pei: dhwin: de
abonnement (m)	လစဉ်ကြေး	la. zin gjei:
abonné (m)	လစဉ်ကြေးပေးသွင်းသူ	la. zin gjei: bei: dhwin: dhu
lire (vi, vt)	ဖတ်သည်	hpa' te
lecteur (m)	စာဖတ်သူ	sa hpa' thu

tirage (m)	စောင်ရေ	saun jei
mensuel (adj)	လစဉ်	la. zin
hebdomadaire (adj)	အပတ်စဉ်	apa' sin
numéro (m)	အကြိမ်	akjein
nouveau (~ numéro)	အသစ်ဖြစ်သော	athi' hpji' te.

titre (m)	ခေါင်းစဉ်	gaun: zin
entrefilet (m)	ဆောင်းပါးငယ်	hsaun: ba: nge
rubrique (f)	ပင်တိုင်ဆောင်းပါး ရှင်ကဏ္ဍ	pin dain zaun: ba: shin gan da.
article (m)	ဆောင်းပါး	hsaun: ba:
page (f)	စာမျက်နှာ	sa mje' hna
reportage (m)	သတင်းပေးပို့ချက်	dhadin: bei: bou. gje'
événement (m)	အဖြစ်အပျက်	a hpji' apje'
sensation (f)	သတင်းထူး	dhadin: du:
scandale (m)	မကောင်းသတင်း	ma. gaun: dhadin:
scandaleux	ကျော်မကောင်းကြား မကောင်းသော	kjo ma. kaun: pja: ma. kaun de

grand (~ scandale)	ကြီးကျယ်ခမ်းနားသော	kji: kje khin: na: de.
émission (f)	အစီအစဉ်	asi asin
interview (f)	အင်တာဗျူး	in ta bju:
émission (f) en direct	တိုက်ရိုက်ထုတ်လွှင့်မှု	tai' jai' htou' hlwin. hmu.
chaîne (f) (~ payante)	လိုင်း	lain:

120. L'agriculture

agriculture (f)	စိုက်ပျိုးရေး	sai' pjou: jei:
paysan (m)	တောင်သူလယ်သမား	taun dhu le dhama:
paysanne (f)	တောင်သူအမျိုးသမီး	taun dhu amjou: dhami:
fermier (m)	လယ်သမား	le dhama:
tracteur (m)	ထွန်စက်	htun ze'
moissonneuse-batteuse (f)	ရိတ်သိမ်းသီးနှံခြွေစက်	jei' thein:/ thi: hnan gjwei ze'
charrue (f)	ထယ်	hte
labourer (vt)	ထယ်ထိုးသည်	hte dou: de
champ (m) labouré	ထယ်ထိုးစက်	hte dou: ze'
sillon (m)	ထယ်ကြောင်း	hte gjaun:
semer (vt)	မျိုးကြဲသည်	mjou: gje: de
semeuse (f)	မျိုးကြဲစက်	mjou: gje: ze'
semailles (f pl)	မျိုးကြဲခြင်း	mjou: gje: gjin:
faux (f)	မြက်ယမ်းတား	mje' jan: da:
faucher (vt)	မြက်ရိတ်သည်	mje' jei' te
pelle (f)	ကော်ပြား	ko pja:
bêcher (vt)	ထွန်ယက်သည်	htun je' te
couperet (m)	ပေါက်ပြား	pja' bja:
sarcler (vt)	ပေါင်းသင်သည်	paun: dhin de
mauvaise herbe (f)	ပေါင်းပင်	paun: bin
arrosoir (m)	အပင်ရေလောင်းပုံး	apin jei laun: boun:
arroser (plantes)	ရေလောင်းသည်	jei laun: de
arrosage (m)	ရေလောင်းခြင်း	jei laun: gjin:
fourche (f)	ကောက်ဆွ	kau' hswa
râteau (m)	ထွန်ခြစ်	htun gji'
engrais (m)	မြေသြဇာ	mjei o: za
engraisser (vt)	မြေသြဇာကျွေးသည်	mjei o: za gjwei: de
fumier (m)	မြေသြဇာ	mjei o: za
champ (m)	လယ်ကွင်း	le gwin:
pré (m)	မြင်ခင်းပြင်	mjin gin: bjin
potager (m)	အသီးအရွက်စိုက်ခင်း	athi: ajwe' sai' khin:
jardin (m)	သစ်သီးခြံ	thi' thi: gjan
faire paître	စားကျက်တွင်လွှတ်ထားသည်	sa; gja' twin hlu' hta' de
berger (m)	သိုးနွားထိန်းကျောင်းသူ	thou: nwa: ou' kjaun: dhu
pâturage (m)	စားကျက်	sa: gja'

élevage (m)	တိရိစ္ဆာန်မွေး မြူရေးလုပ်ငန်း	tharei' hsan mwei: mju jei: lou' ngan:
élevage (m) de moutons	သိုးမွေးမြူရေးလုပ်ငန်း	thou: mwei: mju je: lou' ngan:
plantation (f)	ခြံ	chan
plate-bande (f)	ဘောင်	baun
serre (f)	မှန်လုံအိမ်	hman loun ein
sécheresse (f)	မိုးခေါင်ခြင်း	mou: gaun gjin
sec (l'été ~)	ခြောက်သွေ့သော	chau' thwei. de.
grains (m pl)	နှံစားပင်တို့၏အစေ့	hnan za: bin dou. i. asei.
céréales (f pl)	မုယောစပါး	mu. jo za. ba:
récolter (vt)	ရိတ်သိမ်းသည်	jei' thein: de
meunier (m)	ဂျုံစက်ပိုင်ရှင်	gjoun ze' pain shin
moulin (m)	သီးနှံကြိတ်ခွဲစက်	thi: hnan gji' khwei: ze'
moudre (vt)	ကြိတ်သည်	kjei' te
farine (f)	ဂျုံမှုန့်	gjoun hmoun.
paille (f)	ကောက်ရိုး	kau' jou:

121. Le BTP et la construction

chantier (m)	ဆောက်လုပ်ရေးလုပ်ငန်းခွင်	hsau' lou' jei: lou' ngan: gwin
construire (vt)	ဆောက်လုပ်သည်	hsau' lou' te
ouvrier (m) du bâtiment	ဆောက်လုပ်ရေးအလုပ်သမား	hsau' lou' jei: alou' dha. ma:
projet (m)	ပရောဂျက် စီမံကိန်း	pa jo: gje' si man gein:
architecte (m)	ဗိသုကာပညာရှင်	bi. thu. ka pjin nja shin
ouvrier (m)	အလုပ်သမား	alou' dha ma:
fondations (f pl)	အုတ်မြစ်	ou' mja'
toit (m)	အမိုး	amou:
pieu (m) de fondation	မြေစိုက်တိုင်	mjei zai' tain
mur (m)	နံရံ	nan jou:
ferraillage (m)	ငြမ်းစင်	njan: zin
échafaudage (m)	ငြမ်း	njan:
béton (m)	ကွန်ကရစ်	kun ka. ji'
granit (m)	နှမ်းဖတ်ကျောက်	hnan: ba' kjau'
pierre (f)	ကျောက်	kjau'
brique (f)	အုတ်	ou'
sable (m)	သဲ	the:
ciment (m)	ဘိလပ်မြေ	bi la' mjei
plâtre (m)	သရွတ်	thaju'
plâtrer (vt)	သရွတ်ကိုင်သည်	thaju' kain de
peinture (f)	သုတ်ဆေး	thou' hsei:
peindre (des murs)	ဆေးသုတ်သည်	hsei: dhou' te
tonneau (m)	စည်ပိုင်း	si bain:
grue (f)	ကရိန်းစက်	karein: ze'
monter (vt)	မသည်	ma. de

abaisser (vt)	ချသည်	cha. de
bulldozer (m)	လမ်းကြိတ်စက်	lan: gji' se'
excavateur (m)	မြေတူးစက်	mjei du: ze'
godet (m)	ကော်ဖွက်	ko khwe'
creuser (vt)	တူးသည်	tu: de
casque (m)	ဒက်ခံင်းထုပ်	dan gan u: dou'

122. La recherche scientifique et les chercheurs

science (f)	သိပ္ပံပညာ	thei' pan pin nja
scientifique (adj)	သိပ္ပံပညာဆိုင်ရာ	thei' pan pin nja zein ja
savant (m)	သိပ္ပံပညာရှင်	thei' pan pin nja shin
théorie (f)	သီအိုရီ	thi ou ji
axiome (m)	နိဂိမှန်အဆို	na. gou hman ahsou
analyse (f)	ခွဲခြမ်းစိတ်ဖြာခြင်း	khwe: gjan: zei' hpa gjin:
analyser (vt)	ခွဲခြမ်းစိတ်ဖြာသည်	khwe: gjan: zei' hpa de
argument (m)	အကြောင်းပြုချက်	akjaun: pja. gje'
substance (f) (matière)	အထည်	a hte
hypothèse (f)	အခြေခံသဘောတရား အဝုအဆ	achei khan dha. bo da. ja: aju ahsa.
dilemme (m)	အကျပ်ရိုက်ခြင်း	akja' shi' chin:
thèse (f)	သုတေသနစာတမ်း	thu. tei thana za dan:
dogme (m)	တရားသေလက်ခံ ထားသောဝါဒ	taja: dhei le' khan da: dho: wa da
doctrine (f)	ဩဝါဒ	thja. wa da.
recherche (f)	သုတေသန	thu. tei thana
rechercher (vt)	သုတေသနပြုသည်	thu. tei thana bjou de
test (m)	စမ်းသပ်ခြင်း	san: dha' chin:
laboratoire (m)	လက်တွေ့ခန်း	le' twei. gan:
méthode (f)	နည်းလမ်း	ne: lan:
molécule (f)	မော်လီကျူး	mo li gju:
monitoring (m)	စောင့်ကြည့်စစ်ဆေးခြင်း	saun. gji. zi' hsei: gjin:
découverte (f)	ရှာဖွေတွေ့ရှိမှု	sha hpwei dwei. shi. hmu.
postulat (m)	လက်ခံထားသည့်အဆို	le' khan da: dhe. ahsou
principe (m)	အခြေခံသဘောတရား	achei khan dha. bo da. ja:
prévision (f)	ကြိုတင်ခန့်မှန်းချက်	kjou din khan hman: gje'
prévoir (vt)	ကြိုတင်ခန့်မှန်းသည်	kjou din khan hman: de
synthèse (f)	သမ္မာရ	than ba ra.
tendance (f)	ဦးတည်ရာ	u: ti ja
théorème (m)	သီအိုရမ်	thi ou jan
enseignements (m pl)	သင်ကြားချက်	thin kja: gje'
fait (m)	အချက်အလက်	ache' ale'
expédition (f)	စူးစမ်းလေ့လာရေးခရီး	su: zan: lei. la nei: khaji:
expérience (f)	စမ်းသပ်လုပ်ဆောင်ချက်	san: dha' lou' hsaun gje'
académicien (m)	အကယ်ဒမီသိပ္ပံပညာရှင်	ake da ni dhan pa' pjin shin
bachelier (m)	တက္ကသိုလ် ပထမဘွဲ့	te' kathou pahtama. bwe.

docteur (m)	ပါရဂူဘွဲ့	pa ja gu bwe.
chargé (m) de cours	လက်ထောက်ပါမောက္ခ	le' htau' pa mau' kha.
magistère (m)	မဟာဘွဲ့	maha bwe.
professeur (m)	ပါမောက္ခ	pamau' kha

Les professions. Les métiers

123. La recherche d'emploi. Le licenciement

travail (m)	အလုပ်	alou'
employés (pl)	ဝန်ထမ်းအင်အား	wun dan: in a:
personnel (m)	အမှုထမ်း	ahmu. htan:
carrière (f)	သက်မွေးမှုလုပ်ငန်း	the' hmei: hmu. lou' ngan:
perspective (f)	တက်လမ်း	te' lan:
maîtrise (f)	ကျွမ်းကျင်မှု	kjwan: gjin hmu.
sélection (f)	လက်ရွေးစင်	le' jwei: zin
agence (f) de recrutement	အလုပ်အကိုင်ရှာဖွေရေး-အကျိုးဆောင်လုပ်ငန်း	alou' akain sha hpei jei: akjou: zaun lou' ngan:
C.V. (m)	ပညာရည်မှတ်တမ်းအကျဉ်း	pjin nja je hma' tan: akjin:
entretien (m)	အလုပ်အင်တာဗျူး	alou' in da bju:
emploi (m) vacant	အလုပ်လစ်လပ်နေရာ	alou' li' la' nei ja
salaire (m)	လစာ	la. za
salaire (m) fixe	ပုံသေလစာ	poun dhei la. za
rémunération (f)	ပေးချေသည့်ငွေ	pei: gjei de. ngwei
poste (m) (~ évolutif)	ရာထူး	ja du:
fonction (f)	တာဝန်	ta wun
liste (f) des fonctions	တာဝန်များ	ta wun mja:
occupé (adj)	အလုပ်များသော	alou' mja: de.
licencier (vt)	အလုပ်ထုတ်သည်	alou' htou' de
licenciement (m)	ထုတ်ပယ်ခြင်း	htou' pe gjin:
chômage (m)	အလုပ်လက်မဲ့ဦးရေ	alou' le' me. u: jei
chômeur (m)	အလုပ်လက်မဲ့	alou' le' me.
retraite (f)	အငြိမ်းစားလစာ	anjein: za: la. za
prendre sa retraite	အငြိမ်းစားယူသည်	anjein: za: ju dhe

124. Les hommes d'affaires

directeur (m)	ညွှန်ကြားရေးမှူး	hnjun gja: jei: hmu:
gérant (m)	မန်နေဂျာ	man nei gji
patron (m)	အကြီးအကဲ	akji: ake:
supérieur (m)	အထက်လူကြီး	a hte' lu gji:
supérieurs (m pl)	အထက်လူကြီးများ	a hte' lu gji: mja:
président (m)	ဥက္ကဋ္ဌ	ou' kahta.
président (m) (d'entreprise)	ဥက္ကဋ္ဌ	ou' kahta.
adjoint (m)	ဒုတိယ	du. di. ja.
assistant (m)	လက်ထောက်	le' htau'

secrétaire (m, f)	အတွင်းရေးမှူး	atwin: jei: hmu:
secrétaire (m, f) personnel	ကိုယ်ရေးအရာရှိ	kou jei: aja shi.
homme (m) d'affaires	စီးပွားရေးလုပ်ငန်းရှင်	si: bwa: jei: lou' ngan: shin
entrepreneur (m)	စီးပွားရေးလုပ်ငန်းရှင်	si: bwa: jei: lou' ngan: shin
fondateur (m)	တည်ထောင်သူ	ti daun dhu
fonder (vt)	တည်ထောင်သည်	ti daun de
fondateur (m)	ဖွဲ့စည်းသူ	hpwe. zi: dhu
partenaire (m)	အကျိုးတူလုပ်ဖော်ကိုင်ဘက်	akjou: du lou' hpo kain be'
actionnaire (m)	အစုရှင်	asu. shin
millionnaire (m)	သန်းကြွယ်သူဌေး	than: gjwe dhu dei:
milliardaire (m)	ဘီလျံနာသူဌေး	bi ljan na dhu dei:
propriétaire (m)	ပိုင်ရှင်	pain shin
propriétaire (m) foncier	မြေပိုင်ရှင်	mjei bain shin
client (m)	ဖောက်သည်	hpau' te
client (m) régulier	အမြဲတမ်းဖောက်သည်	amje: dan: zau' te
acheteur (m)	ဝယ်သူ	we dhu
visiteur (m)	ည့်သည်	e. dhe
professionnel (m)	ကျွမ်းကျင်သူ	kjwan: gjin dhu
expert (m)	ကျွမ်းကျင်ပညာရှင်	kjwan: gjin bi nja shin
spécialiste (m)	အထူးကျွမ်းကျင်သူ	a htu: kjwan: gjin dhu
banquier (m)	ဘဏ်လုပ်ငန်းရှင်	ban lou' ngan: shin
courtier (m)	စီးပွါးရေးအကျိုးဆောင်	si: bwa: jei: akjou: zaun
caissier (m)	ငွေကိုင်	ngwei gain
comptable (m)	စာရင်းကိုင်	sajin: gain
agent (m) de sécurité	အစောင့်	asaun.
investisseur (m)	ရင်းနှီးမြှုပ်နှံသူ	jin: hni: hmjou' hnan dhu
débiteur (m)	မြီစား	mji za:
créancier (m)	ကြွေးရှင်	kjwei: shin
emprunteur (m)	ချေးသူ	chei: dhu
importateur (m)	သွင်းကုန်လုပ်ငန်းရှင်	thwin: goun lou' ngan: shin
exportateur (m)	ပို့ကုန်လုပ်ငန်းရှင်	pou. goun lou' ngan: shin
producteur (m)	ထုတ်လုပ်သူ	tou' lou' thu
distributeur (m)	ဖြန့်ဝေသူ	hpjan. wei dhu
intermédiaire (m)	တစ်ဆင့်ခံရောင်းသူ	ti' hsin. gan jaun: dhu
conseiller (m)	အတိုင်ပင်ခံပုဂ္ဂိုလ်	atain bin gan bou' gou
représentant (m)	ကိုယ်စားလှယ်	kou za: hle
agent (m)	ကိုယ်စားလှယ်	kou za: hle
agent (m) d'assurances	အာမခံကိုယ်စားလှယ်	a ma. khan gou za: hle

125. Les métiers des services

cuisinier (m)	စားဖိုမှူး	sa: hpou hmu:
cuisinier (m) en chef	စားဖိုမှူးကြီး	sa: hpou hmu: gji:

boulanger (m)	ပေါင်မုန့်ဖုတ်သူ	paun moun. bou' dhu
barman (m)	အရက်ဘားဝန်ထမ်း	aje' ba: wun dan:
serveur (m)	စားပွဲထိုး	sa: bwe: dou:
serveuse (f)	စားပွဲထိုးမိန်းကလေး	sa: bwe: dou: mein: ga. lei:
avocat (m)	ရှေ့နေ	shei. nei
juriste (m)	ရှေ့နေ	shei. nei
notaire (m)	ရှေ့နေ	shei. nei
électricien (m)	လျှပ်စစ်ပညာရှင်	hlja' si' pa. nja shin
plombier (m)	ပိုက်ပြင်သူ	pai' bjin dhu
charpentier (m)	လက်သမား	le' tha ma:
masseur (m)	အနှိပ်သမား	anei' thama:
masseuse (f)	အနှိပ်သမ	anei' thama.
médecin (m)	ဆရာဝန်	hsa ja wun
chauffeur (m) de taxi	တက္ကစီမောင်းသူ	te' kasi maun: dhu
chauffeur (m)	ယာဉ်မောင်း	jin maun:
livreur (m)	ပစ္စည်းပို့သူ	pji' si: bou. dhu
femme (f) de chambre	ဟိုတယ်သန့်ရှင်းရေးဝန်ထမ်း	hou te than. shin wun dam:
agent (m) de sécurité	အစောင့်	asaun.
hôtesse (f) de l'air	လေယာဉ်မယ်	lei jan me
professeur (m)	ဆရာ	hsa ja
bibliothécaire (m)	စာကြည့်တိုက်ဝန်ထမ်း	sa gji. dai' wun dan:
traducteur (m)	ဘာသာပြန်	ba dha bjan
interprète (m)	စကားပြန်	zaga: bjan
guide (m)	လမ်းညွှန်	lan: hnjun
coiffeur (m)	ဆံသဆရာ	hsan dha. zaja
facteur (m)	စာပို့သမား	sa bou. dhama:
vendeur (m)	ဆိုင်အရောင်းဝန်ထမ်း	hsain ajaun: wun dan:
jardinier (m)	ဥယျာဉ်မှူး	u. jin hmu:
serviteur (m)	အိမ်စေအမှုထမ်း	ein zei ahmu. dan:
servante (f)	အိမ်စေအမျိုးသမီး	ein zei amjou: dhami:
femme (f) de ménage	သန့်ရှင်းရေးသမ	than. shin: jei: dhama.

126. Les professions militaires et leurs grades

soldat (m) (grade)	တပ်သား	ta' tha:
sergent (m)	တပ်ကြပ်ကြီး	ta' kja' kji:
lieutenant (m)	ဗိုလ်	bou
capitaine (m)	ဗိုလ်ကြီး	bou gji
commandant (m)	ဗိုလ်မှူး	bou hmu:
colonel (m)	ဗိုလ်မှူးကြီး	bou hmu: gji:
général (m)	ဗိုလ်ချုပ်	bou gjou'
maréchal (m)	ထိပ်တန်းအရာရှိ	htei' tan: aja shi.
amiral (m)	ရေတပ်ဗိုလ်ချုပ်ကြီး	jei da' bou chou' kji:
militaire (m)	တပ်မတော်နှင့်ဆိုင်သော	ta' mado hnin. zain do.
soldat (m)	စစ်သား	si' tha:

| officier (m) | အရာရှိ | aja shi. |
| commandant (m) | ခေါင်းဆောင် | gaun: zaun |

garde-frontière (m)	နယ်ခြားစောင့်	ne gja: zaun.
opérateur (m) radio	ဆက်သွယ်ရေးတပ်သား	hse' thwe jei: da' tha:
éclaireur (m)	ကင်းထောက်	kin: dau'
démineur (m)	မိုင်းရှင်းသူ	main: shin: dhu
tireur (m)	လက်ဖြောင့်တပ်သား	le' hpaun. da' tha:
navigateur (m)	လေကြောင်းပြ	lei gjaun: bja.

127. Les fonctionnaires. Les prêtres

| roi (m) | ဘုရင် | ba. jin |
| reine (f) | ဘုရင်မ | ba jin ma. |

| prince (m) | အိမ်ရှေ့ မင်းသား | ein shei. min: dha: |
| princesse (f) | မင်းသမီး | min: dhami: |

| tsar (m) | ဇာဘုရင် | za bou jin |
| tsarine (f) | ဇာဘုရင်မ | za bou jin ma |

président (m)	သမ္မတ	thamada.
ministre (m)	ဝန်ကြီး	wun: gji:
premier ministre (m)	ဝန်ကြီးချုပ်	wun: gji: gjou'
sénateur (m)	ဆိန်တ်လွှတ်တော်အမတ်	hsi nei' hlwa' do: ama'

diplomate (m)	သံတမန်	than taman.
consul (m)	ကောင်စစ်ဝန်	kaun si' wun
ambassadeur (m)	သံအမတ်	than ama'
conseiller (m)	ကောင်စီဝင်	kaun si wun

fonctionnaire (m)	အမှုဆောင်အရာရှိ	ahmu. zaun aja shi.
préfet (m)	သီးသန့်နယ်မြေ အုပ်ချုပ်ရေးမှူး	thi: dhan. ne mjei ou' chou' ei: hmu:
maire (m)	မြို့တော်ဝန်	mjou. do wun

| juge (m) | တရားသူကြီး | taja: dhu gji: |
| procureur (m) | အစိုးရရှေ့နေ | asou: ja shei. nei |

missionnaire (m)	သာသနာပြုသူ	tha dha. na bju. dhu
moine (m)	ဘုန်းကြီး	hpoun: gji:
abbé (m)	ကျောင်းထိုင်ဆရာတော်	kjaun: dain zaja do
rabbin (m)	ဂျူးဘာသာရေးခေါင်းဆောင်	gju: ba dha jei: gaun: zaun:

vizir (m)	မွတ်ဆလင်အမတ်	mu' hsa. lin ama'
shah (m)	ရှားဘုရင်	sha: bu. shin
cheik (m)	အာရပ်တော်ဘွား	a ra' so bwa:

128. Les professions agricoles

| apiculteur (m) | ပျားမွေးသူ | pja: mwei: dhu |
| berger (m) | သိုး၊ နွားအုပ်ကျောင်းသူ | thou:/ nwa: ou' kjaun: dhu |

agronome (m)	သီးနှံစိုက်ပျိုး ရေးပညာရှင်	thi: hnan zai' pjou: jei: pin nja shin
éleveur (m)	တိရစ္ဆာန်မျိုးဖောက်သူ	tharei' hsan mjou: hpau' thu
vétérinaire (m)	တိရစ္ဆာန်ဆေးဝန်	tharei' hsan zaja wun

fermier (m)	လယ်သမား	le dhama:
vinificateur (m)	ဝိုင်ဖောက်သူ	wain bau' thu
zoologiste (m)	သတ္တဗေဒပညာရှင်	tha' ta. bei da. pin nja shin
cow-boy (m)	နွားကျောင်းသား	nwa: gjaun: dha:

129. Les professions artistiques

acteur (m)	သရုပ်ဆောင်မင်းသား	thajou' hsaun min: dha:
actrice (f)	သရုပ်ဆောင်မင်းသမီး	thajou' hsaun min: dha:

chanteur (m)	အဆိုတော်	ahsou do
cantatrice (f)	အဆိုတော်	ahsou do

danseur (m)	အကဆရာ	aka. hsa. ja
danseuse (f)	အကဆရာမ	aka. hsa. ja ma

artiste (m)	သရုပ်ဆောင်သူ	thajou' hsaun dhu
artiste (f)	သရုပ်ဆောင်သူ	thajou' hsaun dhu

musicien (m)	ဂီတပညာရှင်	gi ta. bjin nja shin
pianiste (m)	စန္ဒရားဆရာ	san daja: zaja
guitariste (m)	ဂစ်တာပညာရှင်	gi' ta bjin nja shin

chef (m) d'orchestre	ဂီတမှူး	gi ta. hmu
compositeur (m)	တေးရေးဆရာ	tei: jei: hsaja
imprésario (m)	ဇာတ်ဆရာ	za' hsaja

metteur (m) en scène	ရုပ်ရှင်ဒါရိုက်တာ	jou' shin da jai' ta
producteur (m)	ထုတ်လုပ်သူ	htou' lou' thu
scénariste (m)	ဇာတ်ညွှန်းဆရာ	za' hnjun: za ja
critique (m)	ဝေဖန်သူ	wei ban dhu

écrivain (m)	စာရေးဆရာ	sajei: zaja
poète (m)	ကဗျာဆရာ	ka. bja zaja
sculpteur (m)	ပန်းပုဆရာ	babu hsaja
peintre (m)	ပန်းချီဆရာ	bagji zaja

jongleur (m)	လက်လှည့်ဆရာ	le' hli. za. ja.
clown (m)	လူရွှင်တော်	lu shwin do
acrobate (m)	ကျွမ်းဘားပြသူ	kjwan: ba: bja dhu
magicien (m)	မျက်လှည့်ဆရာ	mje' hle. zaja

130. Les différents métiers

médecin (m)	ဆရာဝန်	hsa ja wun
infirmière (f)	သူနာပြု	thu na bju.
psychiatre (m)	စိတ်ရောဂါအထူးကုဆရာဝန်	sei' jo: ga ahtu: gu. zaja wun

stomatologue (m)	သွားဆရာဝန်	thwa: hsaja wun
chirurgien (m)	ခွဲစိတ်ကုဆရာဝန်	khwe: hsei' ku hsaja wun
astronaute (m)	အာကာသယာဉ်မှူး	akatha. jin hmu:
astronome (m)	နက္ခတ္တဗေဒပညာရှင်	ne' kha' ta. bei da. pji nja shin
pilote (m)	လေယာဉ်မှူး	lei jan hmu:
chauffeur (m)	ယာဉ်မောင်း	jin maun:
conducteur (m) de train	ရထားမောင်းသူ	jatha: maun: dhu
mécanicien (m)	စက်ပြင်ဆရာ	se' pjin zaja
mineur (m)	သတ္တုတွင်း အလုပ်သမား	tha' tu. dwin: alou' thama:
ouvrier (m)	အလုပ်သမား	alou' dha ma:
serrurier (m)	သော့ပြင်ဆရာ	tho. bjin zaja
menuisier (m)	ကျည်းပေါင်းဆွေလက်သမား	kji: baun: gwei le' dha ma:
tourneur (m)	တွင်ခုံအလုပ်သမား	twin goun alou' dhama:
ouvrier (m) du bâtiment	ဆောက်လုပ်ရေးအလုပ်သမား	hsau' lou' jei: alou' dha. ma:
soudeur (m)	ဂဟေဆော်သူ	gahei hso dhu
professeur (m) (titre)	ပါမောက္ခ	pamau' kha
architecte (m)	ဗိသုကာပညာရှင်	bi. thu. ka pjin nja shin
historien (m)	သမိုင်းပညာရှင်	thamain: pin nja shin
savant (m)	သိပ္ပံပညာရှင်	thei' pan pin nja shin
physicien (m)	ရူပဗေဒပညာရှင်	ju bei da. bin nja shin
chimiste (m)	ဓာတုဗေဒပညာရှင်	da tu. bei da. bjin nja shin
archéologue (m)	ရှေးဟောင်းသုတေသန	shei: haun thu. dei dha.
	ပညာရှင်	na. bji nja shin
géologue (m)	ဘူမိဗေဒပညာရှင်	buu mi. bei da. bjin nja shin
chercheur (m)	သုတေသနပညာရှင်	thu. tei thana pin nja shin
baby-sitter (m, f)	ကလေးထိန်း	kalei: din:
pédagogue (m, f)	ဆရာ	hsa ja
rédacteur (m)	အယ်ဒီတာ	e di ta
rédacteur (m) en chef	အယ်ဒီတာချုပ်	e di ta chu'
correspondant (m)	သတင်းထောက်	dhadin: dau'
dactylographe (f)	လက်နှိပ်စက်ရိုက်သူ	le' ni' se' jou' thu
designer (m)	ဒီဇိုင်နာ	di zain na
informaticien (m)	ကွန်ပျူတာပညာရှင်	kun pju ta ba. nja shin
programmeur (m)	ပရိုဂရမ်မာ	pa. jou ga. jan ma
ingénieur (m)	အင်ဂျင်နီယာ	in gjin ni ja
marin (m)	သင်္ဘောသား	thin: bo: dha:
matelot (m)	သင်္ဘောသား	thin: bo: dha:
secouriste (m)	ကယ်ဆယ်သူ	ke ze dhu
pompier (m)	မီးသတ်သမား	mi: tha' dhama:
policier (m)	ရဲ	je:
veilleur (m) de nuit	အစောင့်	asaun.
détective (m)	စုံထောက်	soun dau'
douanier (m)	အကောက်ခွန်အရာရှိ	akau' khun aja shi.
garde (m) du corps	သက်တော်စောင့်	the' to zaun.
gardien (m) de prison	ထောင်စောင့်	htaun zaun.

inspecteur (m)	ရဲအုပ်	je: ou'
sportif (m)	အားကစားသမား	a: gaza: dhama:
entraîneur (m)	နည်းပြ	ne: bja.
boucher (m)	သားသတ်သမား	tha: dha' thama:
cordonnier (m)	ဖိနပ်ချုပ်သမား	hpana' chou' tha ma:
commerçant (m)	ကုန်သည်	koun de
chargeur (m)	ကုန်ထမ်းသမား	koun din dhama:
couturier (m)	ဖက်ရှင်ဒီဇိုင်နာ	hpe' shin di zain na
modèle (f)	မော်ဒယ်	mo de

131. Les occupations. Le statut social

écolier (m)	ကျောင်းသား	kjaun: dha:
étudiant (m)	ကျောင်းသား	kjaun: dha:
philosophe (m)	ဒဿနပညာရှင်	da' thana. pjin nja shin
économiste (m)	ဘောဂဗေဒပညာရှင်	bo ga bei da ba nja shin
inventeur (m)	တီထွင်သူ	ti htwin dhu
chômeur (m)	အလုပ်လက်မဲ့	alou' le' me.
retraité (m)	အငြိမ်းစား	anjein: za:
espion (m)	သူလျှို	thu shou
prisonnier (m)	ထောင်သား	htaun dha:
gréviste (m)	သပိတ်မှောက်သူ	thabei' hmau' thu
bureaucrate (m)	ဗျူရိုကရက်အရာရှိ	bju jou ka. je' aja shi.
voyageur (m)	ခရီးသွား	khaji: thwa:
homosexuel (m)	လိင်တူချင်းဆက်ဆံသူ	lein du cjin: ze' hsan dhu
hacker (m)	ဟက်ကာ	he' ka
hippie (m, f)	လူမှုဝေလေများကို သွေဖယ်သူ	lu hmu. da. lei. mja: gou
bandit (m)	ဓားပြ	damja.
tueur (m) à gages	လူသတ်သမား	lu dha' thama:
drogué (m)	ဆေးစွဲသူ	hsei: zwe: dhu
trafiquant (m) de drogue	မူးယစ်ဆေးရောင်းဝယ်သူ	mu: ji' hsei: jaun we dhu
prostituée (f)	ပြည့်တန်ဆာ	pjei. dan za
souteneur (m)	ဖာခေါင်း	hpa gaun:
sorcier (m)	မှော်ဆရာ	hmo za. ja
sorcière (f)	မှော်ဆရာမ	hmo za. ja ma.
pirate (m)	ပင်လယ်ဓားပြ	pin le da: bja.
esclave (m)	ကျွန်	kjun
samouraï (m)	ဆာမူရိုင်း	hsa mu jain:
sauvage (m)	လူရိုင်း	lu jain:

Le sport

sportif (m)	အားကစားသမား	a: gaza: dhama:
type (m) de sport	အားကစားအမျိုးအစား	a: gaza: amjou: asa:
basket-ball (m)	ဘတ်စကတ်ဘော	ba' sa. ka' bo:
basketteur (m)	ဘတ်စကတ်ဘောကစားသမား	ba' sa. ka' bo ka. za: dha ma:
base-ball (m)	ဘေ့စ်ဘောအားကစား	bei'. bo a: gaza
joueur (m) de base-ball	ဘေ့စ်ဘောကစားသမား	bei'. bo a: gaza dha ma:
football (m)	ဘောလုံးအားကစား	bo loun: a: gaza:
joueur (m) de football	ဘောလုံကစားသမား	bo loun: gaza: dhama:
gardien (m) de but	ဂိုးသမား	gou: dha ma:
hockey (m)	ဟော်ကီ	hou ki
hockeyeur (m)	ဟော်ကီကစားသမား	hou ki gaza: dha ma:
volley-ball (m)	ဘော်လီဘောအားကစား	bo li bo: a: gaza:
joueur (m) de volley-ball	ဘောလီဘောကစားသမား	bo li bo: a: gaza: dhama:
boxe (f)	လက်ဝှေ့	le' hwei.
boxeur (m)	လက်ဝှေ့သမား	le' hwei. dhama:
lutte (f)	နပမ်းကစားခြင်း	naban: gaza: gjin:
lutteur (m)	နပမ်းသမား	naban: dhama:
karaté (m)	ကရာတေးအားကစား	ka. ra tei: a: gaza:
karatéka (m)	ကရာတေးကစားသမား	ka. ra tei: a: gaza: ma:
judo (m)	ဂျူဒိုအားကစား	gju dou a: gaza:
judoka (m)	ဂျူဒိုကစားသမား	gju dou a: gaza: dhama:
tennis (m)	တင်းနစ်	tin: ni'
joueur (m) de tennis	တင်းနစ်ကစားသူ	tin: ni' gaza: dhu
natation (f)	ရေကူးအားကစား	jei ku: a: gaza:
nageur (m)	ရေကူးသူ	jei ku: dhu
escrime (f)	ဓားရေးယှဉ်ပြိုင်ကစားခြင်း	da: jei: shin bjain ga. za: gjin
escrimeur (m)	ဓားရေးယှဉ်ပြိုင်ကစားသူ	da: jei: shin bjain ga. za: dhu
échecs (m pl)	စစ်တုရင်	si' tu. jin
joueur (m) d'échecs	စစ်တုရင်ကစားသမား	si' tu. jin gaza: dhama:
alpinisme (m)	တောင်တက်ခြင်း	taun de' chin:
alpiniste (m)	တောင်တက်သမား	taun de' thama:
course (f)	အပြေး	apjei:

coureur (m)	အပြေးသမား	apjei: dha. ma:
athlétisme (m)	ပြေးခုန်ပစ်	pjei: goun bi'
athlète (m)	ပြေးခုန်ပစ်ကစားသူ	pjei: goun bi' gaza: dhu

| équitation (f) | မြင်းစီးခြင်း | mjin: zi: gjin: |
| cavalier (m) | မြင်းစီးသူ | mjin: zi: dhu |

patinage (m) artistique	စက်တံစီးကပြခြင်း	sakei' si: ga. bja. gjin:
patineur (m)	စက်တံစီးကပြသူ	sakei' si: ga. bja. dhu
patineuse (f)	စက်တံစီးကပြမယ်	sakei' si: ga. bja. me

| haltérophilie (f) | အလေးမ | a lei: ma |
| haltérophile (m) | အလေးမသူ | a lei: ma dhu |

| course (f) automobile | ကားမောင်းပြိုင်ခြင်း | ka: maun: bjein gjin: |
| pilote (m) | ပြိုင်ကားမောင်းသူ | pjain ga: maun: dhu |

| cyclisme (m) | စက်ဘီးစီးခြင်း | se' bi: zi: gjin |
| cycliste (m) | စက်ဘီးစီးသူ | se' bi: zi: dhu |

sauts (m pl) en longueur	အလျားခုန်	alja: khun
sauts (m pl) à la perche	တုတ်ထောက်ခုန်	tou' htau' khoun
sauteur (m)	ခုန်သူ	khoun dhu

133. Les types de sports. Divers

football (m) américain	အမေရိကန်ဘောလုံး	amei ji kan dho: loun:
badminton (m)	ကြက်တောင်	kje' daun
biathlon (m)	သေနတ်ပစ်	thei na' pi'
billard (m)	ဘိလိယက်	bi li je'

bobsleigh (m)	ပြိုင်စွတ်ဖား	pjain zwa' hpa:
bodybuilding (m)	ကာယာဗလ	ka ja ba. la.
water-polo (m)	ဝါတာပိုလို	wa' ta pou lou
handball (m)	လက်ပစ်ဘောလုံးကစားနည်း	le' pi' bo: loun: gaza: ne:
golf (m)	ဂေါက်ရိုက်ခြင်း	gou' jai' chin:
aviron (m)	လှေလှော်ခြင်း	hlei hlo gjin:
plongée (f)	ရေငုပ်ခြင်း	jei ngou' chin:
course (f) à skis	နှင်းလျှောစက်တံစီး	hnin: sho: zakei' si:
	ပြိုင်ပွဲ	bjain bwe:
tennis (m) de table	စားပွဲတင်တင်းနစ်	sa: bwe: din din: ni'

voile (f)	ရွက်လွှင့်ခြင်း	jwe' hlwn. jgin:
rallye (m)	ကားပြိုင်ခြင်း	ka: bjain gjin:
rugby (m)	ရတ်ဘီဘောလုံးအားကစား	re' bi bo: loun: a: gaza:
snowboard (m)	နှင်းလျှောစက်တံစီးခြင်း	hnin: sho: zakei' si: jin:
tir (m) à l'arc	မြှားပစ်	hmja: bi'

134. La salle de sport

| barre (f) à disques | အလေးတန်း | a lei: din: |
| haltères (m pl) | ဒမ်ဘယ်အလေးတုန်း | dan be alei: doun: |

appareil (m) d'entraînement	လေ့ကျင့်ခန်းပြုလုပ်ရန်စက်	lei. kjin. gan: pju. lou' jan ze'
vélo (m) d'exercice	လေ့ကျင့်ခန်းစက်ဘီး	lei. kjin. gan: ze' bi:
tapis (m) roulant	ပြေးစက်	pjei: ze'

barre (f) fixe	ဘားတန်း	ba: din:
barres (pl) parallèles	ပြိုင်တန်း	pjain dan:
cheval (m) d'Arçons	မြင်းခုံ	mjin: goun
tapis (m) gymnastique	အားကစားဖျာ	a: gaza: bja

corde (f) à sauter	ကြိုး	kjou:
aérobic (m)	အေရိုးဘစ်	e jou: bi'
yoga (m)	ယောဂ	jo: ga.

135. Le hockey sur glace

hockey (m)	ဟော့ကီ	hou ki
hockeyeur (m)	ဟော့ကီကစားသမား	hou ki gaza: dha ma:
jouer au hockey	ဟော့ကီကစားသည်	hou ki gaza: de
glace (f)	ရေခဲ	jei ge:

palet (m)	ရော့ဘာဒိုးပြား	jo ba dou: bja:
crosse (f)	ဟော့ကီရိုက်တံ	hou ki jai' tan
patins (m pl)	ရေခဲပြင်စကိတ်	jei ge: bjin za. gei'

| rebord (m) | အကာပြား | aka pja: |
| tir (m) | ရိုက်ချက် | jai' che' |

gardien (m) de but	ဂိုးသမား	gou: dha ma:
but (m)	ဂိုး	gou:
marquer un but	ဂိုးသွင်းသည်	gou: dhwin: de

période (f)	အပိုင်း	apain:
deuxième période (f)	ဒုတိယပိုင်း	du. di. ja. bain:
banc (m) des remplaçants	အရံကစားသမား ထိုင်ခုံ	ajan ka. za: dha. ma: dain goun

136. Le football

football (m)	ဘောလုံးအားကစား	bo loun: a: gaza:
joueur (m) de football	ဘောလုံးကစားသမား	bo loun: gaza: dhama:
jouer au football	ဘောလုံးကန်သည်	bo loun: gan de

ligue (f) supérieure	မေဂျာလိဂ်	mei gja lei'
club (m) de football	ဘောလုံးကလပ်	bo loun: kala'
entraîneur (m)	နည်းပြ	ne: bja.
propriétaire (m)	ပိုင်ရှင်	pain shin

équipe (f)	အသင်း	athin:
capitaine (m) de l'équipe	အသင်းခေါင်းဆောင်	ahin: gaun: zaun
joueur (m)	ကစားသမား	gaza: dhama:
remplaçant (m)	အရံကစားသမား	ajan ka. za: dha. ma:
attaquant (m)	ရှေ့တန်း	shei. dan:

avant-centre (m)	ရှေ့တန်းအလယ်	shei. dan: ale
butteur (m)	အမှတ်မှတ်သူ	ahma' hma' thu
arrière (m)	နောက်တန်းကစားသမား	nau' tan: ka. za: dha. ma:
demi (m)	ကွင်းလယ်လူ	kwin: le dhu

match (m)	ပြိုင်ပွဲ	pjain bwe:
se rencontrer (vp)	တွေ့ဆုံသည်	twei. hsoun de
finale (f)	ဗိုလ်လုပွဲ	bou lu. bwe:
demi-finale (f)	အကြိုဗိုလ်လုပွဲ	akjou bou lu. pwe:
championnat (m)	တံခွန်စိုက်ပြိုင်ပွဲ	dagun zai' pjein bwe:

mi-temps (f)	အချိန်	achein
première mi-temps (f)	ပထမပိုင်း	pahtama. bain:
mi-temps (f) (pause)	နားချိန်	na: gjein

but (m)	ဂိုးပေါက်	gou: bau'
gardien (m) de but	ဂိုးသမား	gou: dha ma:
poteau (m)	ဂိုးတိုင်	gou: dain
barre (f)	ဂိုးဘားတန်း	gou: ba: dan
filet (m)	ပိုက်	pai'
encaisser un but	ဂိုးလွတ်သွားသည်	gou: lu' thwa: de

ballon (m)	ဘောလုံး	bo loun:
passe (f)	ပေးခြင်း	pei: gjin:
coup (m)	ကစ်	ki'
porter un coup	ကန်သည်	kan de
coup (m) franc	ပြစ်ဒဏ်ဘော	pji' dan de.
corner (m)	ဒေါင့်ကန်ဘော	daun. gan bo:

attaque (f)	တိုက်စစ်	tai' si'
contre-attaque (f)	တန်ပြန်တိုက်စစ်	tan bjan dai' si'
combinaison (f)	ပေါင်းစပ်ခြင်း	paun: za' chin:

arbitre (m)	ဒိုင်လူကြီး	dain dhu gji:
siffler (vi)	လေချွန်သည်	lei gjun de
sifflet (m)	ခရာ	khaja
faute (f)	ဖောင်းဘော	hpaun: bo:
commettre un foul	ဖောင်းဘောဖြစ်သည်	hpaun: bo: hpji' te
expulser du terrain	ထုတ်သည်	htou' te

carton (m) jaune	အဝါကဒ်	awa ka'
carton (m) rouge	အနီကဒ်	ani ga'
disqualification (f)	ပိတ်ပင်ခြင်း	pei' pin gjin:
disqualifier (vt)	ပိတ်ပင်သည်	pei' pin de

penalty (m)	ပန်နယ်တီ	pan ne ti
mur (m)	ဝေါကာခြင်း	wo: ga gjin:
marquer (vt)	သွင်းသည်	thin: de
but (m)	ဂိုး	gou:
marquer un but	ဂိုးသွင်းသည်	gou: dhwin: de

remplacement (m)	လူစားလဲခြင်း	lu za: le: gjin:
remplacer (vt)	လူစားလဲသည်	lu za: le: de
règles (f pl)	စည်းမျဉ်းစည်းကမ်း	si: mjin: si: kan:
tactique (f)	ဗျူဟာ	bju ha
stade (m)	အားကစားရုံ	a: gaza: joun

tribune (f)	ပွဲကြည့်စင်	pwe: gje. zi'
supporteur (m)	ပရိတ်သတ်	pa. rei' tha'
crier (vi)	အော်သည်	o de

| tableau (m) | ရလဒ်ပြဆိုင်းဘုတ် | jala' pja. zain: bou' |
| score (m) | ရလဒ် | jala' |

défaite (f)	အရှုံး	ashoun:
perdre (vi)	ရှုံးသည်	shoun: de
match (m) nul	သရေ	thajei
faire match nul	သရေကျသည်	tha. jei gja. de

victoire (f)	အောင်ပွဲ	aun bwe:
gagner (vi, vt)	အောင်ပွဲခံသည်	aun bwe: khan de
champion (m)	ချန်ပီယံ	chan pi jan
meilleur (adj)	အကောင်းဆုံး	akaun zoun
féliciter (vt)	ဂုဏ်ပြုသည်	goun bju de

commentateur (m)	အစီရင်ခံသူ	asi jin gan dhu
commenter (vt)	အစီရင်ခံသည်	asi jin gan de
retransmission (f)	ထုတ်လွှင့်မှု	htou' hlwin. hmu.

137. Le ski alpin

skis (m pl)	နှင်းလျှောစီးစကိတ်	hnin: sho: zi: zakei'
faire du ski	နှင်းလျှောစီးသည်	hnin: sho: zi: de
station (f) de ski	နှင်းလျှောစီးစခန်း	hnin: sho: zi: za. gan:
remontée (f) mécanique	ရွှေ့လျားစက်ခါးပတ်	jwei. lja: ze' kha: ba'

bâtons (m pl)	နှင်းလျှောစီးထောက်တံ	hnin: sho: zi: dau' dan
pente (f)	တောင်စောင်း	taun zaun:
slalom (m)	နှင်းလျှောစီးပြိုင်ပွဲ	hnin: sho: zi: bjein bwe:

138. Le tennis. Le golf

golf (m)	ဂေါက်ရိုက်ခြင်း	gou' jai' chin:
club (m) de golf	ဂေါက်အသင်း	go' athin:
joueur (m) au golf	ဂေါက်ရိုက်သမား	gou' jai' thama:

trou (m)	ဂေါက်ကျင်း	gou' kjin:
club (m)	ဟော်ကီရိုက်တံ	hou ki jai' tan
chariot (m) de golf	ဂေါက်ကွင်းကား	gou' kwin: ga:

| tennis (m) | တင်းနစ် | tin: ni' |
| court (m) de tennis | တင်းနစ်ကစားကွင်း | tin: ni' gaza: kwin: |

| service (m) | ပေးဘော | pei: bo: |
| servir (vi) | ပေးသည် | pei: de |

raquette (f)	ရိုက်တံ	jai' tan
filet (m)	ပိုက်	pai'
balle (f)	ဘောလုံး	bo loun:

139. Les échecs

échecs (m pl)	စစ်တုရင်	si' tu. jin
pièces (f pl)	စစ်တုရင်ရုပ်များ	si' tu. jin jou' mja:
joueur (m) d'échecs	စစ်တုရင်ကစားသမား	si' tu. jin gaza: dhama:
échiquier (m)	စစ်တုရင်ခုံ	si' tu. jin goun
pièce (f)	စစ်တုရင်ရုပ်	si' tu. jin jou'

| blancs (m pl) | အဖြူ | ahpju |
| noirs (m pl) | အနက် | ane' |

pion (m)	နယ်ရုပ်	ne jou'
fou (m)	ဘုန်းကြီးရုပ်	hpoun: gji:
cavalier (m)	မြင်းရုပ်	mjin: jou'
tour (f)	ရထားရုပ်	jatha: jou'
reine (f)	ဘုရင်မ	ba. jin ma.
roi (m)	ဘုရင်	ba. jin

coup (m)	အကွက်	akwe'
jouer (déplacer une pièce)	အကွက်ရွှေ့သည်	akwe' shwei. de
sacrifier (vt)	စွန့်သည်	sun. de
roque (m)	ရထားကွက်	jtha: kwe'
échec (m)	ချက်ကွက်	che' kwe'
tapis (m)	အဝတ်ကွက်	a' kwe'

tournoi (m) d'échecs	တံခွန်စိုက်စစ်တုရင်ပြိုင်ပွဲ	dagun zai' si' tu. jin bjein bwe:
grand maître (m)	စစ်တုရင်ပဂေး	si' tu. jin bagei:
combinaison (f)	ပေါင်းစပ်ခြင်း	paun: za' chin:
partie (f)	ဂိမ်း	gein:
dames (f pl)	ကျားထိုးခြင်း	kja: dou: gjin:

140. La boxe

boxe (f)	လက်ဝှေ့	le' hwei.
combat (m)	တိုက်ခိုက်ခြင်း	tai' khai' chin:
match (m)	လက်ဝှေ့ပွဲ	le' hwei. bwe:
round (m)	အကြိမ်	akjein

| ring (m) | ကြိုးဝိုင်း | kjou: wain: |
| gong (m) | မောင်း | maun: |

| coup (m) | ထိုးချက် | htou: gje' |
| knock-down (m) | အလဲထိုးချက် | ale: htou: gje' |

| knock-out (m) | အမှောက်ထိုးချက် | ahmau' htou: gje' |
| mettre KO | အလဲထိုးသည် | ale: htou: de |

| gant (m) de boxe | လက်အိတ် | lei' ei' |
| arbitre (m) | ဒိုင် | dain |

poids (m) léger	အငယ်တန်း	ange dan:
poids (m) moyen	အလယ်တန်း	ale dan:
poids (m) lourd	အကြီးတန်း	akji: din:

141. Le sport. Divers

Jeux (m pl) olympiques	အိုလံပစ်အားကစားပွဲ	ou lan bi' a: gaza: bwe
gagnant (m)	အနိုင်ရသူ	anain ja. dhu
remporter (vt)	အနိုင်ရသည်	anain ja de
gagner (vi)	နိုင်သည်	nain de
leader (m)	ခေါင်းဆောင်	gaun: zaun
prendre la tête	ဦးဆောင်သည်	u: zaun de
première place (f)	ပထမဆု	pahtama. zu.
deuxième place (f)	ဒုတိယဆု	du. di. ja. zou
troisième place (f)	တတိယဆု	tati. ja. zu.
médaille (f)	ဆုတံဆိပ်	hsu. dazei'
trophée (m)	ဒိုင်းဆု	dain: zu.
coupe (f) (trophée)	ဆုဖလား	hsu. bala:
prix (m)	ဆု	hsu.
prix (m) principal	အဓိကဆု	adi. ka. zu.
record (m)	မှတ်တမ်း	hma' tan:
établir un record	မှတ်တမ်းတင်သည်	hma' tan: din de
finale (f)	ဗိုလ်လုပွဲ	bou lu. bwe:
final (adj)	နောက်ဆုံးဖြစ်သော	nau' hsoun: bji' te.
champion (m)	ချန်ပီယံ	chan pi jan
championnat (m)	တံခွန်စိုက်ပြိုင်ပွဲ	dagun zai' pjein bwe:
stade (m)	အားကစားရုံ	a: gaza: joun
tribune (f)	ပွဲကြည့်စင်	pwe: gje. zi'
supporteur (m)	ပရိတ်သတ်	pa. rei' tha'
adversaire (m)	ပြိုင်ဘက်	pjain be'
départ (m)	စမှတ်	sahma'
ligne (f) d'arrivée	ဆုံးမှတ်	hsoun: hma'
défaite (f)	လက်လျော့ခြင်း	le' sho. gjin:
perdre (vi)	ရှုံးသည်	shoun: de
arbitre (m)	ဒိုင်လူကြီး	dain dhu gji:
jury (m)	အကဲဖြတ်ဒိုင်လူကြီးအဖွဲ့	ake: hpja dain lu gji: ahpwe.
score (m)	ရလဒ်	jala'
match (m) nul	သရေ	thajei
faire match nul	သရေကျသည်	tha. jei gja. de
point (m)	ရမှတ်	ja. hma'
résultat (m)	ရလဒ်	jala'
période (f)	အပိုင်း	apain:
mi-temps (f) (pause)	ပွဲလယ်နားချိန်	pwe: le na: gjein
dopage (m)	ဆေးသုံးခြင်း	hsei: dhoun: gjin:
pénaliser (vt)	ပြစ်ဒဏ်ပေးသည်	pji' dan bei: de
disqualifier (vt)	ဝိတ်ပင်သည်	pei' pin de
agrès (m)	တန်ဆာပလာ	tan za ba. la

125

lance (f)	လှံ	hlan
poids (m) (boule de métal)	သံလုံး	than loun:
bille (f) (de billard, etc.)	ဘောလုံး	bo loun:
but (cible)	ချိန်သီး	chein dhi:
cible (~ en papier)	ပစ်မှတ်	pi' hma'
tirer (vi)	ပစ်သည်	pi' te
précis (un tir ~)	တိတိကျကျဖြစ်သော	ti. ti. kja. kja. hpji te.
entraîneur (m)	နည်းပြ	ne: bja.
entraîner (vt)	လေ့ကျင့်ပေးသည်	lei. kjin. bei: de
s'entraîner (vp)	လေ့ကျင့်သည်	lei. kjin. de
entraînement (m)	လေ့ကျင့်ခြင်း	lei. kjin. gjin
salle (f) de gym	အားကစားခန်းမ	a: gaza: gan: ma.
exercice (m)	လေ့ကျင့်ခန်း	lei. kjin. gan:
échauffement (m)	သွေးပူလေ့ကျင့်ခန်း	thwei: bu lei. gjin. gan:

L'éducation

école (f)	စာသင်ကျောင်း	sa dhin gjaun:
directeur (m) d'école	ကျောင်းအုပ်ကြီး	ko: ou' kji:
élève (m)	ကျောင်းသား	kjaun: dha:
élève (f)	ကျောင်းသူ	kjaun: dhu
écolier (m)	ကျောင်းသား	kjaun: dha:
écolière (f)	ကျောင်းသူ	kjaun: dhu
enseigner (vt)	သင်ကြားသည်	thin kja: de
apprendre (~ l'arabe)	သင်ယူသည်	thin ju de
apprendre par cœur	အလွတ်ကျက်သည်	alu' kje' de
apprendre (à faire qch)	သင်ယူသည်	thin ju de
être étudiant, -e	ကျောင်းတက်သည်	kjaun: de' de
aller à l'école	ကျောင်းသွားသည်	kjaun: dhwa: de
alphabet (m)	အက္ခရာ	e' kha ja
matière (f)	ဘာသာရပ်	ba da ja'
salle (f) de classe	စာသင်ခန်း	sa dhin gan:
leçon (f)	သင်ခန်းစာ	thin gan: za
récréation (f)	အနားချိန်	ana: gjain
sonnerie (f)	ခေါင်းလောင်းသံ	gaun: laun: dhan
pupitre (m)	စာရေးခုံ	sajei: khoun
tableau (m) noir	ကျောက်သင်ပုန်း	kjau' thin boun:
note (f)	အမှတ်	ahma'
bonne note (f)	အမှတ်အဆင့်မြင့်	ahma' ahsin. mjin.
mauvaise note (f)	အမှတ်အဆင့်နိမ့်	ahma' ahsin. nin.
donner une note	အမှတ်ပေးသည်	ahma' pei: de
faute (f)	အမှား	ahma:
faire des fautes	အမှားလုပ်သည်	ahma: lou' te
corriger (une erreur)	အမှားပြင်သည်	ahma: pjin de
antisèche (f)	ခိုးကူးရန်စာ ရွက်အပိုင်းအစ	khou: gu: jan za jwe' apain: asa.
devoir (m)	အိမ်စာ	ein za
exercice (m)	လေ့ကျင့်ခန်း	lei. kjin. gan:
être présent	ရှိသည်	shi. de
être absent	ပျက်ကွက်သည်	pje' kwe' te
manquer l'école	အတန်းပျက်ကွက်သည်	atan: bje' kwe' te
punir (vt)	အပြစ်ပေးသည်	apja' pei: de
punition (f)	အပြစ်ပေးခြင်း	apja' pei: gjin:

conduite (f)	အပြုအမူ	apju amu
carnet (m) de notes	စာမေးပွဲမှတ်တမ်း	sa mei: hma' tan:
crayon (m)	ခဲတံ	khe: dan
gomme (f)	ခဲဖျက်	khe: bje'
craie (f)	မြေဖြူ	mjei bju
plumier (m)	ခဲတံပုံး	khe: dan bu:

cartable (m)	ကျောင်းသုံးလွယ်အိတ်	kjaun: dhoun: lwe ji'
stylo (m)	ဘောပင်	bo pin
cahier (m)	လေ့ကျင့်ခန်းစာအုပ်	lei. kjin. gan: za ou'
manuel (m)	ဖတ်စာအုပ်	hpa' sa au'
compas (m)	ထောက်ရူး	htau' hsu:

| dessiner (~ un plan) | ပုံကြမ်းဆွဲသည် | poun: gjam: zwe: de |
| dessin (m) technique | နည်းပညာဆိုင်ရာပုံကြမ်း | ne bi nja zain ja boun gjan: |

poésie (f)	ကဗျာ	ka. bja
par cœur (adv)	အလွတ်	alu'
apprendre par cœur	အလွတ်ကျက်သည်	alu' kje' de

vacances (f pl)	ကျောင်းပိတ်ရက်	kjaun: bi' je'
être en vacances	အားလပ်ရက်ရသည်	a: la' je' ja. de
passer les vacances	အားလပ်ရက်ဖြတ်သန်းသည်	a: la' je' hpja' than: de

interrogation (f) écrite	အခန်းဆုံးစစ်ဆေးမှု	akhan: zain zi' hsei: hmu
composition (f)	စာစီစာကုံး	sa zi za koun:
dictée (f)	သတ်ပုံခေါ် ပေးခြင်း	tha' poun go bei: gjin:
examen (m)	စာမေးပွဲ	sa mei: bwe:
passer les examens	စာမေးပွဲဖြေသည်	sa mei: bwe: bjei de
expérience (f) (~ de chimie)	လက်တွေ့လုပ်ဆောင်မှု	le' twei. lou' zaun hma.

143. L'enseignement supérieur

académie (f)	အထူးပညာသင်ကျောင်း	a htu: bjin nja dhin kjaun:
université (f)	တက္ကသိုလ်	te' kathou
faculté (f)	ဌာန	hta. na.

étudiant (m)	ကျောင်းသား	kjaun: dha:
étudiante (f)	ကျောင်းသူ	kjaun: dhu
enseignant (m)	သင်ကြားပို့ချသူ	thin kja: bou. gja. dhu

| salle (f) | စာသင်ခန်း | sa dhin gan: |
| licencié (m) | ဘွဲ့ရသူ | bwe. ja. dhu |

| diplôme (m) | ဒီပလိုမာ | di' lou ma |
| thèse (f) | သုတေသနစာတမ်း | thu. tei thana za dan: |

| étude (f) | သုတေသနစာတမ်း | thu. tei thana za dan: |
| laboratoire (m) | လက်တွေ့ခန်း | le' twei. gan: |

cours (m)	သင်ကြားပို့ချမှု	thin kja: bou. gja. hmu.
camarade (m) de cours	အတန်းဖော်	atan: hpo
bourse (f)	ပညာသင်ဆု	pjin nja dhin zu.
grade (m) universitaire	တက္ကသိုလ်ဘွဲ့	te' kathou bwe.

144. Les disciplines scientifiques

mathématiques (f pl)	သင်္ချာ	thin cha
algèbre (f)	အက္ခရာသင်္ချာ	e' kha ja din gja
géométrie (f)	ဂျီသြမေတြီ	gji o: mei tri
astronomie (f)	နက္ခတ္တဗေဒ	ne' kha' ta. bei da.
biologie (f)	ဇီဝဗေဒ	zi: wa bei da.
géographie (f)	ပထဝီဝင်	pahtawi win
géologie (f)	ဘူမိဗေဒ	buu mi. bei da.
histoire (f)	သမိုင်း	thamain:
médecine (f)	ဆေးပညာ	hsei: pjin nja
pédagogie (f)	သင်ကြားနည်းပညာ	thin kja: nei: pin nja
droit (m)	ဥပဒေဘာသာရပ်	u. ba. bei ba dha ja'
physique (f)	ရူပဗေဒ	ju bei da.
chimie (f)	ဓာတုဗေဒ	da tu. bei da.
philosophie (f)	ဒဿနိကဗေဒ	da' tha ni. ga. bei da.
psychologie (f)	စိတ်ပညာ	sei' pjin nja

145. Le système d'écriture et l'orthographe

grammaire (f)	သဒ္ဒါ	dhada
vocabulaire (m)	ဝေါဟာရ	wo: ha ra.
phonétique (f)	သဒ္ဒဗေဒ	dhada. bei da.
nom (m)	နာမ်	nan
adjectif (m)	နာမဝိသေသန	nan wi. dhei dha. na.
verbe (m)	ကြိယာ	kji ja
adverbe (m)	ကြိယာဝိသေသန	kja ja wi. dhei dha. na.
pronom (m)	နာမ်စား	nan za:
interjection (f)	အာမေဍိတ်	a mei dei'
préposition (f)	ဝိဘတ်	wi ba'
racine (f)	ဝေါဟာရရင်းမြစ်	wo: ha ra. jin: mji'
terminaison (f)	အဆုံးသတ်	ahsoun: tha'
préfixe (m)	ရှေ့ဆက်ပုဒ်	shei. hse' pou'
syllabe (f)	ဝဏ္ဏ	wun na.
suffixe (m)	နောက်ဆက်ပုဒ်	nau' ze' pou'
accent (m) tonique	ဖိသံသင်္ကေတ	hpi. dhan dha. gei da.
apostrophe (f)	ပိုင်ဆိုင်ခြင်းပြသင်္ကေတ	pain zain bjin: bja tin kei ta.
point (m)	ဖူးလုံစတော့ပ်	hpu: l za. po. p
virgule (f)	ပုဒ်ထီး သင်္ကေတ	pou' hti: tin kei ta.
point (m) virgule	အဖြတ်အရပ်သင်္ကေတ	a hpja' aja' tha ngei da
deux-points (m)	ကိုလန်	kou lan
points (m pl) de suspension	စာချနိုပြအမှတ်အသား	sa gjan bja ahma' atha:
point (m) d'interrogation	မေးခွန်းပြအမှတ်အသား	mei: gun: bja. ahma' adha:
point (m) d'exclamation	အာမေဍိတ်အမှတ်အသား	a mei dei' ahma' atha:

guillemets (m pl)	မျက်တောင်အဖွင့်အပိတ်	mje' taun ahpwin. apei'
entre guillemets	မျက်တောင်အဖွင့်အပိတ်-အတွင်း	mje' taun ahpwin. apei' atwin:
parenthèses (f pl)	ကွင်း	kwin:
entre parenthèses	ကွင်းအတွင်း	kwin: atwin:

trait (m) d'union	တုံးတို	toun: dou
tiret (m)	တုံးရှည်	toun: she
blanc (m)	ကွက်လပ်	kwe' la'

lettre (f)	စာလုံး	sa loun:
majuscule (f)	စာလုံးကြီး	sa loun: gji:

voyelle (f)	သရ	thara.
consonne (f)	ဗျည်း	bjin:

proposition (f)	ဝါကျ	we' kja.
sujet (m)	ကံ	kan
prédicat (m)	ဝါစက	wa saka.

ligne (f)	မျဉ်းကြောင်း	mjin: gjaun:
à la ligne	မျဉ်းကြောင်းအသစ်ပေါ်မှာ	mjin: gjaun: athi' bo hma.
paragraphe (m)	စာပိုဒ်	sa pai'

mot (m)	စကားလုံး	zaga: loun:
groupe (m) de mots	စကားစု	zaga: zu.
expression (f)	ဖော်ပြချက်	hpjo bja. gje'
synonyme (m)	အနက်တူ	ane' tu
antonyme (m)	ဆန့်ကျင်ဘက်အနက်	hsan. gjin ba' ana'

règle (f)	စည်းမျဉ်းစည်းကမ်း	si: mjin: si: kan:
exception (f)	ခြွင်းချက်	chwin: gje'
correct (adj)	မှန်ကန်သော	hman gan de.

conjugaison (f)	ကြိယာပုံစံပြောင်းခြင်း	kji ja boun zan pjaun: chin:
déclinaison (f)	သဒ္ဒါပြောင်းလဲပုံ	dhada bjaun: le: boun
cas (m)	နာမ်ပြောင်းပုံစံ	nan bjaun: boun zan
question (f)	မေးခွန်း	mei: gun:
souligner (vt)	အလေးထားဖော်ပြသည်	a lei: da: hpo pja. de
pointillé (m)	အစက်မျဉ်း	ase' mjin:

146. Les langues étrangères

langue (f)	ဘာသာစကား	ba dha zaga:
étranger (adj)	နိုင်ငံခြားနှင့်ဆိုင်သော	nain ngan gja: hnin. zain de.
langue (f) étrangère	နိုင်ငံခြားဘာသာစကား	nain ngan gja: ba dha za ga:
étudier (vt)	သင်ယူလေ့လာသည်	thin ju lei. la de
apprendre (~ l'arabe)	သင်ယူသည်	thin ju de

lire (vi, vt)	ဖတ်သည်	hpa' te
parler (vi, vt)	ပြောသည်	pjo: de
comprendre (vt)	နားလည်သည်	na: le de
écrire (vt)	ရေးသည်	jei: de
vite (adv)	မြန်မြန်	mjan mjan
lentement (adv)	ဖြည်းဖြည်း	hpjei: bjei:

couramment (adv)	ကျွမ်းကျွမ်းကျင်ကျင်	kjwan: gjwan: gjin gjin
règles (f pl)	စည်းမျဉ်းစည်းကမ်း	si: mjin: si: kan:
grammaire (f)	သဒ္ဒါ	dhada
vocabulaire (m)	ဝေါဟာရ	wo: ha ra.
phonétique (f)	သဒ္ဒဗေဒ	dhada. bei da.

manuel (m)	ဖတ်စာအုပ်	hpa' sa au'
dictionnaire (m)	အဘိဓာန်	abi. dan
manuel (m) autodidacte	မိမိဘာသာလေ့	mi. mi. ba dha lei.
	လာနိုင်သောစာအုပ်	la nain dho: za ou'
guide (m) de conversation	နှစ်ဘာသာစကားပြောစာအုပ်	hni' ba dha zaga: bjo: za ou'

cassette (f)	တိပ်ခွေ	tei' khwei
cassette (f) vidéo	ရုပ်ရှင်တိပ်ခွေ	jou' shin dei' hpwei
CD (m)	စီဒီခွေ	si di gwei
DVD (m)	ဒီဗီဒီခွေ	di bi di gwei

alphabet (m)	အက္ခရာ	e' kha ja
épeler (vt)	စာလုံးပေါင်းသည်	sa loun: baun: de
prononciation (f)	အသံထွက်	athan dwe'

accent (m)	ဝဲသံ	we: dhan
avec un accent	ဝဲသံနှင့်	we: dhan hnin.
sans accent	ဝဲသံမပါဘဲ	we: dhan ma. ba be:

| mot (m) | စကားလုံး | zaga: loun: |
| sens (m) | အဓိပ္ပါယ် | adei' be |

cours (m pl)	သင်တန်း	thin dan:
s'inscrire (vp)	စာရင်းသွင်းသည်	sajin: dhwin: de
professeur (m) (~ d'anglais)	ဆရာ	hsa ja

traduction (f) (action)	ဘာသာပြန်ခြင်း	ba dha bjan gjin:
traduction (f) (texte)	ဘာသာပြန်ထားရက်	ba dha bjan da: gje'
traducteur (m)	ဘာသာပြန်	ba dha bjan
interprète (m)	စကားပြန်	zaga: bjan

polyglotte (m)	ဘာသာစကားအများ	ba dha zaga: amja:
	ပြောနိုင်သူ	bjo: nain dhu
mémoire (f)	မှတ်ညဏ်	hma' njan

147. Les personnages de contes de fées

Père Noël (m)	ခရစ္စမတ်သိုးသိုး	khari' sa. ma' bou: bou:
Cendrillon (f)	စင်ဒရဲလား	sin da. je: la:
sirène (f)	ရေသူမ	jei dhu ma.
Neptune (m)	နက်ပကျွန်း	ne' pa. gjun:

magicien (m)	မှော်ဆရာ	hmo za. ja
fée (f)	မှော်ဆရာမ	hmo za. ja ma.
magique (adj)	မှော်ပညာ	hmo ba. nja
baguette (f) magique	မှော်တုတ်တံ	hmjo dou' dan
conte (m) de fées	ကလေးပုံပြင်	ka. lei: boun bjin
miracle (m)	အံ့ဖွယ်	an. hpwe

| gnome (m) | လူပုကလေး | u bu. ga. lei: |
| se transformer en ... | ပြောင်းလဲပေးသည် | pjaun: le: bei: de |

esprit (m) (revenant)	သရဲ	thaje:
fantôme (m)	တစ္ဆေ	tahsei
monstre (m)	ကြောက်မက်ဖွယ်ေ	kjau' ma' hpwe ei
	ရာသတ္တဝါ	ja ma. dha' ta wa
dragon (m)	နဂါး	na. ga:
géant (m)	ဘီလူး	bi lu:

148. Les signes du zodiaque

Bélier (m)	မိဿရာသီ	mi. dha ja dhi
Taureau (m)	ပြိဿရာသီ	pjei tha. jadhi
Gémeaux (m pl)	မေထုန်ရာသီ	mei doun ja dhi
Cancer (m)	ကရကဋ်ရာသီ	ka. ja. ka' ja dhi
Lion (m)	သိဟ်ရာသီ	thei' ja dhi
Vierge (f)	ကန်ရာသီ	kan ja dhi

Balance (f)	တုရာသီ	tu ja dhi
Scorpion (m)	ဗြိစ္ဆာရာသီ	bjei' hsa. jadhi
Sagittaire (m)	ဓနုရာသီ	dan ja dhi
Capricorne (m)	မကာရ်ရာသီဖွား	ma. ga. j ja dhi bwa:
Verseau (m)	ကုံရာသီဖွား	koun ja dhi hpwa:
Poissons (m pl)	မိန်ရာသီဖွား	mein ja dhi bwa:

caractère (m)	စရိုက် လက္ခဏာ	zajai' le' khana
traits (m pl) du caractère	ဉာဉ်	njin
conduite (f)	အပြုအမူ	apju amu
dire la bonne aventure	အနာဂါတ်ဟာကိန်းထုတ်သည်	ana ga' ha gin: htou' te
diseuse (f) de bonne aventure	အနာဂါတ်ဟောကိန်းထုတ်သူ	ana ga' ha gin: htou' thu
horoscope (m)	ဇာတာ	za da

L'art

théâtre (m)	ကဇာတ်ရုံ	ka. za' joun
opéra (m)	အော်ပရာဇာတ်ရုံ	o pa ra za' joun
opérette (f)	ပျော့ရွှင်ဖွယ် ကဇာတ်တို	pjo shin bwe: gaza' tou
ballet (m)	ဘီလေးကဇာတ်	be: lei: ga za'

affiche (f)	ပြဇာတ်ရုံပိုစတာ	pja. za' joun bou zada
troupe (f) de théâtre	ဝိုင်းတော်သား	wain: do dha:
tournée (f)	လှည့်လည်ကပြဖျော်ဖြေခြင်း	hle. le ga. bja bjo bjei gjin:
être en tournée	လှည့်လည်ကပြဖျော်ဖြေသည်	hle. le ga. bja bjo bjei de
répéter (vt)	ဇာတ်တိုက်သည်	za' tou' te
répétition (f)	အစမ်းလေ့ကျင့်မှု	asan: lei. kjin. hmu.
répertoire (m)	တင်ဆက်မှု	tin ze' hmu.

représentation (f)	ဖျော်ဖြေတင်ဆက်မှု	hpjo bjei din ze' hmu.
spectacle (m)	ဖျော်ဖြေမှု	hpjo bjei hmu.
pièce (f) de théâtre	ဇာတ်လမ်း	za' lan

billet (m)	လက်မှတ်	le' hma'
billetterie (f pl)	လက်မှတ်အရောင်းဌာန	le' hma' ajaun: hta. na.
hall (m)	ညည့်သည်ဆောင်	e. dhe zaun
vestiaire (m)	ကုတ်နှင့်အိတ်အပ်နှံခန်း	kou' hnin. i' a' hnan khan:
jeton (m) de vestiaire	နံပါတ်ပြား	nan ba' pja:
jumelles (f pl)	နှစ်လုံးပွူးမှန်ပြောင်း	hni' loun: bju: hman bjaun:
placeur (m)	ညွှန်ကြို	e. gjou

parterre (m)	ဇာတ်စင်ထိုင်ခုံ	za' sin dain guan
balcon (m)	လသာဆောင်	la. dha zaun
premier (m) balcon	ပထမထပ်ပွဲကြည့်ညှိဆောင်	pahtama. da' bwe: gje. zaun
loge (f)	လက်မှတ်ရောင်းသည့်နေရာ	le' hma' jaun: dhi. nei ja
rang (m)	အတန်း	atan:
place (f)	နေရာ	nei ja

public (m)	ပရိသတ်အစုအဝေး	pa. rei' tha' asu. awei:
spectateur (m)	ပရိသတ်	pa. rei' tha'
applaudir (vi)	လက်ခုပ်တီးသည်	le' khou' ti: de
applaudissements (m pl)	လက်ခုပ်သြဘာသံ	le' khou' thja ba dhan
ovation (f)	သြဘာပေးခြင်း	thja dha bei: gjin:

scène (f) (monter sur ~)	စင်	sin
rideau (m)	လိုက်ကာ	lai' ka
décor (m)	နောက်ခံကားချပ်	nau' khan gan ga: gja'
coulisses (f pl)	ဇာတ်စင်နောက်	za' sin nau'

scène (f) (la dernière ~)	တကယ့်ဖြစ်ရပ်	dage. bji ja'
acte (m)	သရုပ်ဆောင်	thajou' hsaun
entracte (m)	ကြားကာလ	ka: ga la.

150. Le cinéma

acteur (m)	မင်းသား	min: dha:
actrice (f)	မင်းသမီး	min: dhami:
cinéma (m) (industrie)	ရုပ်ရှင်လုပ်ငန်း	jou' shin lou' ngan:
film (m)	ရုပ်ရှင်ကား	jou' shin ga:
épisode (m)	ဇာတ်ခန်းတစ်ခန်း	za' khan: ti' khan:
film (m) policier	စုံထောက်ဇာတ်လမ်း	soun dau' za' lan:
film (m) d'action	အက်ရှင်ဇာတ်လမ်း	e' shin za' lan:
film (m) d'aventures	စွန့်စားခန်းဇာတ်လမ်း	sun. za: gan: za' lan:
film (m) de science-fiction	သိပ္ပံဗိတ်ကူးယဉ်ဇာတ်လမ်း	thei' pan zei' ku: jin za' lan:
film (m) d'horreur	ထိတ်လန့်ဖွယ်ရုပ်ရှင်	htei' lan. bwe jou' jou'
comédie (f)	ဟာသရုပ်ရှင်	ha dha. jou' jou'
mélodrame (m)	အပြင်းစားဒရာမာ	apjin: za: da. ja ma
drame (m)	အလွမ်းဇာတ်လမ်း	alwan: za' lan:
film (m) de fiction	စိတ်ကူးယဉ်ဇာတ်လမ်း	sei' ku: jin za' lan:
documentaire (m)	မှတ်တမ်းရုပ်ရှင်	hma' tan: jou' shin
dessin (m) animé	ကာတွန်းဇာတ်လမ်း	ka tun: za' lan:
cinéma (m) muet	အသံတိတ်ရုပ်ရှင်	athan dei' jou' shin
rôle (m)	အခန်းကဏ္ဍ	akhan: gan da.
rôle (m) principal	အဓိကအခန်းကဏ္ဍ	adi. ka. akhan: kan da
jouer (vt)	သရုပ်ဆောင်သည်	thajou' hsaun de
vedette (f)	ရုပ်ရှင်စတား	jou' shin za. da:
connu (adj)	နာမည်ကြီးသော	na me gji: de.
célèbre (adj)	ကျော်ကြားသော	kjo kja: de.
populaire (adj)	လူကြိုက်များသော	lu gjou' mja: de.
scénario (m)	ဇာတ်ညွှန်း	za' hnjun:
scénariste (m)	ဇာတ်ညွှန်းဆရာ	za' hnjun: za ja
metteur (m) en scène	ရုပ်ရှင်ဒါရိုက်တာ	jou' shin da jai' ta
producteur (m)	ထုတ်လုပ်သူ	htou' lou' thu
assistant (m)	လက်ထောက်	le' htau'
opérateur (m)	ကင်မရာမန်း	kin ma. ja man:
cascadeur (m)	စတန့်သမား	satan. dhama:
doublure (f)	ပုံစံတူ	poun zan du
tourner un film	ရုပ်ရှင်ရိုက်သည်	jou' shin jai' te
audition (f)	စမ်းသပ်ကြည့်ရှုခြင်း	san: dha' chi. shu. gjin:
tournage (m)	ရိုက်ကွင်း	jai' kwin:
équipe (f) de tournage	ရုပ်ရှင်အဖွဲ့	jou' shin ahpwe.
plateau (m) de tournage	ဇာတ်အိမ်	za' ein
caméra (f)	ကင်မရာ	kin ma. ja
cinéma (m)	ရုပ်ရှင်ရုံ	jou' shin joun
écran (m)	ဗိတ်ကား	pei' ka:
donner un film	ရုပ်ရှင်ပြသည်	jou' shin bja. de
piste (f) sonore	အသံသွင်းတိပ်ခွေ	athan dhwin⁓ di' khwei
effets (m pl) spéciaux	အထူးပြုလုပ်ချက်များ	a htu: bju. lou' che' mja:

sous-titres (m pl)	စာတန်းထိုး	sa dan: dou:
générique (m)	ပါဝင်သူများအမည်စာရင်း	pa win dhu mja: ame zajin:
traduction (f)	ဘာသာပြန်	ba dha bjan

151. La peinture

art (m)	အနုပညာ	anu. pjin nja
beaux-arts (m pl)	သုခုမအနုပညာ	thu. khu. ma. anu. pin nja
galerie (f) d'art	အနုပညာပြခန်း	anu. pjin pja. gan:
exposition (f) d'art	ပြပွဲ	pja. bwe:
peinture (f)	ပန်းချီကား	bagji ga:
graphique (f)	ပုံဆွဲခြင်းအနုပညာ	poun zwe: gjin: anu pjin nja
art (m) abstrait	စိတ္တဇပန်းချီဆွဲခြင်း	sei' daza. ban: gji zwe: gjin:
impressionnisme (m)	အရောင်အလင်းဖြင့်ပန်းချီဆွဲခြင်း	ajaun alin: bjin. ban: gji zwe: gjin:
tableau (m)	ပန်းချီကား	bagji ga:
dessin (m)	ရုပ်ပုံကားချပ်	jou' poun ga: gja'
poster (m)	ပိုစတာ	pou sata
illustration (f)	ရုပ်ပုံထည့်သွင်းဖော်ပြခြင်း	jou' poun di. dwin: bo bja. gjin:
miniature (f)	ပုံစံအသေးစား	poun zan athei: za:
copie (f)	မိတ္တူ	mi' tu
reproduction (f)	ပုံတူပန်းချီ	poun du ban: gji
mosaïque (f)	မှန်စီရွှေချပန်းချီ	hman zi shwei gja ban: gji
vitrail (m)	မှန်ရောင်စုံပြတင်းပေါက်	hman jaun zoun bja. din: bau'
fresque (f)	နံရံဆေးရေးပန်းချီ	nan jan zei: jei: ban: gji
gravure (f)	ပုံထွင်းပညာ	poun dwin: pjin nja
buste (m)	ကိုယ်တစ်ပိုင်းပုံရုပ်လုံး	kou ti' pain: boun jou' loun:
sculpture (f)	ကျောက်ဆစ်ရုပ်	kjau' hsi' jou'
statue (f)	ရုပ်တု	jou' tu.
plâtre (m)	အင်္ဂတေ	angga. dei
en plâtre	အင်္ဂတေဖြင့်	angga. dei hpjin.
portrait (m)	ပုံတူ	poun du
autoportrait (m)	ကိုယ်တိုင်ရေးပုံတူ	kou tain jou: boun dhu
paysage (m)	ရှုခင်းပုံ	shu. gin: boun
nature (f) morte	သက်မဲ့ဝတ္ထုပုံ	the' me. wu' htu boun
caricature (f)	ရုပ်ပြောင်	jou' pjaun
croquis (m)	ပုံကြမ်း	poun gjan:
peinture (f)	သုတ်ဆေး	thou' hsei:
aquarelle (f)	ရေဆေးပန်းချီ	jei zei: ban: gji
huile (f)	ဆီ	hsi
crayon (m)	ခဲတံ	khe: dan
encre (f) de Chine	အိန္ဒိယမင်	indi. ja hmin
fusain (m)	မီးသွေး	mi: dhwei:
dessiner (vi, vt)	ပုံဆွဲသည်	poun zwe: de
peindre (vi, vt)	အရောင်ချယ်သည်	ajaun gje de

poser (vi)	ကိုယ်ဟန်ပြုသည်	kou han pja de
modèle (m)	ပန်းချီဖော်ဒယ်	bagji mo de
modèle (f)	ပန်းချီဖော်ဒယ်မိန်းကလေး	bagji mo de mein: ga. lei:

peintre (m)	ပန်းချီဆရာ	bagji zaja
œuvre (f) d'art	အနုပညာလက်ရာ	anu. pjin nja le' ja
chef (m) d'œuvre	အပြောင်မြောက်ဆုံးလက်ရာ	apjaun mjau' hsoun: le' ja
atelier (m) d'artiste	အလုပ်ခန်း	alou' khan:

toile (f)	ပန်းချီဆွဲရန်ပတ္တူစ	bagji zwe: jan: ba' tu za.
chevalet (m)	ဒေါက်တိုင်	dau' tain
palette (f)	ပန်းချီဆေးစပ်သည့်ပြား	bagji hsei: za' thi. bja:

encadrement (m)	ဘောင်	baun
restauration (f)	နဂိုအတိုင်းပြန်လည် မွမ်းမံခြင်း	na. gou atain: bjan le mun: man gjin:
restaurer (vt)	ပြန်လည်မွမ်းမံသည်	pjan le mwan: man de

152. La littérature et la poésie

littérature (f)	စာပေ	sa pei
auteur (m) (écrivain)	စာရေးသူ	sajei: dhu
pseudonyme (m)	ကလောင်အမည်	kalaun amji

livre (m)	စာအုပ်	sa ou'
volume (m)	တွဲ	du. de
table (f) des matières	မာတိကာ	ma di. ga
page (f)	စာမျက်နှာ	sa mje' hna
protagoniste (m)	အဓိကဇာတ်ဆောင်	adi. ka. za' hsaun
autographe (m)	အမှတ်တရလက်မှတ်	ahma' ta ra le' hma'

récit (m)	ပုံပြင်	pjoun bjin
nouvelle (f)	ဝတ္ထုဇာတ်လမ်း	wu' htu. za' lan:
roman (m)	ဝတ္ထု	wu' htu.
œuvre (f) littéraire	လက်ရာ	le' ja
fable (f)	ဒဏ္ဍာရီ	dan da ji
roman (m) policier	စုံထောက်ဇာတ်လမ်း	soun dau' za' lan:
vers (m)	ကဗျာ	ka. bja
poésie (f)	လကာ	lin ga
poème (m)	ကဗျာ	ka. bja
poète (m)	ကဗျာဆရာ	ka. bja zaja

belles-lettres (f pl)	စိတ်ကူးယဉ်ဇာတ်လမ်း	sei' ku: jin za' lan:
science-fiction (f)	သိပ္ပံဇာတ်လမ်း	thei' pan za' lan:
aventures (f pl)	စွန့်စားခန်းဇာတ်လမ်း	sun. za: gan: za' lan:
littérature (f) didactique	ပညာပေးဇာတ်လမ်း	pjin nja bei: za' lan:
littérature (f) pour enfants	ကလေးဆိုင်ရာစာပေ	kalei: hsin ja za bei

153. Le cirque

| cirque (m) | ဆပ်ကပ် | hsa' ka' |
| chapiteau (m) | နယ်လှည့်ဆပ်ကပ်အဖွဲ့ | ne hle. za' ka' ahpwe: |

| programme (m) | အစီအစဉ် | asi asin |
| représentation (f) | ဖျော်ဖြေတင်ဆက်မှု | hpjo bjei din ze' hmu. |

| numéro (m) | ဖျော်ဖြေတင်ဆက်မှု | hpjo bjei din ze' hmu. |
| arène (f) | အစီအစဉ်တင်ဆက်ရာနေရာ | asi asin din ze' ja nei ja |

| pantomime (f) | ဇာတ်လမ်းသရုပ်ဖော် | za' lan: dha jou' hpo |
| clown (m) | လူရွှင်တော် | lu shwin do |

acrobate (m)	ကျွမ်းဘားပြသူ	kjwan: ba: bja dhu
acrobatie (f)	ကျွမ်းဘားပြုခြင်း	kjwan: ba: bja gjin:
gymnaste (m)	ကျွမ်းဘားသမား	kjwan: ba: dhama:
gymnastique (f)	ကျွမ်းဘားအားကစား	kjwan: ba: a: gaza:
salto (m)	ကျွမ်းပစ်ခြင်း	kjwan: bi' chin:

hercule (m)	လူသန်ကြီး	lu dhan gji:
dompteur (m)	ယဉ်လာအောင်လေ့ကျင့်ပေးသူ	jin la aun lei. gjin. bei: dhu
écuyer (m)	မြင်းစီးသူ	mjin: zi: dhu
assistant (m)	လက်ထောက်	le' htau'

truc (m)	စတန်	satan.
tour (m) de passe-passe	မှော်ဆန်သောလှည့်ကွက်	hmo zan dho hle. gwe'
magicien (m)	မျက်လှည့်ဆရာ	mje' hle. zaja

jongleur (m)	လက်လှည့်ဆရာ	le' hli. za. ja.
jongler (vi)	လက်လှည့်ပြသည်	le' hli. bja. de
dresseur (m)	တိရစ္ဆာန်သင်ကြားပေးသူ	tharei' hsan dhin gja: bei: dhu
dressage (m)	တိရစ္ဆာန်များကို	tharei' hsan mja: gou:
	လေ့ကျင့်ပေးခြင်း	lei. gjin. bei: gjin:
dresser (vt)	လေ့ကျင့်ပေးသည်	lei. kjin. bei: de

154. La musique

musique (f)	ဂီတ	gi ta.
musicien (m)	ဂီတပညာရှင်	gi ta. bjin nja shin
instrument (m) de musique	တူရိယာ	tu ji. ja
jouer de ...	တီးသည်	ti: de

guitare (f)	ဂီတာ	gi ta
violon (m)	တယော	ta jo:
violoncelle (m)	စီလိုတယောကြီး	si lou tajo: gji:
contrebasse (f)	ဘော့စ်တယောကြီး	bei'. ta. jo gji:
harpe (f)	စောင်း	saun:

piano (m)	စန္ဒရား	san daja:
piano (m) à queue	စန္ဒရားကြီး	san daja: gji:
orgue (m)	အော်ဂင်	o gin

instruments (m pl) à vent	လေမှုတ်တူရိယာ	lei hmou' tu ji. ja
hautbois (m)	အိုဘို	ou bou hne:
saxophone (m)	ဆက်ဆိုဖုန်း	hse' hso phoun:
clarinette (f)	ကလယ်ရိနက်-ပလွေ	kale ji ne' - pa lwei
flûte (f)	ပလွေ	palwei
trompette (f)	ထရမ်းပက်ခရာငယ်	htajan: be' khaja nge

| accordéon (m) | အကော်ဒီယံ | ako di jan |
| tambour (m) | စည် | si |

duo (m)	နှစ်ယောက်တွဲ	hni' jau' twe:
trio (m)	သုံးယောက်တွဲ	thoun: jau' twe:
quartette (m)	လေးယောက်တစ်တွဲ	lei: jau' ti' twe:
chœur (m)	သံပြိုင်အဖွဲ့	than bjain ahpwe.
orchestre (m)	သံစုံတီးဝိုင်း	than zoun di: wain:

musique (f) pop	ပေါ့ပ်ဂီတ	po. p gi da.
musique (f) rock	ရော့ခ်ဂီတ	ro. kh gi da.
groupe (m) de rock	ရော့ခ်ဂီတအဖွဲ့	ro. kh gi da. ahpwe.
jazz (m)	ဂျက်ဇ်ဂီတ	gja' z gi ta.

| idole (f) | အသည်းစွဲ | athe: zwe: |
| admirateur (m) | နှစ်သက်သူ | hni' the' dhu |

concert (m)	တေးဂီတဖြေဖျော်ပွဲ	tei: gi da. bjei bjo bwe:
symphonie (f)	သံစုံပင်တီးတေးသွား	than zoun za' ti: dei: dwa:
œuvre (f) musicale	ရေးဖွဲ့သီကုံးခြင်း	jei: bwe dhi goun: gjin:
composer (vt)	ရေးဖွဲ့သီကုံးသည်	jei: bwe dhi goun: de

chant (m) (~ d'oiseau)	သီချင်းဆိုခြင်း	thachin: zou gjin:
chanson (f)	သီချင်း	thachin:
mélodie (f)	တီးလုံး	ti: loun:
rythme (m)	စည်းချက်	si gje'
blues (m)	ဘလူးစ်ဂီတ	ba. lu: s gi'

notes (f pl)	ဂီတသင်္ကေတများ	gi ta. dhin gei da. mja:
baguette (f)	ဂီတအချက်ပြတုတ်	gi ta. ache' pja dou'
archet (m)	ဘိုးတံ	bou: dan
corde (f)	ကြိုး	kjou:
étui (m)	အိတ်	ei'

Les loisirs. Les voyages

tourisme (m)	ခရီးသွားလုပ်ငန်း	khaji: thwa: lou' ngan:
touriste (m)	ကမ္ဘာလှည့်ခရီးသည်	ga ba hli. kha. ji: de
voyage (m) (à l'étranger)	ခရီးထွက်ခြင်း	khaji: htwe' chin:
aventure (f)	စွန့်စားမှု	sun. za: hmu.
voyage (m)	ခရီး	khaji:

vacances (f pl)	ခွင့်ရက်	khwin. je'
être en vacances	အခွင့်ယူသည်	akhwin. ju de
repos (m) (jours de ~)	အနားယူခြင်း	ana: ju gjin:

train (m)	ရထား	jatha:
en train	ရထားနဲ့	jatha: ne.
avion (m)	လေယာဉ်	lei jan
en avion	လေယာဉ်နဲ့	lei jan ne.
en voiture	ကားနဲ့	ka: ne.
en bateau	သင်္ဘောနဲ့	thin: bo: ne.

bagage (m)	ဝန်စည်စလည်	wun zi za. li
malle (f)	သားရေသေတ္တာ	tha: jei dhi' ta
chariot (m)	ပစ္စည်းတင်ရန်တွန်းလှည်း	pji' si: din jan dun: hle:

passeport (m)	နိုင်ငံကူးလက်မှတ်	nain ngan gu: le' hma'
visa (m)	ဗီဇာ	bi za
ticket (m)	လက်မှတ်	le' hma'
billet (m) d'avion	လေယာဉ်လက်မှတ်	lei jan le' hma'

guide (m) (livre)	လမ်းညွှန်စာအုပ်	lan: hnjun za ou'
carte (f)	မြေပုံ	mjei boun
région (f) (~ rurale)	ဒေသ	dei dha.
endroit (m)	နေရာ	nei ja

exotisme (m)	အထူးအဆန်းပစ္စည်း	a htu: a hsan: bji' si:
exotique (adj)	အထူးအဆန်းဖြစ်သော	a htu: a hsan: hpja' te.
étonnant (adj)	အံ့သြစရာကောင်းသော	an. o: sa ja kaun de.

groupe (m)	အုပ်စု	ou' zu.
excursion (f)	လေ့လာရေးခရီး	lei. la jei: gaji:
guide (m) (personne)	လမ်းညွှန်	lan: hnjun

hôtel (m)	ဟိုတယ်	hou te
motel (m)	မိုတယ်	mou te
3 étoiles	ကြယ် ၃ ပွင့်အဆင့်	kje thoun: pwin. ahsin.

| 5 étoiles | ကြယ် ၅ ပွင့်အဆင့် | kje nga: pwin. ahsin. |
| descendre (à l'hôtel) | တည်းခိုသည် | te: khou de |

chambre (f)	အခန်း	akhan:
chambre (f) simple	တစ်ယောက်ခန်း	ti' jau' khan:
chambre (f) double	နှစ်ယောက်ခန်း	hni' jau' khan:
réserver une chambre	ကြိုတင်မှာယူသည်	kjou tin hma ju de

demi-pension (f)	ကြိုတင်တစ်ဝက်ငွေချေခြင်း	kjou tin di' we' ngwe gjei gjin:
pension (f) complète	ငွေအပြည့်ကြို	ngwei apjei. kjou
	တင်ပေးချေခြင်း	din bei: chei chin:

avec une salle de bain	ရေချိုးခန်းနှင့်	jei gjou gan: hnin.
avec une douche	ရေပန်းနှင့်	jei ban: hnin.
télévision (f) par satellite	ဂြိုဟ်တုရုပ်မြင်သံကြား	gjou' htu. jou' mjin dhan gja:
climatiseur (m)	လေအေးပေးစက်	lei ei: bei: ze'
serviette (f)	တဘက်	tabe'
clé (f)	သော့	tho.

administrateur (m)	အုပ်ချုပ်ရေးမှူး	ou' chu' jei: hmu:
femme (f) de chambre	သန့်ရှင်းရေးဝန်ထမ်း	than. shin: jei: wun dan:
porteur (m)	အထမ်းသမား	a htan: dha. ma:
portier (m)	တံခါးဝမှ စောင့်ကြို	daga: wa. hma. e. kjou

restaurant (m)	စားသောက်ဆိုင်	sa: thau' hsain
bar (m)	ဘား	ba:
petit déjeuner (m)	နံနက်စာ	nan ne' za
dîner (m)	ညစာ	nja. za
buffet (m)	ဘူဖေး	bu hpei:

| hall (m) | နာရောင်ခန်း | hna jaun gan: |
| ascenseur (m) | ဓာတ်လှေကား | da' hlei ga: |

| PRIÈRE DE NE PAS DÉRANGER | မနှောင့်ယှက်ရ | ma. hnaun hje' ja. |
| DÉFENSE DE FUMER | ဆေးလိပ်မသောက်ရ | hsei: lei' ma. dhau' ja. |

157. Le livre. La lecture

livre (m)	စာအုပ်	sa ou'
auteur (m)	စာရေးသူ	sajei: dhu
écrivain (m)	စာရေးဆရာ	sajei: zaja
écrire (~ un livre)	စာရေးသည်	sajei: de

lecteur (m)	စာဖတ်သူ	sa hpa' thu
lire (vi, vt)	ဖတ်သည်	hpa' te
lecture (f)	စာဖတ်ခြင်း	sa hpa' chin:

| à part soi | တိတ်တဆိတ် | tei' ta. hsei' |
| à haute voix | ကျယ်လောင်စွာ | kje laun zwa |

éditer (vt)	ပုံနှိပ်ထုတ်ဝေသည်	poun nei' htou' wei de
édition (f) (~ des livres)	ပုံနှိပ်ထုတ်ဝေခြင်း	poun nei' htou' wei gjin:
éditeur (m)	ထုတ်ဝေသူ	htou' wei dhu

maison (f) d'édition	ပုံနှိပ်ထုတ်ဝေ သည့်ကုမ္ပဏီ	poun nei' htou' wei dhi. koun pani
paraître (livre)	ထွက်သည်	htwe' te
sortie (f) (~ d'un livre)	ဖြန့်ချိခြင်း	hpjan. gji. gjin:
tirage (m)	စာရေးသူ	sajei: dhu
librairie (f)	စာအုပ်ဆိုင်	sa ou' hsain
bibliothèque (f)	စာကြည့်တိုက်	sa gji. dai'
nouvelle (f)	ဝတ္ထုဇာတ်လမ်း	wu' htu. za' lan:
récit (m)	ဝတ္ထုတို	wu' htu. dou
roman (m)	ဝတ္ထု	wu' htu.
roman (m) policier	စုံထောက်ဇာတ်လမ်း	soun dau' za' lan:
mémoires (m pl)	ကိုယ်တွေ့မှတ်တမ်း	kou twei. hma' tan:
légende (f)	ဒဏ္ဍာရီ	dan da ji
mythe (m)	စိတ်ကူးယဉ်	sei' ku: jin
vers (m pl)	ကဗျာများ	ka. bja mja:
autobiographie (f)	ကိုယ်တိုင်ရေးအတ္ထုပ္ပတ္တိ	kou tain jei' a' tu. bi' ta.
les œuvres choisies	လက်ရွေးစင်	le' jwei: zin
science-fiction (f)	သိပ္ပံဇာတ်လမ်း	thei' pan za' lan:
titre (m)	ခေါင်းစဉ်	gaun: zin
introduction (f)	နိဒါန်း	ni. dan:
page (f) de titre	ခေါင်းစီးစာမျက်နှာ	gaun: zi: za: mje' hna
chapitre (m)	ခေါင်းကြီးပိုင်း	gaun: gji: bain:
extrait (m)	ကောက်နုတ်ချက်	kau' hnou' khje'
épisode (m)	အပိုင်း	apain:
sujet (m)	ဇာတ်ကြောင်း	za' kjaun:
sommaire (m)	မာတိကာ	ma di. ga
table (f) des matières	မာတိကာ	ma di. ga
protagoniste (m)	အဓိကဇာတ်ဆောင်	adi. ka. za' hsaun
volume (m)	တွဲထည်	du. de
couverture (f)	စာအုပ်အဖုံး	sa ou' ahpoun:
reliure (f)	အဖုံး	ahpoun:
marque-page (m)	စာညှပ်	sa hnja'
page (f)	စာမျက်နှာ	sa mje' hna
feuilleter (vt)	စာရွက်လှန်သည်	sajwe' hlan de
marges (f pl)	နယ်နိမိတ်	ne ni. mei'
annotation (f)	မှတ်စာ	hma' sa
note (f) de bas de page	အောက်ခြေမှတ်ချက်	au' chei hma' che'
texte (m)	စာသား	sa dha:
police (f)	ပုံစံ	poun zan
faute (f) d'impression	ပုံနှိပ်အမှား	poun nei' ahma:
traduction (f)	ဘာသာပြန်	ba dha bjan
traduire (vt)	ဘာသာပြန်သည်	ba dha bjan de
original (m)	မူရင်း	mu jin:
célèbre (adj)	ကျော်ကြားသော	kjo kja: de.
inconnu (adj)	လူမသိသော	lu ma. thi. de.

| intéressant (adj) | စိတ်ဝင်စားစရာကောင်းသော | sei' win za: zaja gaun: de. |
| best-seller (m) | ရောင်းအားအကောင်းဆုံး | jo: a: akaun: zoun: |

dictionnaire (m)	အဘိဓာန်	abi. dan
manuel (m)	ဖတ်စာအုပ်	hpa' sa au'
encyclopédie (f)	စွယ်စုံကျမ်း	swe zoun gjan:

158. La chasse. La pêche

chasse (f)	အမဲလိုက်ခြင်း	ame: lai' chin
chasser (vi, vt)	အမဲလိုက်သည်	ame: lai' de
chasseur (m)	မုဆိုး	mou' hsou:

tirer (vi)	ပစ်သည်	pi' te
fusil (m)	ရိုင်ဖယ်	jain be
cartouche (f)	ကျည်ဆံ	kji. zan
grains (m pl) de plomb	ကျည်ဇေ	kji zei.

piège (m) à mâchoires	သံမကိုထောင်ချောက်	than mani. daun gjau'
piège (m)	ကျော့ကွင်း	kjo. kwin:
être pris dans un piège	ထောင်ချောက်မိသည်	htaun gjau' mi de
mettre un piège	ထောင်ချောက်ဆင်သည်	htaun gjau' hsin de

braconnier (m)	တရားမဝင်ခိုးပစ်သူ	taja: ma. win gou: bi' thu
gibier (m)	အမဲလိုက်ခြင်း	ame: lai' chin
chien (m) de chasse	အမဲလိုက်ခွေး	ame: lai' khwei:
safari (m)	ဆာဖာရီတောရိုင်းဒေသ	hsa hpa ji do joun: dei dha.
animal (m) empaillé	ရုပ်လုံးဖော်တိရစ္ဆာန်ရုပ်	jou' loun: bo di ja' zan jou'

pêcheur (m)	တံငါသည်	da nga dhi
pêche (f)	ငါးဖမ်းခြင်း	nga: ban: gjin
pêcher (vi)	ငါးဖမ်းသည်	nga: ban: de

canne (f) à pêche	ငါးများတံ	nga: mja: dan
ligne (f) de pêche	ငါးများကြိုး	nga: mja: gjou:
hameçon (m)	ငါးများချိတ်	nga: mja: gji'
flotteur (m)	ငါးများတံဖော့	nga: mja: dan bo.
amorce (f)	ငါးစာ	nga: za

lancer la ligne	ငါးများကြိုးပစ်သည်	nga: mja: gjou: bji' te
mordre (vt)	ကိုက်သည်	kou' de
pêche (f) (poisson capturé)	ငါးသည့်စရာ	nga: de. za. ja
trou (m) dans la glace	ရေခဲပြင်ပေါ်မှအပေါက်	jei ge: bjin bo hma. a. bau'

filet (m)	ပိုက်	pai'
barque (f)	လှေ	hlei
pêcher au filet	ပိုက်ရှသည်	pai' cha. de
jeter un filet	ပိုက်ပစ်သည်	pai' pi' te
retirer le filet	ပိုက်ဆယ်သည်	pai' hse de
tomber dans le filet	ပိုက်တိုးမိသည်	pai' tou: mi. de

baleinier (m)	ဝေလငါး	wei la. nga:
baleinière (f)	ဝေလငါးဖမ်းလှေ	wei la. nga: ban: hlei
harpon (m)	မှိန်း	hmein:

159. Les jeux. Le billard

billard (m)	ဘိလိယက်	bi li je'
salle (f) de billard	ဘိလိယက်ထိုးခန်း	bi li ja' htou: khana:
bille (f) de billard	ဘိလိယက်ဘောလုံး	bi li ja' bo loun:
empocher une bille	ကျင်းထည့်သည်	kjin: de. de
queue (f)	ကျူတံ	kju dan
poche (f)	ကျင်း	kjin:

160. Les jeux de cartes

carreau (m)	ထောင့်	htaun.
pique (m)	စပိတ်	sapei'
cœur (m)	ဟာတ်	ha'
trèfle (m)	ညှင်း	hnjin:
as (m)	တစ်ဖဲ	ti' hpe:
roi (m)	ကင်း	kin:
dame (f)	ကွင်း	kwin:
valet (m)	ဂျက်	gje'
carte (f)	ဖဲကစားသည်	hpe: ga. za de
jeu (m) de cartes	ဖဲရိုပ်များ	hpe: gje' mja:
atout (m)	ဂွက်ဖဲ	hwe' hpe:
paquet (m) de cartes	ဖဲထုပ်	hpe: dou'
point (m)	အမှတ်	ahma'
distribuer (les cartes)	ဖဲဝေသည်	hpe: wei de
battre les cartes	ကုလားဖန်ထိုးသည်	kala: ban dou de
tour (m) de jouer	ဦးဆုံးအလှည့်	u: zoun: ahle.
tricheur (m)	ဖဲလိမ်သမား	hpe: lin dha ma:

161. Le casino. La roulette

casino (m)	လောင်းကစားရုံ	laun: gaza: joun
roulette (f)	နံပါတ်လှည့်လောင်းကစား	nan ba' hle. laun: ga. za:
mise (f)	အလောင်းအစား	alaun: asa:
miser (vt)	လောင်းကြေးတင်သည်	laun: gjei: tin de
rouge (m)	အနီ	ani
noir (m)	အနက်	ane'
miser sur le rouge	အနီလောင်းသည်	ani laun: de
miser sur le noir	အနက်လောင်းသည်	ane' laun: de
croupier (m)	လောင်းကစားဒိုင်	laun: gaza: dain
faire tourner la roue	အဝိုင်းလှည့်သည်	awain: hle. de
règles (f pl) du jeu	ကစားနည်းစည်းများ	gaza: ne: zin: mjin:
fiche (f)	တိုကင်ပြား	tou gin bja:
gagner (vi, vt)	နိုင်သည်	nain de
gain (m)	အနိုင်	anain

| perdre (vi) | ရှုံးသည် | shoun: de |
| perte (f) | အရှုံး | ashoun: |

joueur (m)	ကစားသမား	gaza: dhama:
black-jack (m)	ဘလက်ဂျက်	ba. le' gje'
jeu (m) de dés	အန်စာတုံးလောင်းကစားနည်း	an za doun: laun: ga za: ne:
dés (m pl)	အန်စာတုံး	an za doun:
machine (f) à sous	ဇေးဇောင်းစက်	zei: jaun: ze'

162. Les loisirs. Les jeux

se promener (vp)	အပန်းဖြေလမ်းလျှောက်သည်	apin: hpjei lan: jau' the
promenade (f)	လမ်းလျှောက်ခြင်း	lan: shau' chin:
promenade (f) (en voiture)	အပန်းဖြေခရီး	apin: hpjei khaji:
aventure (f)	စွန့်စားမှု	sun. za: hmu.
pique-nique (m)	ပျော်ပွဲစား	pjo bwe: za:

jeu (m)	ဂိမ်း	gein:
joueur (m)	ကစားသမား	gaza: dhama:
partie (f) (~ de cartes, etc.)	ကစားပွဲ	gaza: pwe:

collectionneur (m)	စုဆောင်းသူ	su. zaun: dhu
collectionner (vt)	စုဆောင်းသည်	su. zaun: de
collection (f)	စုဆောင်းခြင်း	su. zaun: gjin:

mots (m pl) croisés	စကားလုံးဆက် ပဟေဠိ	zaga: loun: ze' bahei li.
hippodrome (m)	ပြေးလမ်း	pjei: lan:
discothèque (f)	ဒစ္စကိုကပွဲ	di' sa kou ga. bwe:

| sauna (m) | ပေါင်းခံရွှေးထုတ်ခန်း | paun: gan gjwa: dou' khan: |
| loterie (f) | ထီ | hti |

trekking (m)	အပျော်စခန်းချရီး	apjo za. khan: khja kha ni:
camp (m)	စခန်း	sakhan:
tente (f)	တဲ	te:
boussole (f)	သံလိုက်အိမ်မြှောင်	than lai' ein hmjaun
campeur (m)	စခန်းချသူ	sakhan: gja. dhu

regarder (la télé)	ကြည့်သည်	kji. de
téléspectateur (m)	ကြည့်သူ	kji. thu
émission (f) de télé	ရုပ်မြင်သံကြားအစီအစဉ်	jou' mjin dhan gja: asi asan

163. La photographie

| appareil (m) photo | ကင်မရာ | kin ma. ja |
| photo (f) | ဓာတ်ပုံ | da' poun |

photographe (m)	ဓာတ်ပုံဆရာ	da' poun za ja
studio (m) de photo	ဓာတ်ပုံရိုက်ရန်အခန်း	da' poun jai' jan akhan:
album (m) de photos	ဓာတ်ပုံအယ်လ်လာမ်	da' poun e la. ban
objectif (m)	ကင်မရာမှန်ဘီလူး	kin ma. ja hman bi lu:
téléobjectif (m)	အဝေးရှိက်သောမှန်ဘီလူး	awei: shi' tho: hman bi lu:

filtre (m)	အရောင်စစ်မှန်ပြား	ajaun za' hman bja:
lentille (f)	မှန်ဘီလူး	hman bi lu:
optique (f)	အလင်းပညာ	alin: bjin
diaphragme (m)	ကင်မရာတွင် အလင်းဝင်ပေါက်	kin ma. ja twin alin: win bau'
temps (m) de pose	အလင်းရောင်ဖွင့်ပေးချိန်	alin: jaun hpwin bei: gjein
viseur (m)	ရိုက်ကွင်းပြသည့်ကိရိယာ	jou' kwin: bja dhe. gi. ji. ja
appareil (m) photo numérique	ဒီဂျစ်တယ်ကင်မရာ	digji' te gin ma. ja
trépied (m)	သုံးချောင်းထောက်	thoun: gjaun: dau'
flash (m)	ကင်မရာသုံး လျှပ်တပြက်မီး	kin ma. ja dhoun: lja' ta. pje' mi:
photographier (vt)	ဓာတ်ပုံရိုက်သည်	da' poun jai' te
prendre en photo	ရိုက်သည်	jai' te
se faire prendre en photo	ဓာတ်ပုံရိုက်သည်	da' poun jai' te
mise (f) au point	ဆုံချက်	hsoun gje'
mettre au point	ဆုံချက်ချိန်သည်	hsoun gje' chin de
net (adj)	ထင်ရှားပြတ်သားသော	htin sha: bja' tha: de
netteté (f)	ထင်ရှားပြတ်သားမှု	htin sha: bja' tha: hmu.
contraste (m)	ခြားနားချက်	hpja: na: gje'
contrasté (adj)	မတူညီသော	ma. du nji de.
épreuve (f)	ပုံ	poun
négatif (m)	နက်ဂတစ်	ne' ga ti'
pellicule (f)	ဖလင်	hpa. lin
image (f)	ဘောင်	baun
tirer (des photos)	ပရင့်ထုတ်သည်	pa. jin. dou' te

164. La plage. La baignade

plage (f)	ကမ်းခြေ	kan: gjei
sable (m)	သဲ	the:
désert (plage ~e)	လူသူကင်းမဲ့သော	lu dhu gin: me. de.
bronzage (m)	နေကြောင့်- အသားရောင်ညိုခြင်း	nei gjaun.- atha: jaun njou gjin:
se bronzer (vp)	နေဆာလှုံသည်	nei za hloun de
bronzé (adj)	အသားညိုသော	atha: njou de.
crème (f) solaire	နေပူခံလိမ်းဆေး	nei bu gan lein: zei:
bikini (m)	ဘီကီနီ	bi ki ni
maillot (m) de bain	ရေကူးဝတ်စုံ	jei ku: wa' zoun
slip (m) de bain	ယောကျ်ားဝတ်ဘောင်းဘီတို	jau' kja: wu' baun: bi dou
piscine (f)	ရေကူးကန်	jei ku: gan
nager (vi)	ရေကူးသည်	jei ku: de
douche (f)	ရေပန်း	jei ban:
se changer (vp)	အဝတ်လဲသည်	awu' le: de
serviette (f)	တဘက်	tabe'
barque (f)	လှေ	hlei
canot (m) à moteur	မော်တော်ဘုတ်	mo to bou'

ski (m) nautique	ရေလျှာလျှောစီးအပြား	jei hlwa sho: apja:
pédalo (m)	ယက်ဘီးတပ်လေ	je' bi: da' hlei
surf (m)	ရေလျှာလှိုင်း	jei hlwa hlain:
surfeur (m)	ရေလျှာလှိုင်းစီးသူ	jei hlwa hlain: zi: dhu
scaphandre (m) autonome	စက္ကူဘာဆက်	sakuba ze'
palmes (f pl)	ခြေဘာရေယက်ပြား	jo ba jei je' pja:
masque (m)	မျက်နှာဖုံး	mje' hna boun:
plongeur (m)	ရေငုပ်သမား	jei ngou' tha ma:
plonger (vi)	ရေငုပ်သည်	jei ngou' te
sous l'eau (adv)	ရေအောက်	jei au'
parasol (m)	ကမ်းခြေထီး	kan: gjei hti:
chaise (f) longue	ပက်လက်ကုလားထိုင်	pje' le' ku. la: din
lunettes (f pl) de soleil	နေကာမျက်မှန်	nei ga mje' hman
matelas (m) pneumatique	လေထိုးအိပ်ယာ	lei dou: i' ja
jouer (s'amuser)	ကစားသည်	gaza: de
se baigner (vp)	ရေကူးသည်	jei ku: de
ballon (m) de plage	ဘောလုံး	bo loun:
gonfler (vt)	လေထိုးသည်	lei dou: de
gonflable (adj)	လေထိုးနိုင်သော	lei dou: nain de.
vague (f)	လှိုင်း	hlain:
bouée (f)	ရေကြောင်းပြဖော်ယာ	jei gjaun: bja. bo: ja
se noyer (vp)	ရေနစ်သည်	jei ni' te
sauver (vt)	ကယ်ဆယ်သည်	ke ze de
gilet (m) de sauvetage	အသက်ကယ်အကျီ	athe' kai in: gji
observer (vt)	စောင့်ကြည့်သည်	saun. gji. de
maître nageur (m)	ကယ်ဆယ်သူ	ke ze dhu

LE MATÉRIEL TECHNIQUE. LES TRANSPORTS

Le matériel technique

165. L'informatique

ordinateur (m)	ကွန်ပျူတာ	kun pju ta
PC (m) portable	လပ်တော့	la' to.
allumer (vt)	ဖွင့်သည်	hpwin. de
éteindre (vt)	ပိတ်သည်	pei' te
clavier (m)	ကီးဘုတ်	kji: bou'
touche (f)	ကီး	kji:
souris (f)	မောက်စ်	mau's
tapis (m) de souris	မောက်စ်အောက်ခံပြား	mau's au' gan bja:
bouton (m)	ခလုတ်	khalou'
curseur (m)	ညွှန်းပြား	hnjun: ma:
moniteur (m)	မော်နီတာ	mo ni ta
écran (m)	မှန်သားပြင်	hman dha: bjin
disque (m) dur	ဟွဒ်ဒစ်-အချက်အလက် သိမ်းပစ္စည်း	ha' di' akja' ale' thein: bji' si:
capacité (f) du disque dur	ဟတ်ဒစ်သိုလောင်နိုင်မှု	ha' di' thou laun nain hmu.
mémoire (f)	မှတ်ဉာဏ်	hma' njan
mémoire (f) vive	ရမ်	ran
fichier (m)	ဖိုင်	hpain
dossier (m)	စာတွဲဖိုင်	sa dwe: bain
ouvrir (vt)	ဖွင့်သည်	hpwin. de
fermer (vt)	ပိတ်သည်	pei' te
sauvegarder (vt)	သိမ်းဆည်းသည်	thain: zain: de
supprimer (vt)	ဖျက်သည်	hpje' te
copier (vt)	မိတ္တူကူးသည်	mi' tu gu: de
trier (vt)	ခွဲသည်	khwe: de
copier (vt)	ပြန်ကူးသည်	pjan gu: de
programme (m)	ပရိုဂရမ်	pa. jou ga. jan
logiciel (m)	ဆော့ဖ်ဝဲ	hso. hp we:
programmeur (m)	ပရိုဂရမ်မာ	pa. jou ga. jan ma
programmer (vt)	ပရိုဂရမ်ရေးသည်	pa. jou ga. jan jei: de
hacker (m)	ဟက်ကာ	he' ka
mot (m) de passe	စကားဝှက်	zaga: hwe'
virus (m)	ဗိုင်းရပ်စ်	bain ja's
découvrir (détecter)	ရှာဖွေသည်	sha hpwei de

bit (m)	ဘိုက်	bai'
mégabit (m)	မီဂါဘိုက်	mi ga bai'
données (f pl)	အချက်အလက်	ache' ale'
base (f) de données	ဒေတာသော့စ်	dei da bei. s
câble (m)	ကေဘယ်ကြိုး	kei be kjou:
déconnecter (vt)	ဖြုတ်သည်	hpjei: de
connecter (vt)	တပ်သည်	ta' te

166. L'Internet. Le courrier électronique

Internet (m)	အင်တာနက်	in ta na'
navigateur (m)	ဘရောက်ဆာ	ba. jau' hsa
moteur (m) de recherche	ဆော့ရှ်အင်ဂျင်	hsa, ch in gjin
fournisseur (m) d'accès	ပုံပိုးသူ	pan. bou: dhu
administrateur (m) de site	ဝတ်မာစတာ	we' sai' ma sa. ta
site (m) web	ဝတ်ဆိုက်	we' sai'
page (f) web	ဝတ်ဆိုဒ်စာမျက်နှာ	we' sai' sa mje' hna
adresse (f)	လိပ်စာ	lei' sa
carnet (m) d'adresses	လိပ်စာမှတ်စု	lei' sa hmat' su.
boîte (f) de réception	စာတိုက်ပုံး	sa dai' poun:
courrier (m)	စာ	sa
pleine (adj)	ပြည့်သော	pjei. de.
message (m)	သတင်း	dhadin:
messages (pl) entrants	အဝင်သတင်း	awin dha din:
messages (pl) sortants	အထွက်သတင်း	a htwe' tha. din:
expéditeur (m)	ပို့သူ	pou. dhu
envoyer (vt)	ပို့သည်	pou. de
envoi (m)	ပို့ခြင်း	pou. gjin:
destinataire (m)	လက်ခံသူ	le' khan dhu
recevoir (vt)	လက်ခံရရှိသည်	le' khan ja. shi. de
correspondance (f)	စာအဆက်အသွယ်	sa ahse' athwe
être en correspondance	စာပေးစာယူလုပ်သည်	sa pei: za ju lou' te
fichier (m)	ဖိုင်	hpain
télécharger (vt)	ဒေါင်းလုဒ်လုပ်သည်	daun: lo. d lou' de
créer (vt)	ဖန်တီးသည်	hpan di: de
supprimer (vt)	ဖျက်သည်	hpje' te
supprimé (adj)	ဖျက်ပြီးသော	hpje' pji: de.
connexion (f) (ADSL, etc.)	ဆက်သွယ်မှု	hse' thwe hmu.
vitesse (f)	နှုန်း	hnun:
modem (m)	မိုဒမ်	mou dan:
accès (m)	ဝင်လမ်း	win lan
port (m)	ဝိဘက်	we: be'
connexion (f) (établir la ~)	အချိတ်အဆက်	achei' ahse'

se connecter à …	ချိတ်ဆက်သည်	chei' hse' te
sélectionner (vt)	ရွေးချယ်သည်	jwei: che de
rechercher (vt)	ရှာသည်	sha de

167. L'électricité

électricité (f)	လျှပ်စစ်ဓာတ်အား	hlja' si' da' a:
électrique (adj)	လျှပ်စစ်နှင့်ဆိုင်သော	hlja' si' hnin. zain de.
centrale (f) électrique	လျှပ်စစ်ထုတ်လုပ်သောစက်ရှု	hlja' si' htou' lou' tho: ze' joun
énergie (f)	စွမ်းအင်	swan: in
énergie (f) électrique	လျှပ်စစ်စွမ်းအား	hlja' si' swan: a:

ampoule (f)	မီးသီး	mi: dhi:
torche (f)	ဓာတ်မီး	da' mi:
réverbère (m)	လမ်းမီး	lan: mi:

lumière (f)	အလင်းရောင်	alin: jaun
allumer (vt)	ဖွင့်သည်	hpwin. de
éteindre (vt)	ပိတ်သည်	pei' te
éteindre la lumière	မီးပိတ်သည်	mi: pi' te

être grillé	မီးကျွမ်းသည်	mi: kjwan: de
court-circuit (m)	လျှပ်စီးပတ်လမ်းပြတ်ခြင်း	hlja' si: ba' lan: bja' chin:
rupture (f)	ဝိုင်ယာကြိုးအပြတ်	wain ja gjou: apja'
contact (m)	လျှပ်ကူးပစ္စည်း	hlja' ku: pji' si:

interrupteur (m)	ခလုတ်	khalou'
prise (f)	ပလပ်ပေါက်	pa. la' pau'
fiche (f)	ပလပ်	pa. la'
rallonge (f)	ကြားဆက်ကြိုး	ka: ze' kjou:

fusible (m)	ဖျူးစ်	hpju: s
fil (m)	ဝိုင်ယာကြိုး	wain ja gjou:
installation (f) électrique	လျှပ်စစ်ကြိုးသွယ်တန်းမှု	hlja' si' kjou: dhwe dan: hmu

ampère (m)	အမ်ပီယာ	an bi ja
intensité (f) du courant	အသံချဲစက်	athan che. zek
volt (m)	ဗို့	boi.
tension (f)	ဗို့အား	bou. a:

| appareil (m) électrique | လျှပ်စစ်ပစ္စည်း | hlja' si' pji' si: |
| indicateur (m) | အချက်ပြ | ache' pja. |

électricien (m)	လျှပ်စစ်ပညာရှင်	hlja' si' pa. nja shin
souder (vt)	ဂဟေဆော်သည်	gahei hso de
fer (m) à souder	ဂဟေဆော်တံ	gahei hso dan
courant (m)	လျှပ်စီးကြောင်း	hlja' si: gjaun:

168. Les outils

| outil (m) | ကိရိယာ | ki. ji. ja |
| outils (m pl) | ကိရိယာများ | ki. ji. ja mja: |

équipement (m)	စက်ကိရိယာပစ္စည်းများ	se' kari. ja pji' si: mja:
marteau (m)	တူ	tu
tournevis (m)	ဝက်အူလှည့်	we' u hli.
hache (f)	ပုဆိန်	pahsein
scie (f)	လွှ	hlwa.
scier (vt)	လွှတိုက်သည်	hlwa. dai' de
rabot (m)	ရွှေပေါ်	jwei bo
raboter (vt)	ရွှေပေါ်ထိုးသည်	jwei bo dou: de
fer (m) à souder	ဂဟေဆော်တံ	gahei hso dan
souder (vt)	ဂဟေဆော်သည်	gahei hso de
lime (f)	တံစဉ်း	tan zin:
tenailles (f pl)	သံညှတ်	than hnou'
pince (f) plate	ပလာယာ	pa. la ja
ciseau (m)	ဆောက်	hsau'
foret (m)	လွန်	lun
perceuse (f)	လျှပ်စစ်လွန်	hlja' si' lun
percer (vt)	လွန်ဖြင့်ဖောက်သည်	lun bjin. bau' de
couteau (m)	ဓား	da:
canif (m)	မောင်းဂျက်ဓား	maun: gje' da:
lame (f)	ဓားသွား	da: dhwa
bien affilé (adj)	ချွန်ထက်သော	chwan de' te.
émoussé (adj)	တုံးသော	toun: dho:
s'émousser (vp)	တုံးသွားသည်	toun: dwa de
affiler (vt)	သွေးသည်	thwei: de
boulon (m)	မူလီ	mu li
écrou (m)	မူလီခေါင်း	mu li gaun:
filetage (m)	ဝက်အူရစ်	we' u ji'
vis (f) à bois	ဝက်အူ	we' u
clou (m)	အိမ်ရိုက်သံ	ein jai' than
tête (f) de clou	သံခေါင်း	than gaun:
règle (f)	ပေတံ	pei dan
mètre (m) à ruban	ပေကြိုး	pei gjou:
niveau (m) à bulle	ရေချိန်	jei gjain
loupe (f)	မှန်ဘီလူး	hman bi lu:
appareil (m) de mesure	တိုင်းသည့်ကိရိယာ	tain: dhi. ki. ji. ja
mesurer (vt)	တိုင်းသည်	tain: de
échelle (f) (~ métrique)	စကေး	sakei:
relevé (m)	ပြသောပမာဏ	pja. dho: ba ma na.
compresseur (m)	ဖိသိပ်စက်	hpi. dhi' se'
microscope (m)	အကျကြည့်ကိရိယာ	anu gji. gi. ji. ja
pompe (f)	လေထိုးစက်	lei dou: ze'
robot (m)	စက်ရုပ်	se' jou'
laser (m)	လေဆာ	lei za
clé (f) de serrage	ခွ	khwa.
ruban (m) adhésif	တိပ်	tei'

colle (f)	ကော်	ko
papier (m) d'émeri	ကော်ဖတ်စက္ကူ	ko hpa' se' ku
ressort (m)	ညွတ်သံခွေ	hnju' dhan gwei
aimant (m)	သံလိုက်	than lai'
gants (m pl)	လက်အိတ်	lei' ei'

corde (f)	ကြိုး	kjou:
cordon (m)	ကြိုးလုံး	kjou: loun:
fil (m) (~ électrique)	ဝိုင်ယာကြိုး	wain ja gjou:
câble (m)	ကေဘယ်ကြိုး	kei be kjou:

masse (f)	တူကြီး	tou gji:
pic (m)	တူးရွင်း	tu: jwin:
escabeau (m)	လှေကား	hlei ga:
échelle (f) double	ခေါက်လှေကား	khau' hlei ka:

visser (vt)	ဝက်အူကျစ်သည်	we' u gji' te
dévisser (vt)	ဝက်အူဖြုတ်သည်	we' u bju' te
serrer (vt)	ကျပ်သည်	kja' te.
coller (vt)	ကော်ကပ်သည်	ko ka' de
couper (vt)	ဖြတ်သည်	hpja' te

défaut (m)	ချွတ်ယွင်းချက်	chwe' jwin: che'
réparation (f)	ပြန်လည်ပြင်ဆင်ခြင်း	pjan le: bjin zin gjin:
réparer (vt)	ပြန်လည်ပြင်ဆင်သည်	pjan le bjin zin de
régler (vt)	ညှိသည်	hnji. de

vérifier (vt)	စစ်ဆေးသည်	si' hsei: de
vérification (f)	စစ်ဆေးခြင်း	si' hsei: gjin:
relevé (m)	ပြသောပမာဏ	pja. dho: ba ma na.

fiable (machine ~)	စိတ်ချရသော	sei' cha. ja. de.
complexe (adj)	ရှုပ်ထွေးသော	sha' htwei: de.

rouiller (vi)	သံရေးတက်သည်	than gjei: da' te
rouillé (adj)	သံရေးတက်သော	than gjei: da' te.
rouille (f)	သံရေး	than gjei:

Les transports

169. L'avion

avion (m)	လေယာဉ်	lei jan
billet (m) d'avion	လေယာဉ်လက်မှတ်	lei jan le' hma'
compagnie (f) aérienne	လေကြောင်း	lei gjaun:
aéroport (m)	လေဆိပ်	lei zi'
supersonique (adj)	အသံထက်မြန်သော	athan de' mjan de.
commandant (m) de bord	လေယာဉ်မှူး	lei jan hmu:
équipage (m)	လေယာဉ်အမှုထမ်းအဖွဲ့	lei jan ahmu. dan: ahpwe.
pilote (m)	လေယာဉ်မောင်းသူ	lei jan maun dhu
hôtesse (f) de l'air	လေယာဉ်မယ်	lei jan me
navigateur (m)	လေကြောင်းပြ	lei gjaun: bja.
ailes (f pl)	လေယာဉ်တောင်ပံ	lei jan daun ban
queue (f)	လေယာဉ်အမြီး	lei jan amji:
cabine (f)	လေယာဉ်မောင်းအခန်း	lei jan maun akhan:
moteur (m)	အင်ဂျင်	in gjin
train (m) d'atterrissage	အောက်ခံဘောင်	au' khan baun
turbine (f)	တာဘိုင်	ta bain
hélice (f)	ပန်ကာ	pan ga
boîte (f) noire	ဘလက်ဘောက်	ba. le' bo'
gouvernail (m)	ပဲ့ကိုင်ဘီး	pe. gain bi:
carburant (m)	လောင်စာ	laun za
consigne (f) de sécurité	အရေးပေါ် လုံခြုံရေး ညွှန်ကြားစာ	ajei: po' choun loun jei: hnjun gja: za
masque (m) à oxygène	အောက်ဆီဂျင်မျက်နှာဖုံး	au' hsi gjin mje' hna hpoun:
uniforme (m)	ယူနီဖောင်း	ju ni hpaun:
gilet (m) de sauvetage	အသက်ကယ်အင်္ကျီ	athe' kai in: gji
parachute (m)	လေထီး	lei di:
décollage (m)	ထွက်ခွာခြင်း	htwe' khwa gjin:
décoller (vi)	ပျံတက်သည်	pjan de' te
piste (f) de décollage	လေယာဉ်ပြေးလမ်း	lei jan bei: lan:
visibilité (f)	မြင်ကွင်း	mjin gwin:
vol (m) (~ d'oiseau)	ပျံသန်းခြင်း	pjan dan: gjin:
altitude (f)	အမြင့်	amjin.
trou (m) d'air	လေမငြိမ်အရပ်	lei ma ngjin aja'
place (f)	ထိုင်ခုံ	htain goun
écouteurs (m pl)	နားကြပ်	na: kja'
tablette (f)	ခေါက်စားပွဲ	khau' sa: bwe:
hublot (m)	လေယာဉ်ပြတင်းပေါက်	lei jan bja. din: bau'
couloir (m)	မင်းလမ်း	min: lan:

170. Le train

train (m)	ရထား	jatha:
train (m) de banlieue	လျင်စစ်ဓာတ်အားသုံးရထား	hlja' si' da' a: dhou: ja da:
TGV (m)	အမြန်ရထား	aman ja. hta:
locomotive (f) diesel	ဒီဇယ်ရထား	di ze ja da:
locomotive (f) à vapeur	ရေနွေးငွေ့စက်ခေါင်း	jei nwei: ngwei. ze' khaun:

wagon (m)	အတွဲ	atwe:
wagon-restaurant (m)	စားသောက်တွဲ	sa: thau' thwe:

rails (m pl)	ရထားသံလမ်း	jatha dhan lan:
chemin (m) de fer	ရထားလမ်း	jatha: lan:
traverse (f)	ဇလီဖားတုံး	zali ba: doun

quai (m)	စင်္ကြန်	sin gjan
voie (f)	ရထားစင်္ကြန်	jatha zin gjan
sémaphore (m)	မီးပွိုင့်	mi: bwain.
station (f)	ဘူတာရုံ	bu da joun

conducteur (m) de train	ရထားမောင်းသူ	jatha: maun: dhu
porteur (m)	အထမ်းသမား	a htan: dha. ma:
steward (m)	အစောင့်	asaun.
passager (m)	ခရီးသည်	khaji: de
contrôleur (m) de billets	လက်မှတ်စစ်ဆေးသူ	le' hma' ti' hsei: dhu:

couloir (m)	ကော်ရစ်တာ	ko ji' ta
frein (m) d'urgence	အရေးပေါ်ဘရိတ်	ajei: po' ba ji'

compartiment (m)	အခန်း	akhan:
couchette (f)	အိပ်စင်	ei' zin
couchette (f) d'en haut	အပေါ်ထပ်အိပ်စင်	apo htap ei' sin
couchette (f) d'en bas	အောက်ထပ်အိပ်စင်	au' hta' ei' sin
linge (m) de lit	အိပ်ရာခင်း	ei' ja khin:

ticket (m)	လက်မှတ်	le' hma'
horaire (m)	အချိန်ဇယား	achein zaja:
tableau (m) d'informations	အချက်အလက်ပြနေရာ	ache' ale' pja. nei ja

partir (vi)	ထွက်ခွါသည်	htwe' khwa de
départ (m) (du train)	အထွက်	a htwe'
arriver (le train)	ဆိုက်ရောက်သည်	hseu' jau' de
arrivée (f)	ဆိုက်ရောက်ရာ	hseu' jau' ja

arriver en train	မီးရထားဖြင့်ရောက်ရှိသည်	mi: ja. da: bjin. jau' shi. de
prendre le train	မီးရထားစီးသည်	mi: ja. da: zi: de
descendre du train	မီးရထားမှဆင်းသည်	mi: ja. da: hma. zin: de

accident (m) ferroviaire	ရထားတိုက်ခြင်း	jatha: dai' chin:
dérailler (vi)	ရထားလမ်းချော်သည်	jatha: lan: gjo de

locomotive (f) à vapeur	ရေနွေးငွေ့စက်ခေါင်း	jei nwei: ngwei. ze' khaun:
chauffeur (m)	မီးထိုးသမား	mi: dou: dhama:
chauffe (f)	မီးဖို	mi: bou
charbon (m)	ကျောက်မီးသွေး	kjau' mi dhwei:

171. Le bateau

bateau (m)	သင်္ဘော	thin: bo:
navire (m)	ရေယာဉ်	jei jan
bateau (m) à vapeur	မီးသင်္ဘော	mi: dha. bo:
paquebot (m)	အပျော်စီးမော်တော်ဘုတ်ငယ်	apjo zi: mo do bou' nge
bateau (m) de croisière	ပင်လယ်အပျော်စီးသင်္ဘော	pin le apjo zi: dhin: bo:
croiseur (m)	လေယာဉ်တင်သင်္ဘော	lei jan din
yacht (m)	အပျော်စီးရွက်လှေ	apjo zi: jwe' hlei
remorqueur (m)	ဆွဲသင်္ဘော	hswe: thin: bo:
péniche (f)	ဖောင်	hpaun
ferry (m)	ကူးတို့သင်္ဘော	gadou. thin: bo:
voilier (m)	ရွက်သင်္ဘော	jwe' thin: bo:
brigantin (m)	ရွက်လှေ	jwe' hlei
brise-glace (m)	ရေခဲပြင်ခွဲသင်္ဘော	jei ge: bjin gwe: dhin: bo:
sous-marin (m)	ရေငုပ်သင်္ဘော	jei ngou' thin: bo:
canot (m) à rames	လှေ	hlei
dinghy (m)	ရော်ဘာလှေ	jo ba hlei
canot (m) de sauvetage	အသက်ကယ်လှေ	athe' kai hlei
canot (m) à moteur	မော်တော်ဘုတ်	mo to bou'
capitaine (m)	ရေယာဉ်မှူး	jei jan hmu:
matelot (m)	သင်္ဘောသား	thin: bo: dha:
marin (m)	သင်္ဘောသား	thin: bo: dha:
équipage (m)	သင်္ဘောအမှုထမ်းအဖွဲ့	thin: bo: ahmu. htan: ahpwe.
maître (m) d'équipage	ရေတပ်အရာရှိငယ်	jei da' aja shi. nge
mousse (m)	သင်္ဘောသားကလေး	thin: bo: dha: galei:
cuisinier (m) du bord	ထမင်းချက်	htamin: gje'
médecin (m) de bord	သင်္ဘောဆရာဝန်	thin: bo: zaja wun
pont (m)	သင်္ဘောကုန်းပတ်	thin: bo: koun: ba'
mât (m)	ရွက်တိုင်	jwe' tai'
voile (f)	ရွက်	jwe'
cale (f)	ဝမ်းတွင်း	wan: twin:
proue (f)	ဦးစွန်း	u: zun:
poupe (f)	ပဲ့ပိုင်း	pe. bain:
rame (f)	လှော်တက်	hlo de'
hélice (f)	သင်္ဘောပန်ကာ	thin: bo: ban ga
cabine (f)	သင်္ဘောပေါ်မှအခန်း	thin: bo: bo hma. aksan:
carré (m) des officiers	အရာရှိများရိပ်သာ	aja shi. mja: jin dha
salle (f) des machines	စက်ခန်း	se' khan:
passerelle (f)	ကွပ်ကဲခန်း	ku' ke: khan:
cabine (f) de T.S.F.	ရေဒီယိုခန်း	rei di jou gan:
onde (f)	လှိုင်း	hlain:
journal (m) de bord	မှတ်တမ်းစာအုပ်	hma' tan: za ou'
longue-vue (f)	အဝေးကြည့်မှန်ပြောင်း	awei: gji. hman bjaun:
cloche (f)	ခေါင်းလောင်း	gaun: laun:

pavillon (m)	အလံ	alan
grosse corde (f) tressée	သင်္ဘောသုံးလွန်ကြိုး	thin: bo: dhaun: lun gjou:
nœud (m) marin	ကြိုးထုံး	kjou: htoun:
rampe (f)	လက်ရန်း	le' jan
passerelle (f)	သင်္ဘောကုန်းပေါင်	thin: bo: koun: baun
ancre (f)	ကျောက်ဆူး	kjau' hsu:
lever l'ancre	ကျောက်ဆူးနုတ်သည်	kjau' hsu: nou' te
jeter l'ancre	ကျောက်ချသည်	kjau' cha. de
chaîne (f) d'ancrage	ကျောက်ဆူးကြိုး	kjau' hsu: kjou:
port (m)	ဆိပ်ကမ်း	hsi' kan:
embarcadère (m)	သင်္ဘောဆိပ်	thin: bo: zei'
accoster (vi)	ဆိုက်ကပ်သည်	hseu' ka' de
larguer les amarres	စွန့်ပစ်သည်	sun. bi' de
voyage (m) (à l'étranger)	ခရီးထွက်ခြင်း	khaji: htwe' chin:
croisière (f)	အပျော်ခရီး	apjo gaji:
cap (m) (suivre un ~)	ဦးတည်ရာ	u: ti ja
itinéraire (m)	လမ်းကြောင်း	lan: gjaun:
chenal (m)	သင်္ဘောရေကြောင်း	thin: bo: jei gjaun:
bas-fond (m)	ရေတိမ်ပိုင်း	jei dein bain:
échouer sur un bas-fond	ကမ်းကပ်သည်	kan ka' te
tempête (f)	မုန်တိုင်း	moun dain:
signal (m)	အချက်ပြ	ache' pja.
sombrer (vi)	နစ်မြုပ်သည်	ni' mjou' te
Un homme à la mer!	လူရေထဲကျ	lu jei de: gja
SOS (m)	အက်စ်အိုအက်စ်	e's o e's
bouée (f) de sauvetage	အသက်ကယ်ဘော	athe' kai bo

172. L'aéroport

aéroport (m)	လေဆိပ်	lei zi'
avion (m)	လေယာဉ်	lei jan
compagnie (f) aérienne	လေကြောင်း	lei gjaun:
contrôleur (m) aérien	လေကြောင်းထိန်း	lei kjaun: din:
départ (m)	ထွက်ခွာရာ	htwe' khwa ja
arrivée (f)	ဆိုက်ရောက်ရာ	hseu' jau' ja
arriver (par avion)	ဆိုက်ရောက်သည်	hsai' jau' te
temps (m) de départ	ထွက်ခွာချိန်	htwe' khwa gjein
temps (m) d'arrivée	ဆိုက်ရောက်ချိန်	hseu' jau' chein
être retardé	နောက်ကျသည်	nau' kja. de
retard (m) de l'avion	လေယာဉ်နောက်ကျခြင်း	lei jan nau' kja. chin:
tableau (m) d'informations	လေယာဉ်ခရီးစဉ်ပြဘုတ်	lei jan ga. ji: zi bja. bou'
information (f)	သတင်းအချက်အလက်	dhadin: akje' ale'
annoncer (vt)	ကြေငြာသည်	kjei nja de
vol (m)	ပျံသန်းမှု	pjan dan: hmu.

| douane (f) | အကောက်ခိုင် | akau' hsein |
| douanier (m) | အကောက်ခွန်အရာရှိ | akau' khun aja shi. |

déclaration (f) de douane	အကောက်ခွန်ကြေညာချက်	akau' khun gjei nja gje'
remplir (vt)	လျှောက်လွှာဖြည့်သည်	shau' hlwa bji. de
remplir la déclaration	သယ်ယူပစ္စည်းစာရင်းကြေညာသည်	the ju pji' si: zajin: kjei nja de
contrôle (m) de passeport	ပတ်စ်ပို့ထိန်းချုပ်မှု	pa's pou. htein: gju' hmu.

bagage (m)	ဝန်စည်စလည်	wun zi za. li
bagage (m) à main	လက်ဆွဲပစ္စည်း	le' swe: pji' si:
chariot (m)	ပစ္စည်းတင်သည့်လှည်း	pji' si: din dhe. hle:

atterrissage (m)	ဆင်းသက်ခြင်း	hsin: dha' chin:
piste (f) d'atterrissage	အဆင်းလမ်း	ahsin: lan:
atterrir (vi)	ဆင်းသက်သည်	hsin: dha' te
escalier (m) d'avion	လေယာဉ်လှေကား	lei jan hlei ka:

enregistrement (m)	စာရင်းသွင်းခြင်း	sajin: dhwin: gjin:
comptoir (m) d'enregistrement	စာရင်းသွင်းကောင်တာ	sajin: gaun da
s'enregistrer (vp)	စာရင်းသွင်းသည်	sajin: dhwin: de
carte (f) d'embarquement	လေယာဉ်ပေါ်တက်ခွင့်လက်မှတ်	lei jan bo de' khwin. le' hma'
porte (f) d'embarquement	လေယာဉ်ထွက်ရွှာရာဂိတ်	lei jan dwe' khwa ja gei'

transit (m)	အကူးအပြောင်း	aku: apjaun:
attendre (vt)	စောင့်သည်	saun. de
salle (f) d'attente	ထွက်ရွှာခန်းမ	htwe' kha ja gan: ma.
raccompagner (à l'aéroport, etc.)	လိုက်ပို့သည်	lai' bou. de
dire au revoir	နှုတ်ဆက်သည်	hnou' hsei' te

173. Le vélo. La moto

vélo (m)	စက်ဘီး	se' bi:
scooter (m)	ဆိုင်ကယ်အပေါ့စား	hsain ge apau. za:
moto (f)	ဆိုင်ကယ်	hsain ge

faire du vélo	စက်ဘီးစီးသည်	se' bi: zi: de
guidon (m)	လက်ကိုင်	le' kain
pédale (f)	ခြေနင်း	chei nin:
freins (m pl)	ဘရိတ်	ba. rei'
selle (f)	စက်ဘီးထိုင်ခုံ	se' bi: dai' goun

pompe (f)	လေထိုးတံ	lei dou: tan
porte-bagages (m)	နောက်တွဲထိုင်ခုံ	nau' twe: dain goun
phare (m)	ရှေ့မီး	shei. mi:
casque (m)	ဟဲလ်မက်ဦးထုပ်	he: l me u: htou'

roue (f)	ဘီး	bi:
garde-boue (m)	ဘီးကာ	bi: ga
jante (f)	ခွေ	khwei
rayon (m)	စပုတ်တံ	sapou' tan

La voiture

Français	Birman	Prononciation
automobile (f)	ကား	ka:
voiture (f) de sport	ပြိုင်ကား	pjain ga:
limousine (f)	အလွဦးဖိမ်ခံကား	ahla. zi: zin khan ka:
tout-terrain (m)	လမ်းကြမ်းမောင်းကား	lan: kjan: maun: ka:
cabriolet (m)	အမိုးခေါက်ကား	amou: gau' ka:
minibus (m)	မိနိဘတ်စ်	mi ni ba's
ambulance (f)	လူနာတင်ကား	lu na din ga:
chasse-neige (m)	နင်းကောက်ကား	hnin: go: ga:
camion (m)	ကုန်တင်ကား	koun din ka:
camion-citerne (m)	ရေတင်ကား	jei din ga:
fourgon (m)	ပစ္စည်းတင်ဗင်ကား	pji' si: din bin ga:
tracteur (m) routier	နောက်တွဲပါကုန်တင်ယာဉ်	nau' twe: ba goun din jan
remorque (f)	နောက်တွဲယာဉ်	nau' twe: jan
confortable (adj)	သက်တောင့်သက်သာဖြစ်သော	the' taun. the' tha hpji' te.
d'occasion (adj)	တစ်ပတ်ရစ်	ti' pa' ji'

Français	Birman	Prononciation
capot (m)	စက်ခေါင်းအဖုံး	se' khaun: ahpoun:
aile (f)	ရွှ.ကာ	shwan. ga
toit (m)	ကားခေါင်မိုး	ka: gaun mou:
pare-brise (m)	လေကာမှန်	lei ga hman
rétroviseur (m)	နောက်ကြည့်မှန်	nau' kje. hman
lave-glace (m)	လေကာမှန်ဝါရှာ	lei ga hman wa sha
essuie-glace (m)	လေကာမှန်ရေသုတ်တံ	lei ga hman jei thou' tan
fenêtre (f) latéral	ဘေးတံခါးမှန်	bei: dan ga: hman
lève-glace (m)	တံခါးလှလုတ်	daga: kha lou'
antenne (f)	အင်တန်နာတိုင်	in tan na tain
toit (m) ouvrant	နေကာမှန်	nei ga hman
pare-chocs (m)	ကားဘန်ပါ	ka: ban ba
coffre (m)	ပစ္စည်းခန်း	pji' si: khan:
galerie (f) de toit	ခေါင်မိုးပစ္စည်းတင်စင်	gaun mou: pji' si: din zin
portière (f)	တံခါး	daga:
poignée (f)	တံခါးလက်ကိုင်	daga: le' kain
serrure (f)	တံခါးသော့	daga: dho.
plaque (f) d'immatriculation	လိုင်စင်ပြား	lain zin bja:
silencieux (m)	အသံထိန်းကိရိယာ	athan dein: gi. ji. ja

| réservoir (m) d'essence | ဆီတိုင်ကီ | hsi dain gi |
| pot (m) d'échappement | အိတ်ဇော | ei' zo: |

accélérateur (m)	လီဘာ	li ba
pédale (f)	ခြေနင်း	chei nin:
pédale (f) d'accélérateur	လီဘာနင်းပြား	li ba nin: bja

frein (m)	ဘရိတ်	ba. rei'
pédale (f) de frein	ဘရိတ်နင်ပြား	ba. rei' nin bja:
freiner (vi)	ဘရိတ်အုပ်သည်	ba. rei' au' te
frein (m) à main	ပါကင်ဘရိတ်	pa gin ba. jei'

embrayage (m)	ကလပ်	kala'
pédale (f) d'embrayage	ခြေနင်းကလပ်	chei nin: gala'
disque (m) d'embrayage	ကလပ်ပြား	kala' pja:
amortisseur (m)	ရှော့အစ်ဆော်ဘာ	sho.kh a' hso ba

roue (f)	ဘီး	bi:
roue (f) de rechange	အပိုတာယာ	apou daja
pneu (m)	တာယာ	ta ja
enjoliveur (m)	ဘီးဖုံး	bi: boun:

roues (f pl) motrices	တွန်းအားပေးသောဘီးများ	tun: a: bei: do: bi: mja:
à traction avant	ရှေ့ဘီးအုံ	shei. bi: oun
à traction arrière	ဝင်ရိုးအုံ	win jou: oun
à traction intégrale	အောဝီးလံဒရှိက်ဘီးအုံ	o: wi: l da. shik bi: oun

boîte (f) de vitesses	ဂီယာဘောက်	gi ja bau'
automatique (adj)	အလိုအလျာက်ဖြစ်သော	alou aljau' hpji' te.
mécanique (adj)	စက်နှင့်ဆိုင်သော	se' hnin. zain de.
levier (m) de vitesse	ဂီယာတံ	gi ja dan

| phare (m) | ရှေ့မီး | shei. mi: |
| feux (m pl) | ရှေ့မီးများ | shei. mi: mja: |

feux (m pl) de croisement	အောက်မီး	au' mi:
feux (m pl) de route	အဝေးမီး	awei: mi:
feux (m pl) stop	ဘရိတ်မီး	ba. rei' mi:

feux (m pl) de position	ပါကင်မီး	pa gin mi:
feux (m pl) de détresse	အရေးပေါ်အချက်ပြမီး	ajei: po' che' pja. mi:
feux (m pl) de brouillard	မြူနှင်းအလင်းဖေါက်မီး	hmju hnin: alin: bau' mi:
clignotant (m)	အကွေ့အချက်ပြမီး	akwei. ache' pja. mi:
feux (m pl) de recul	နောက်ဘက်အချက်ပြမီး	nau' be' ache' pja. mi:

176. La voiture. L'habitacle

habitacle (m)	အတွင်းပိုင်း	atwin: bain:
en cuir (adj)	သားရေနှင့်လုပ်ထားသော	tha: jei hnin. lou' hta: de.
en velours (adj)	ကတ္တီပါအထူစား	gadi ba ahtu za:
revêtement (m)	ကူရှင်	ku shin

| instrument (m) | စံပမာဏတိုင်းကိရိယာ | ɛan bamaṇa dain: gi ji ja |
| tableau (m) de bord | ဒက်ရှ်ဘုတ် | de' sh bou' |

indicateur (m) de vitesse	ကားအရှိန်တိုင်းကိရိယာ	ka: ashein dain: ki. ja. ja
aiguille (f)	လက်တံ	le' tan

compteur (m) de kilomètres	ခရီးဝိုင်တိုင်းကိရိယာ	khaji: main dain: ki. ji. ja
indicateur (m)	နိုင်ရွက်	dain gwa'
niveau (m)	ရေရှိန်	jei gjain
témoin (m)	သတိပေးမီး	dhadi. pei: mi:

volant (m)	လက်ကိုင်ဘီး	le' kain bi:
klaxon (m)	ဟွန်း	hwun:
bouton (m)	ခလုတ်	khalou'
interrupteur (m)	ခလုတ်	khalou'

siège (m)	ထိုင်ခုံ	htain goun
dossier (m)	နောက်မှီ	nau' mi
appui-tête (m)	ခေါင်းမှီ	gaun: hmi
ceinture (f) de sécurité	ထိုင်ခုံခါးပတ်	htain goun ga: pa'
mettre la ceinture	ထိုင်ခုံခါးပတ်ပတ်သည်	htain goun ga: pa' pa' te
réglage (m)	ချိန်ညှိခြင်း	chein hnji. chin:

airbag (m)	လေအိတ်	lei i'
climatiseur (m)	လေအေးပေးစက်	lei ei: bei: ze'

radio (f)	ရေဒီယို	rei di jou
lecteur (m) de CD	စီဒီပလေယာ	si di ba. lei ja
allumer (vt)	ဖွင့်သည်	hpwin. de
antenne (f)	အင်တန်နာတိုင်	in tan na tain
boîte (f) à gants	ပစ္စည်းသည့်ရန်အံဆဲ	pji' si: de. jan an ze:
cendrier (m)	ဆေးလိပ်ပြာခွက်	hsei: lei' pja gwe'

177. La voiture. Le moteur

moteur (m)	အင်ဂျင်	in gjin
diesel (adj)	ဒီဇယ်	di ze
à essence (adj)	ဓါတ်ဆီ	da' hsi

capacité (f) du moteur	အင်ဂျင်ထုထည်	in gjin htu. hte
puissance (f)	စွမ်းအား	swan: a:
cheval-vapeur (m)	မြင်းကောင်ရေအား	mjin: gaun jei a:
piston (m)	ပစ္စတင်	pji' sa. tin
cylindre (m)	ဆလင်ဒါ	hsa. lin da
soupape (f)	အဆို့ရှင်	ahsou. shin

injecteur (m)	ထိုးတံ	htou: dan
générateur (m)	ဂျင်နရေတာ	gjin na. jei ta
carburateur (m)	ကာဗရက်တာ	ka ba. je' ta
huile (f) moteur	စက်ဆီ	se' hsi

radiateur (m)	ရေတိုင်ကီ	jei dain gi
liquide (m) de refroidissement	အင်ဂျင်အေးစေ	in gjin ei: zei
	သည့်အရည်-ကူးလန့်	dhi. aji - ku: lan.
ventilateur (m)	အအေးပေးပန်ကာ	aei: bei: ban ga
batterie (f)	ဘတ်ထရီ	ba' hta ji
starter (m)	စက်နှိုးကိရိယာ	se' hnou: ki. ji. ja

| allumage (m) | မီးပေးအပိုင်း | mi: bei: apain: |
| bougie (f) d'allumage | မီးပွားပလလတ် | mi: bwa: ba. la' |

borne (f)	ဘက်ထရီထိပ်စွန်း	be' hta. ji htei' swan:
borne (f) positive	ဘက်ထရီအဖိုစွန်း	be' hta. ji ahpou zwan:
borne (f) négative	ဘက်ထရီအမစွန်း	be' hta. ji ama. zwan:
fusible (m)	ဖျူစ်	hpju: s

filtre (m) à air	လေစစ်ကိရိယာ	lei zi' ki. ji. ja
filtre (m) à huile	ဆီစစ်ကိရိယာ	hsi za' ki. ji. ja
filtre (m) à essence	လောင်စာဆီစစ်ကိရိယာ	laun za hsi zi' ki. ji. ja

178. La voiture. La réparation

accident (m) de voiture	ကားတိုက်ခြင်း	ka: dou' chin:
accident (m) de route	မတော်တဆယာဉ်တိုက်မှု	ma. do da. za. jan dai' hmu.
percuter contre …	ဝင်တိုက်သည်	win dai' te
s'écraser (vp)	အရှိန်ပြင်းစွာတိုက်မိသည်	ashein bjin: zwa daik mi. de
dégât (m)	အပျက်အစီး	apje' asi:
intact (adj)	မရျွတ်ယွင်းသော	ma gjwe' jwin: de.

panne (f)	စက်ချွတ်ယွင်းခြင်း	se' chu' jwin: gjin:
tomber en panne	စက်ချွတ်ယွင်းသည်	se' chu' jwin: de
corde (f) de remorquage	လွန်ကြိုးကြီး	lun gjou: gji:

crevaison (f)	ဘီးပေါက်ခြင်း	bi: bau' chin:
crever (vi) (pneu)	ပြားကပ်သွားသည်	pja: ga' thwa: de
gonfler (vt)	လေထိုးသည်	lei dou: de
pression (f)	ဖိအား	hpi. a:
vérifier (vt)	စစ်ဆေးသည်	si' hsei: de

réparation (f)	ပြင်ခြင်း	pjin gjin:
garage (m) (atelier)	ကားပြင်ဆိုင်	ka: bjin zain
pièce (f) détachée	စက်အပိုပစ္စည်း	se' apou pji' si:
pièce (f)	အစိတ်အပိုင်း	asei' apain:

boulon (m)	မူလီ	mu li
vis (f)	ဝက်အူ	we' u
écrou (m)	မူလီခေါင်း	mu li gaun:
rondelle (f)	ဝါရှာ	wa sha
palier (m)	ဘယ်ယာရင်	be ja jin

tuyau (m)	ပိုက်	pai'
joint (m)	ဆက်ရာကိုဖုံးသည့်ကွင်း	hse' ja gou boun: dhe. gwin:
fil (m)	ဝိုင်ယာကြိုး	wain ja gjou:

cric (m)	ဂျက်	gjou'
clé (f) de serrage	ခွ	khwa.
marteau (m)	တူ	tu
pompe (f)	လေထိုးစက်	lei dou: ze'
tournevis (m)	ဝက်အူလှည့်	we' u hli.

| extincteur (m) | မီးသတ်ဘူး | mi: tha' bu: |
| triangle (m) de signalisation | ရင်သတိပေးသော အမှတ်အသား | ja' thati bei: de. ahma' atha: |

caler (vi)	စက် ရှပ်တရှပ်သေသသည်	se' jou' taja' dhei de
calage (m)	အင်ဂျင်စက် သေသွားရြင်း	in gjin sek thei thwa: gjin:
être en panne	ကျိုးသွားသည်	kjou: dhwa: de

surchauffer (vi)	စက်အရမ်းပူသွားသည်	se' ajan: bu dhwa: de
se boucher (vp)	တစ်ဆို့သည်	ti' hsou. de
geler (vi)	အေးအောင်လုပ်သည်	ei: aun lou' te
éclater (tuyau, etc.)	ကျိုးပေါက်သည်	kjou: bau' te

pression (f)	ဖိအား	hpi. a:
niveau (m)	ရေရှိန်	jei gjain
lâche (courroie ~)	လျော့တိလျော့ရဲဖြစ်သော	ljau. di. ljau. je: hpji' de

fosse (f)	အရှိုင့်	achoun.
bruit (m) anormal	ခေါက်သံ	khau' dhan
fissure (f)	အက်ကြောင်း	e' kjaun:
égratignure (f)	ခြစ်ရာ	chi' ja

179. La voiture. La route

route (f)	လမ်း	lan:
grande route (autoroute)	အဝေးပြေးလမ်းမကြီး	awei: bjei: lan: ma. gji:
autoroute (f)	အမြန်လမ်းမကြီး	aman lan: ma. mji:
direction (f)	ဦးတည်ရာ	u: te ja
distance (f)	အကွာအဝေး	akwa awei:

pont (m)	တံတား	dada:
parking (m)	ကားပါကင်	ka: pa kin
place (f)	ရင်ပြင်	jin bjin
échangeur (m)	အဝေးပြေးလမ်းမ	awei: bjei: lan: ma.
	ကြီးများဆုံရာ	gji: mja: zoun ja
tunnel (m)	ဥမင်လိုက်ခေါင်း	u. min lain gaun:

station-service (f)	ဆီဆိုင်	hsi: zain
parking (m)	ကားပါကင်	ka: pa kin
poste (m) d'essence	ဆီဝိုက်	hsi pou'
garage (m) (atelier)	ကားပြင်ဆိုင်	ka: bjin zain
se ravitailler (vp)	ဓါတ်ဆီထည့်သည်	da' hsi de. de
carburant (m)	လောင်စာ	laun za
jerrycan (m)	ဓာတ်ဆီပုံး	da' hsi boun:

asphalte (m)	နိုင်လွန်ကတ္တရာ	nain lun ga' taja
marquage (m)	လမ်းအမှတ်အသား	lan: ahma' atha:
bordure (f)	ပလက်ဖောင်းကောင်	pa. je' hpaun: baun:
barrière (f) de sécurité	လမ်းဘေးအရံအတား	lan: bei: ajan ata:
fossé (m)	လမ်းဘေးမြောင်း	lan: bei: mjaun:
bas-côté (m)	လမ်းဘေးမြေသား	lan: bei: mjei dha:
réverbère (m)	တိုင်	tain

conduire (une voiture)	မောင်းနှင်သည်	maun: hnin de
tourner (~ à gauche)	ကွေ့သည်	kwei. de
faire un demi-tour	ကွေ့သည်	kwei. de
marche (f) arrière	နောက်ပြန်	nau' pjan
klaxonner (vi)	ဟွန်းတီးသည်	hwun: di: de

coup (m) de klaxon	ဟွန်း	hwun:
s'embourber (vp)	နစ်သည်	ni' te
déraper (vi)	ဘီးလည်စေသည်	bi: le zei de
couper (le moteur)	ရပ်သည်	ja' te
vitesse (f)	နှုန်း	hnun:
dépasser la vitesse	သတ်မှတ်နှုန်းထက် ပိုမောင်းသည်	tha' hma' hnoun: de' pou maun: de
mettre une amende	ဒဏ်ရိုက်သည်	dan jai' de
feux (m pl) de circulation	မီးပွိုင့်	mi: bwain.
permis (m) de conduire	ကားလိုင်စင်	ka: lain zin
passage (m) à niveau	ရထားလမ်းကူး	jatha: lan: gu:
carrefour (m)	လမ်းဆုံ	lan: zoun
passage (m) piéton	လူကူးမျဉ်းကြား	lu gu: mji: gja:
virage (m)	လမ်းချိုး	lan: gjou:
zone (f) piétonne	လမ်းသွားလမ်းလာနေရာ	lan: dhwa: lan: la nei ja

180. Les panneaux de signalisation

code (m) de la route	လမ်းစည်းကမ်း	lan: ze: kan:
signe (m)	မီးပွိုင့်ဆိုင်ရာ ဆိုင်းဘုတ်များ	mi: bwain. zain ja zain: bou' mja:
dépassement (m)	ကျော်တက်ခြင်း	kjo de' chin:
virage (m)	လမ်းအကွေ	lan: akwei.
demi-tour (m)	ပစောက်ကွေ	pa. zau' kwei.
sens (m) giratoire	မီးပွိုင့်အဝိုင်းပတ်	mi: bwain. awain: ba'
sens interdit	လမ်းထဲ မဝင်ရ	lan: de: ma. win ja.
circulation interdite	ယာဉ်မဝင်ရအမှတ်အသား	jin ma. win ja. ahma' atha:
interdiction de dépasser	ကျော်မတက်ရ အမှတ်အသား	kjo ma. de ja. ahma' atha:
stationnement interdit	ကားရပ်နားခြင်းမပြုရ	ka: ja' na gjin: ma. pju ja
arrêt interdit	ကားမရပ်ရ	ka: ma. ja' ja
virage dangereux	အန္တရာယ်ကွေ့	an dare gwei.
descente dangereuse	ဆင်ခြေလျှောမတ်စောက်လမ်း	hsin gjei sho: ma' sau' lan:
sens unique	တစ်လမ်းသွား	ti' lan: dhwa:
passage (m) piéton	လူကူးမျဉ်းကြား	lu gu: mji: gja:
chaussée glissante	ချော်နေသောလမ်း	cho nei dho: lan:
cédez le passage	တဖက်ကားကိုဦးစားပေးပါ	tahpa' ka: gou u: za: bei: ba

LES GENS. LES ÉVÉNEMENTS

Les grands événements de la vie

fête (f)	ပျော်ပွဲရွှင်ပွဲ	pjo bwe: shin bwe:
fête (f) nationale	အမျိုးသားနေ့	amjou: dha: nei.
jour (m) férié	ပွဲတော်ရက်	pwe: do je'
fêter (vt)	အထိမ်းအမှတ်အဖြစ်ကျင်း ပသည်	a htin: ahma' ahpja' kjin: ba. de

événement (m) (~ du jour)	အဖြစ်အပျက်	a hpji' apje'
événement (m) (soirée, etc.)	အစီအစဉ်	asi asin
banquet (m)	ဂုဏ်ပြုစားပွဲ	goun bju za: bwe:
réception (f)	ညွှေ့ကြိုနေရာ	e. gjou nei ja
festin (m)	စားသောက်ညွှေ့ခံပွဲ	sa: thau' e. gan bwe:

anniversaire (m)	နှစ်ပတ်လည်	hni' ba' le
jubilé (m)	ရတု	jadu.
célébrer (vt)	ကျင်းပသည်	kjin: ba. de

Nouvel An (m)	နှစ်သစ်ကူး	hni' thi' ku:
Bonne année!	ပျော်ရွှင်ဖွယ်နှစ်သစ်ကူး ဖြစ်ပါစေ	pjo shin bwe: hni' ku: hpji' ba zei
Père Noël (m)	ခရစ္စမတ်ဘိုးဘိုး	khari' sa. ma' bou: bou:

Noël (m)	ခရစ္စမတ်ပွဲတော်	khari' sa. ma' pwe: do
Joyeux Noël!	မယ်ရီခရစ္စမတ်	me ji kha. ji' sa. ma'
arbre (m) de Noël	ခရစ္စမတ်သစ်ပင်	khari' sa. ma' thi' pin
feux (m pl) d'artifice	မီးရှူးမီးပန်း	mi: shu: mi: ban:

mariage (m)	မင်္ဂလာဆောင်ပွဲ	min ga. la zaun bwe:
fiancé (m)	သတို့သား	dhadou. tha:
fiancée (f)	သတို့သမီး	dhadou. thami:

inviter (vt)	ဖိတ်သည်	hpi' de
lettre (f) d'invitation	ဖိတ်စာကဒ်	hpi' sa ka'

invité (m)	ဧည့်သည်	e. dhe
visiter (~ les amis)	အိမ်လည်သွားသည်	ein le dhwa: de
accueillir les invités	ဧည့်သည်ကြိုဆိုသည်	e. dhe gjou zou de

cadeau (m)	လက်ဆောင်	le' hsaun
offrir (un cadeau)	ပေးသည်	pei: de
recevoir des cadeaux	လက်ဆောင်ရသည်	le' hsaun ja. de
bouquet (m)	ပန်းစည်း	pan: ze:
félicitations (f pl)	ဂုဏ်ပြုခြင်း	goun bju chin:
féliciter (vt)	ဂုဏ်ပြုသည်	goun bju de

carte (f) de veux	ဂုဏ်ပြုကဒ်	goun bju ka'
envoyer une carte	ပို့ကဒ်ပေးသည်	pou. s ka' pei: de
recevoir une carte	ပို့ဂ်ကဒ်လက်ခံရရှိသည်	pou. s ka' le' khan ja. shi. de

toast (m)	ဆုတောင်းဂုဏ်ပြုခြင်း	hsu. daun: goun pju. gjin:
offrir (un verre, etc.)	ကျေးသည်	kjwei: de
champagne (m)	ရှန်ပိန်	shan pein

s'amuser (vp)	ပျော်ရွှင်သည်	pjo shwin de
gaieté (f)	ပျော်ရွှင်မှု	pjo shwin hmu
joie (f) (émotion)	ပျော်ရွှင်ခြင်း	pjo shwin gjin:

| danse (f) | အက | aka. |
| danser (vi, vt) | ကသည် | ka de |

| valse (f) | ဝေါ့ဇ်အက | wo. z aka. |
| tango (m) | တန်ဂိုအက | tan gou aka. |

182. L'enterrement. Le deuil

cimetière (m)	သင်္ချိုင်း	thin gjain:
tombe (f)	အုတ်ဂူ	ou' gu
croix (f)	လက်ဝါးကပ်တိုင်အမှတ်အသား	le' wa: ka' tain ahma' atha:
pierre (f) tombale	အုတ်ဂူကျောက်တုံး	ou' gu kjau' toun.
clôture (f)	ခြံစည်းရိုး	chan zi: jou:
chapelle (f)	ဝတ်ပြုဆုတောင်းရာနေရာ	wa' pju. u. daun: ja nei ja

mort (f)	သေခြင်းတရား	thei gjin: daja:
mourir (vi)	ကွယ်လွန်သည်	kwe lun de
défunt (m)	ကွယ်လွန်သူ	kwe lun dhu
deuil (m)	ဝမ်းနည်းကြေကွဲခြင်း	wan: ne: gjei gwe gjin:

enterrer (vt)	မြေမြှုပ်သင်္ဂြိုဟ်သည်	mjei hmjou' dha. gjoun de
maison (f) funéraire	အသုဘရှုံ့နေရာ	athu. ba. shu. jan nei ja
enterrement (m)	ဈာပန	za ba. na.
couronne (f)	ပန်းခွေ	pan gwei
cercueil (m)	ခေါင်း	gaun:
corbillard (m)	နိဗ္ဗာန်ယာဉ်	nei' ban jan
linceul (m)	လူသေပတ်သည့်အဝတ်စ	lu dhei ba' the. awa' za.

cortège (m) funèbre	အသုဘယာဉ်တန်း	athu. ba. in dan:
urne (f) funéraire	အရိုးပြာအိုး	ajain: bja ou:
crématoire (m)	မီးသင်္ဂြိုလ်ရုံ	mi: dha. gjoun joun

nécrologue (m)	နာရေးသတင်း	na jei: dha. din:
pleurer (vi)	ငိုသည်	ngou de
sangloter (vi)	ရှိုက်ငိုသည်	shai' ngou de

183. La guerre. Les soldats

| section (f) | တပ်စု | ta' su. |
| compagnie (f) | တပ်ခွဲ | ta' khwe: |

régiment (m)	တပ်ရင်း	ta' jin:
armée (f)	တပ်မတော်	ta' mado
division (f)	တိုင်းအဆင့်	tain: ahsin.

détachement (m)	အထူးစစ်သားအဖွဲ့ငယ်	a htu: za' tha: ahpwe. nge
armée (f) (Moyen Âge)	စစ်တပ်ဖွဲ့	si' ta' hpwe.

soldat (m) (un militaire)	စစ်သား	si' tha:
officier (m)	အရာရှိ	aja shi.

soldat (m) (grade)	တပ်သား	ta' tha:
sergent (m)	တပ်ကြပ်ကြီး	ta' kja' kji:
lieutenant (m)	ဗိုလ်	bou
capitaine (m)	ဗိုလ်ကြီး	bou gji
commandant (m)	ဗိုလ်မှူး	bou hmu:
colonel (m)	ဗိုလ်မှူးကြီး	bou hmu: gji:
général (m)	ဗိုလ်ချုပ်	bou gjou'

marin (m)	ရေတပ်သား	jei da' tha:
capitaine (m)	ဗိုလ်ကြီး	bou gji
maître (m) d'équipage	သင်္ဘောအရာရှိငယ်	thin: bo: aja shi. nge

artilleur (m)	အမြောက်တပ်သား	amjau' thin de.
parachutiste (m)	လေထီးခုန်စစ်သား	lei di: goun zi' tha:
pilote (m)	လေယာဉ်မှူး	lei jan hmu:
navigateur (m)	လေကြောင်းပြ	lei gjaun: bja.
mécanicien (m)	စက်ပြင်ဆရာ	se' pjin zaja
démineur (m)	မိုင်းရှင်းသူ	main: shin: dhu
parachutiste (m)	လေထီးခုန်သူ	lei di: goun dhu
éclaireur (m)	ကင်းထောက်	kin: dau'
tireur (m) d'élite	လက်ဖြောင့်စစ်သား	le' hpaun. zi' tha:

patrouille (f)	လှည့်ကင်း	hle. kin:
patrouiller (vi)	ကင်းလှည့်သည်	kin: hle. de
sentinelle (f)	ကင်းသမား	kin: dhama:

guerrier (m)	စစ်သည်	si' te
patriote (m)	မျိုးချစ်သူ	mjou: gji dhu
héros (m)	သူရဲကောင်း	thu je: kaun:
héroïne (f)	အမျိုးသမီးလု	amjou: dhami: lu
	စွမ်းကောင်း	swan: gaun:

traître (m)	သစ္စာဖောက်	thi' sabau'
trahir (vt)	သစ္စာဖောက်သည်	thi' sabau' te

déserteur (m)	စစ်ပြေး	si' pjei:
déserter (vt)	စစ်တပ်မှထွက်ပြေးသည်	si' ta' hma. dwe' pjei: de

mercenaire (m)	ကြေးစားစစ်သား	kjei: za za' tha:
recrue (f)	တပ်သားသစ်	ta' tha: dhi'
volontaire (m)	မိမိဆန္ဒ	mi. mi. i zan da.
	အရစစ်ထဲဝင်သူ	aja. zi' hte: win dhu

mort (m)	တိုက်ပွဲကျသူ	tai' pwe: gja dhu
blessé (m)	ဒဏ်ရာရသူ	dan ja ja. dhu
prisonnier (m) de guerre	စစ်သုံ့ပန်း	si' thoun. ban:

184. La guerre. Partie 1

guerre (f)	စစ်ပွဲ	si' pwe:
faire la guerre	စစ်ပွဲပါဝင်ဆင်နွှဲသည်	si' pwe: ba win zin hnwe: de
guerre (f) civile	ပြည်တွင်းစစ်	pji dwin; zi'
perfidement (adv)	သစ္စာဖောက်သွေဖီလျက်	thi' sabau' thwei bi le'
déclaration (f) de guerre	စစ်ကြေညာခြင်း	si' kjei nja gjin:
déclarer (la guerre)	ကြေညာသည်	kjei nja de
agression (f)	ကျူးကျော်ရန်စမှု	kju: gjo jan za. hmu.
attaquer (~ un pays)	တိုက်ခိုက်သည်	tai' khai' te
envahir (vt)	ကျူးကျော်ဝင်ရောက်သည်	kju: gjo win jau' te
envahisseur (m)	ကျူးကျော်ဝင်ရောက်သူ	kju: gjo win jau' thu
conquérant (m)	အောင်နိုင်သူ	aun nain dhu
défense (f)	ကာကွယ်ရေး	ka gwe ei:
défendre (vt)	ကာကွယ်သည်	ka gwe de
se défendre (vp)	ခုခံကာကွယ်သည်	khu. gan ga gwe de
ennemi (m)	ရန်သူ	jan dhu
adversaire (m)	ပြိုင်ဘက်	pjain be'
ennemi (adj) (territoire ~)	ရန်သူ	jan dhu
stratégie (f)	မဟာဗျူဟာ	maha bju ha
tactique (f)	ဗျူဟာ	bju ha
ordre (m)	အမိန့်	amin.
commande (f)	အမိန့်	amin.
ordonner (vt)	အမိန့်ပေးသည်	amin. bei: de
mission (f)	ရည်မှန်းချက်	ji hman: gje'
secret (adj)	လျှို့ဝှက်သော	shou. hwe' te.
bataille (f)	တိုက်ပွဲငယ်	tai' pwe: nge
combat (m)	တိုက်ပွဲ	tai' pwe:
attaque (f)	တိုက်စစ်	tai' si'
assaut (m)	တဟုန်ထိုးတိုက်ခိုက်ခြင်း	tahoun
prendre d'assaut	တရှိန်းတိုက်ခိုက်သည်	tara gjan: dai' khai' te
siège (m)	ဝန်းရံလုပ်ကြံခြင်း	wun: jan lou' chan gjin:
offensive (f)	ထိုးစစ်	htou: zi'
passer à l'offensive	ထိုးစစ်ဆင်နွှဲသည်	htou: zi' hsin hnwe: de
retraite (f)	ဆုတ်ခွာခြင်း	hsou' khwa gjin
faire retraite	ဆုတ်ခွာသည်	hsou' khwa de
encerclement (m)	ဝန်းရံပိတ်ဆို့ထားခြင်း	wun: jan bei' zou. da: chin:
encercler (vt)	ဝန်းရံပိတ်ဆို့ထားသည်	wun: jan bei' zou. da: de
bombardement (m)	ဗုံးကြဲခြင်း	boun: gje: gja. gjin:
lancer une bombe	ဗုံးကြဲသည်	boun: gje: gja. de
bombarder (vt)	ဗုံးကြဲတိုက်ခိုက်သည်	boun: gje: dai' khai' te
explosion (f)	ပေါက်ကွဲမှု	pau' kwe: hmu.
coup (m) de feu	ပစ်ချက်	pi' che'

tirer un coup de feu	ပစ်သည်	pi' te
fusillade (f)	ပစ်ခတ်ခြင်း	pi' che' chin:
viser … (cible)	ပစ်မှတ်ချိန်သည်	pi' hma' chein de
pointer (sur …)	ချိန်ရွယ်သည်	chein jwe de
atteindre (cible)	ပစ်မှတ်ထိသည်	pi' hma' hti. de
faire sombrer	နစ်မြုပ်သည်	ni' mjou' te
trou (m) (dans un bateau)	အပေါက်	apau'
sombrer (navire)	နစ်မြုပ်သည်	hni' hmjou' te
front (m)	ရှေ့တန်း	shei. dan:
évacuation (f)	စစ်ဘေးရှောင်ခြင်း	si' bei: shaun gjin:
évacuer (vt)	စစ်ဘေးရှောင်သည်	si' bei: shaun de
tranchée (f)	ကတုတ်ကျင်း	gadou kjin:
barbelés (m pl)	သံဆူးကြိုး	than zu: gjou:
barrage (m) (~ antichar)	အတားအဆီး	ata: ahsi:
tour (f) de guet	မျှော်စင်	hmjo zin
hôpital (m)	ရှေ့တန်းစစ်ဆေးရုံ	shei. dan: zi' zei: joun
blesser (vt)	ဒက်ရာရသည်	dan ja ja. de
blessure (f)	ဒက်ရာ	dan ja
blessé (m)	ဒက်ရာရသူ	dan ja ja. dhu
être blessé	ဒက်ရာရစေသည်	dan ja ja. zei de
grave (blessure)	ပြင်းထန်သော	pjin: dan dho:

185. La guerre. Partie 2

captivité (f)	သုံ့ပန်း	thoun. ban:
captiver (vt)	သုံ့ပန်းအဖြစ်ဖမ်းသည်	thoun. ban: ahpji' hpan: de
être prisonnier	သုံ့ပန်းဖြစ်သွားသည်	thoun. ban: bji' thwa: de
être fait prisonnier	သုံ့ပန်းအဖြစ် အဖမ်းခံရသည်	thoun. ban: ahpji' ahpan: gan ja. de
camp (m) de concentration	ညှင်းပန်းနိုပ်စက်ရာစခန်း	hnjin: ban: nei' ze' ja za. gan:
prisonnier (m) de guerre	စစ်သုံ့ပန်း	si' thoun. ban:
s'enfuir (vp)	လွတ်မြောက်သည်	lu' mjau' te
trahir (vt)	သစ္စာဖောက်သည်	thi' sabau' te
traître (m)	သစ္စာဖောက်သူ	thi' sabau' thu
trahison (f)	သစ္စာဖောက်မှု	thi' sabau' hmu.
fusiller (vt)	ပစ်သတ်ကွပ်မျက်ခံရသည်	pi' tha' ku' mje' khan ja. de
fusillade (f) (exécution)	ပစ်သတ်ကွပ်မျက်ခြင်း	pi' tha' ku' mje' chin:
équipement (m) (uniforme, etc.)	ပစ္စည်းကိရိယာများ	pji' si: gi. ji. ja mja:
épaulette (f)	ပခုံးဘားတန်း	pakhoun: ba: dan:
masque (m) à gaz	ဓာတ်ငွေ့ကာမျက်နှာဖုံး	da' ngwei. ga mje' na boun:
émetteur (m) radio	ရေဒီယိုစက်ကွင်း	rei di jou ze' kwin:
chiffre (m) (code)	လျှို့ဝှက် ကုဒ်သင်္ကေတ	shou. hwe' kou' dha
conspiration (f)	လျှို့ဝှက်ခြင်း	shou hwe' chin:

mot (m) de passe	စကားဝှက်	zaga: hwe'
mine (f) terrestre	မြေမြှုပ်မိုင်း	mjei hmja' main:
miner (poser des mines)	မိုင်းထောင်သည်	main: daun de
champ (m) de mines	မိုင်းမြေ	main: mjei
alerte (f) aérienne	လေကြောင်းအန္တရာယ်သ	lei kjan: an da. ja dha.
	တိပေးခြံသ	di. bei: nja. o. dhan
signal (m) d'alarme	သတိပေးခေါင်းလောင်းသံ	dhadi. pei: gaun: laun: dhan
signal (m)	အချက်ပြ	ache' pja.
fusée signal (f)	အချက်ပြမီးကျည်	ache' pja. mi: gji
état-major (m)	ဌာနချုပ်	hta. na. gjou'
reconnaissance (f)	ထောက်လှမ်းခြင်း	htau' hlan: gjin:
situation (f)	အခြေအနေ	achei anei
rapport (m)	အစီရင်ခံစာ	asi jin gan za
embuscade (f)	ချုံစီတိုက်ခိုက်ခြင်း	choun gou dai' khai' chin:
renfort (m)	စစ်ကူ	si' ku
cible (f)	ပစ်မှတ်	pi' hma'
polygone (m)	လေ့ကျင့်ရေးကွင်း	lei. kjin. jei: gwin:
manœuvres (f pl)	စစ်ရေးလေ့ကျင့်မှု	si' jei: lei. gjin. hmu.
panique (f)	ထိပ်ထိပ်ပြာပြာဖြစ်ခြင်း	htei' htei' pja bja bji' chin:
dévastation (f)	ကြီးစွာသောအပျက်အစီး	kji: zwa dho apje' asi:
destructions (f pl) (ruines)	အပျက်အစီး	apje' asi:
détruire (vt)	ဖျက်ဆီးသည်	hpje' hsi: de
survivre (vi)	အသက်ရှင်ကျန်ရစ်သည်	athe' shin kjin ja' te
désarmer (vt)	လက်နက်သိမ်းသည်	le' ne' thain de
manier (une arme)	ကိုင်တွယ်သည်	kain dwe de
Garde-à-vous! Fixe!	သတိ	thadi.
Repos!	သက်သာ	the' tha
exploit (m)	စွန့်စားမှု	sun. za: hmu.
serment (m)	ကျမ်းသစ္စာ	kjan: thi' sa
jurer (de faire qch)	ကျမ်းသစ္စာဆိုသည်	kjan: thi' sa hsou de
décoration (f)	တန်ဆာဆင်မှု	tan za zin hmu.
décorer (de la médaille)	ဆုတံဆိပ်ချီးမြှင့်သည်	hsu. dazei' chi: hmjin. de
médaille (f)	ဆုတံဆိပ်	hsu. dazei'
ordre (m) (~ du Mérite)	ဘွဲ့တံဆိပ်	bwe. dan zi'
victoire (f)	အောင်ပွဲ	aun bwe:
défaite (f)	အရှုံး	ashoun:
armistice (m)	စစ်ရပ်စဲခိုင်းသဘော	si' ja' hsain: dhabo:
	တူညီမှု	du nji hmu.
drapeau (m)	စ	san
gloire (f)	ထင်ပေါ်ကျော်ကြားမှု	htin bo gjɔ gja: hmu.
défilé (m)	စစ်ရေးပြ	si' jei: bja.
marcher (défiler)	စစ်ရေးပြသည်	si' jei: bja. de

186. Les armes

arme (f)	လက်နက်	le' ne'
armes (f pl) à feu	မီးပွင့်သေနတ်	mi: bwin. dhei na'
armes (f pl) blanches	ဓါးအမျိုးမျိုး	da: mjou: mjou:
arme (f) chimique	ဓာတုလက်နက်	da tu. le' ne'
nucléaire (adj)	နျူကလီးယား	nju ka. li: ja:
arme (f) nucléaire	နျူကလီးယားလက်နက်	nju ka. li: ja: le' ne'
bombe (f)	ဗုံး	boun:
bombe (f) atomique	အက်တမ်ဗုံး	e' tan boun:
pistolet (m)	ပစ္စတို	pji' sa. tou
fusil (m)	ရိုင်ဖယ်	jain be
mitraillette (f)	မောင်းပြန်သေနတ်	maun: bjan dhei na'
mitrailleuse (f)	စက်သေနတ်	se' thei na'
bouche (f)	ပြောင်းဝ	pjaun: wa.
canon (m)	ပြောင်း	pjaun:
calibre (m)	သေနတ်ပြောင်းအချင်း	thei na' pjan: achin:
gâchette (f)	ခလုတ်	khalou'
mire (f)	ချိန်ရွယ်	chein kwe'
magasin (m)	ကျည်ကပ်	kji ke'
crosse (f)	သေနတ်ဒင်	thei na' din
grenade (f) à main	လက်ပစ်ဗုံး	le' pi' boun:
explosif (m)	ပေါက်ကွဲစေသောပစ္စည်း	pau' kwe: zei de. bji' si:
balle (f)	ကျည်ဆံ	kji. zan
cartouche (f)	ကျည်ဆံ	kji. zan
charge (f)	ကျည်ထိုးခြင်း	kji dou: gjin:
munitions (f pl)	ခဲယမ်းမီးကျောက်	khe: jan: mi: kjau'
bombardier (m)	ဗုံးကြဲလေယာဉ်	boun: gje: lei jin
avion (m) de chasse	တိုက်လေယာဉ်	tai' lei jan
hélicoptère (m)	ရဟတ်ယာဉ်	jaha' jan
pièce (f) de D.C.A.	လေယာဉ်ပစ်စက်သေနတ်	lei jan pi' ze' dhei na'
char (m)	တင့်ကား	tin. ga:
canon (m) d'un char	တင့်အပြောက်	tin. amjau'
artillerie (f)	အပြောက်	amjau'
canon (m)	ရှေးခေတ်အပြောက်	shei: gi' amjau'
pointer (~ l'arme)	ချိန်ရွယ်သည်	chein jwe de
obus (m)	အပြောက်ဆံ	amjau' hsan
obus (m) de mortier	စိန်ပြောင်းကျည်	sein bjaun: gji
mortier (m)	စိန်ပြောင်း	sein bjaun:
éclat (m) d'obus	ဗုံးစ	boun: za
sous-marin (m)	ရေအောက်နှင့်ဆိုင်သော	jei au' hnin. zain de.
torpille (f)	တော်ပီဒို	to pi dou
missile (m)	ဒုံး	doun:

charger (arme)	ကျည်ထိုးသည်	kji dou: de
tirer (vi)	သေနတ်ပစ်သည်	thei na' pi' te
viser ... (cible)	ချိန်သည်	chein de
baïonnette (f)	လှံစွပ်	hlan zu'

épée (f)	ဓားရှည်	ra pi ja da: shei
sabre (m)	စစ်သုံးဓားရှည်	si' thoun: da shi
lance (f)	လှံ	hlan
arc (m)	လေး	lei:
flèche (f)	မြား	mja:
mousquet (m)	ပြောင်းရှောသေနတ်	pjaun: gjo: dhei na'
arbalète (f)	ဒူးလေး	du: lei:

187. Les hommes préhistoriques

primitif (adj)	ရှေးဦးကာလ	shei: u: ga la.
préhistorique (adj)	သမိုင်းမတိုင်မီကာလ	thamain: ma. dain mi ga la.
ancien (adj)	ရှေးကျသော	shei: gja. de

Âge (m) de pierre	ကျောက်ခေတ်	kjau' khi'
Âge (m) de bronze	ကြေးခေတ်	kjei: gei'
période (f) glaciaire	ရေခဲခေတ်	jei ge: gei'

tribu (f)	မျိုးနွယ်စု	mjou: nwe zu.
cannibale (m)	လူသားစားလူရိုင်း	lu dha: za: lu jain:
chasseur (m)	မုဆိုး	mou' hsou:
chasser (vi, vt)	အမဲလိုက်သည်	ame: lai' de
mammouth (m)	အဆွေးရှည်ဆင်ကြီးတစ်မျိုး	ahmwei shei zin kji: ti' mjou:

caverne (f)	ဂူ	gu
feu (m)	မီး	mi:
feu (m) de bois	မီးပုံ	mi: boun
dessin (m) rupestre	နံရံဆေးရေးပန်းချီ	nan jan zei: jei: ban: gji

outil (m)	ကိရိယာ	ki. ji. ja
lance (f)	လှံ	hlan
hache (f) en pierre	ကျောက်ပုဆိန်	kjau' pu. hsain
faire la guerre	စစ်ပွဲတွင်ပါဝင်ဆင် နွှဲသည်	si' pwe: dwin ba win zin hnwe: de
domestiquer (vt)	ယဉ်ပါးစေသည်	jin ba: zei de

idole (f)	ရုပ်တု	jou' tu
adorer, vénérer (vt)	ကိုးကွယ်သည်	kou: kwe de
superstition (f)	အယူသီးခြင်း	aju dhi: gjin:
rite (m)	ရိုးရာထုံးတမ်းဓလေ့	jou: ja doun: dan: da lei.

évolution (f)	ဆင့်ကဲဖြစ်စဉ်	hsin. ke: hpja' sin
développement (m)	ဖွံ့ဖြိုးတိုးတက်မှု	hpjun. bjou: dou: de' hmu.
disparition (f)	ပျောက်ကွယ်ခြင်း	pjau' kwe gjin
s'adapter (vp)	နေသားကျရန်ပြင်ဆင်သည်	nei dha: gja. jan bjin zin de

archéologie (f)	ရှေးဟောင်းသုတေသန	shei: haun
archéologue (m)	ရှေးဟောင်းသုတေသန နပိညာရှင်	shei: haun thu. dei dha. na. bji nja shin

archéologique (adj)	ရှေးဟောင်းသုတေသ နဆိုင်ရာ	shei: haun thu. dei dha. na. zain ja
site (m) d'excavation	တူးဖော်ရာနေရာ	tu: hpo ja nei ja
fouilles (f pl)	တူးဖော်မှုလုပ်ငန်း	tu: hpo hmu. lou' ngan:
trouvaille (f)	တွေ့ရှိချက်	twei. shi. gje'
fragment (m)	အပိုင်းအစ	apain: asa.

188. Le Moyen Âge

peuple (m)	လူမျိုး	lu mjou:
peuples (m pl)	လူမျိုး	lu mjou:
tribu (f)	မျိုးနွယ်စု	mjou: nwe zu.
tribus (f pl)	မျိုးနွယ်စုများ	mjou: nwe zu. mja:
Barbares (m pl)	အရိုင်းအစိုင်းများ	ajou: asain: mja:
Gaulois (m pl)	ဂေါလ်လူမျိုးများ	go l lu mjou: mja:
Goths (m pl)	ဂေါ့တ်လူမျိုးများ	go. t lu mjou: mja:
Slaves (m pl)	စလပ်လူမျိုးများ	sala' lu mjou: mja:
Vikings (m pl)	ဗိုက်ကင်းလူမျိုး	bai' kin: lu mjou:
Romains (m pl)	ရောမလူမျိုး	ro: ma. lu mjou:
romain (adj)	ရောမနှင့်ဆိုင်သော	ro: ma. hnin. zain de
byzantins (m pl)	ဘိုင်ဇင်တိုင်လူမျိုးများ	bain zin dain lu mjou: mja:
Byzance (f)	ဘိုင်ဇင်တိုင်အင်ပါယာ	bain zin dain in ba ja
byzantin (adj)	ဘိုင်ဇင်တိုင်နှင့်ဆိုင်သော	bain zin dain hnin. zain de.
empereur (m)	ဧကရာဇ်	ei gaja'
chef (m)	ခေါင်းဆောင်	gaun: zaun
puissant (adj)	အင်အားကြီးသော	in a: kji: de.
roi (m)	ဘုရင်	ba. jin
gouverneur (m)	အုပ်ချုပ်သူ	ou' chou' thu
chevalier (m)	ဆာဘွဲ့ရသူရဲကောင်း	hsa bwe. ja. dhu je gaun:
féodal (m)	မြေရှင်ပဒေသရာဇ်	mjei shin badei dhaja'
féodal (adj)	မြေရှင်ပဒေသရာဇ် စနစ်နှင့်ဆိုင်သော	mjei shin badei dhaja' sani' hnin. zain de.
vassal (m)	မြေကျွန်	mjei gjun
duc (m)	မြို့စားကြီး	mjou. za: gji:
comte (m)	ဗြိတိသျှမှူး မတ်သူရဲကောင်း	bri ti sha hmu: ma' thu je: gaun:
baron (m)	ဘယ်ရွန် အမတ်	be jwan ama'
évêque (m)	ဘုန်းတော်ကြီး	hpoun do: gji:
armure (f)	ချပ်ဝတ်တန်ဆာ	cha' wu' tan za
bouclier (m)	ဒိုင်း	dain:
glaive (m)	ဓား	da:
visière (f)	စစ်မျက်နှာကာ	si' mje' na ga
cotte (f) de mailles	သံဇကာချပ်ဝတ်တန်ဆာ	than za. ga gja' wu' tan za
croisade (f)	ခရူဆိတ်ဘာသာရေးစစ်ပွဲ	kha ju: zei' ba dha jei: zi' pwe:
croisé (m)	ခရူးဆိတ်တိုက်ပွဲဝင်သူ	kha ju: zei' dai' bwe: win dhu
territoire (m)	နယ်မြေ	ne mjei

attaquer (~ un pays)	တိုက်ခိုက်သည်	tai' khai' te
conquérir (vt)	သိမ်းပိုက်စိုးပိုးသည်	thain: bou' sou: mou: de
occuper (envahir)	သိမ်းပိုက်သည်	thain:

siège (m)	ဝန်းရံလုပ်ကြံခြင်း	wun: jan lou' chan gjin:
assiégé (adj)	ဝန်းရံလုပ်ကြံရသော	wun: jan lou' chan gan ja. de.
assiéger (vt)	ဝန်းရံလုပ်ကြံသည်	wun: jan lou' chan de

inquisition (f)	ကာသိုလိပ်ဘုရားကျောင်း တရားစီရင်အဖွဲ့	ka tho li' bou ja: gjan: ta. ja: zi jin ahpwe.
inquisiteur (m)	စစ်ကြောမေးမြန်းသူ	si' kjo: mei: mjan: dhu
torture (f)	ညှဉ်းပန်းနှိပ်စက်ခြင်း	hnjin: ban: hnei' se' chin:
cruel (adj)	ရက်စက်ကြမ်းကြုတ်သော	je' se' kjan: gjou' te.
hérétique (m)	ဒိဋ္ဌိ	di hti
hérésie (f)	မိစ္ဆာဒိဋ္ဌိ	mei' hsa dei' hti.

navigation (f) en mer	ပင်လယ်ပျော်	pin le bjo
pirate (m)	ပင်လယ်ဓားပြ	pin le da: bja.
piraterie (f)	ပင်လယ်ဓားပြတိုက်ခိုက်ခြင်း	pin le da: bja. tai' chin:
abordage (m)	လှေကျန်းပတ်ပေါ် တိုက်ခိုက်ခြင်း	hlei goun: ba' po dou' hpou' chin:
butin (m)	တိုက်ခိုက်ရရှိသောပစ္စည်း	tai' khai' ja. shi. dho: pji' si:
trésor (m)	ရတနာ	jadana

découverte (f)	စူးစမ်းရှာဖွေခြင်း	su: zan: sha bwei gjin
découvrir (vt)	စူးစမ်းရှာဖွေသည်	su: zan: sha bwei de
expédition (f)	စူးစမ်းလေ့လာရေးခရီး	su: zan: lei. la nei: khaji:

mousquetaire (m)	မြောင်းရှောသောနတ် ကိုင်စစ်သား	pjaun: gjo: dhei na' kain si' tha:
cardinal (m)	ရောမျန်းခရစ်ယာန် ဘုန်တော်ကြီး	jei bjan: khaji' jan boun: do gji:
héraldique (f)	မျိုးရိုးတွဲထိပ်ပုံ များလေ့လာခြင်းပညာ	mjou: jou: bwe. dan zai' mja: lei. la gjin: pi nja
héraldique (adj)	မျိုးရိုးပညာလေ့လာခြင်း နှင့်ဆိုင်သော	mjou: pi nja lei. la gjin: hnin. zain de.

---

189. Les dirigeants. Les responsables. Les autorités

roi (m)	ဘုရင်	ba jin
reine (f)	ဘုရင်မ	ba jin ma.
royal (adj)	ဘုရင်နှင့်ဆိုင်သော	ba. jin hnin. zain de
royaume (m)	ဘုရင်အုပ်ချုပ်သောနိုင်ငံ	ba jin au' chou' dho nin gan

| prince (m) | အိမ်ရှေ့မင်းသား | ein shei. min: dha: |
| princesse (f) | မင်းသမီး | min: dhami: |

président (m)	သမ္မတ	thamada.
vice-président (m)	ဒုသမ္မတ	du. dhamada.
sénateur (m)	ဆိနိတ်လွှတ်တော်အမတ်	hsi nei' hlwa' do: ama'

monarque (m)	သက်ဦးဆံပိုင်	the'
gouverneur (m)	အုပ်ချုပ်သူ	ou' chou' thu
dictateur (m)	အာဏာရှင်	a na shin

| tyran (m) | ဖိနှိပ်ချုပ်ချယ်သူ | hpana' chou' che dhu |
| magnat (m) | လုပ်ငန်းရှင်သူဌေးကြီး | lou' ngan: shin dhu dei: gji: |

directeur (m)	ညွှန်ကြားရေးမှူး	hnjun gja: jei: hmu:
chef (m)	အကြီးအကဲ	akji: ake:
gérant (m)	မန်နေဂျာ	man nei gji
boss (m)	အကြီးအကဲ	akji: ake:
patron (m)	ပိုင်ရှင်	pain shin

leader (m)	ခေါင်းဆောင်	gaun: zaun
chef (m) (~ d'une délégation)	အဖွဲ့ခေါင်းဆောင်	ahpwe. gaun: zaun:
autorités (f pl)	အာဏာပိုင်အဖွဲ့	a na bain ahpwe.
supérieurs (m pl)	အထက်လူကြီးများ	a hte' lu gji: mja:

gouverneur (m)	ပြည်နယ်အုပ်ချုပ်ရေးမှူး	pji ne ou' chou' jei: hmu:
consul (m)	ကောင်စစ်ဝန်	kaun si' wun
diplomate (m)	သံတမန်	than taman.
maire (m)	မြို့တော်ဝန်	mjou. do wun
shérif (m)	နယ်မြေပြည်ဝန်ခံ ရဲအရာရှိ	ne mjei da wun gan je: aja shi.

empereur (m)	ဧကရာဇ်	ei gaja'
tsar (m)	ဇာဘုရင်	za bou jin
pharaon (m)	ရှေးအီဂျစ်နိုင်ငံဘုရင်	shei: i gji' nain ngan bu. jin
khan (m)	ခန်	khan

190. L'itinéraire. La direction. Le chemin

| route (f) | လမ်း | lan: |
| voie (f) | လမ်းကြောင်း | lan: gjaun: |

autoroute (f)	အမြန်လမ်းမကြီး	aman lan: ma. mji:
grande route (autoroute)	အဝေးပြေးလမ်းမကြီး	awei: bjei: lan: ma. gji:
route (f) nationale	ပင်မလမ်းမကြီး	pin lan: ma. gji:

| route (f) principale | မိန်းလမ်း | mein: lan: |
| route (f) de campagne | မြေလမ်း | mjei lan |

| chemin (m) (sentier) | လူသွားလမ်း | lu dhwa: lan: |
| sentier (m) | လူသွားလမ်းကလေး | lu dhwa: lan: ga. lei: |

Où?	ဘယ်မှာလဲ	be hma le:
Où? (~ vas-tu?)	ဘယ်ကိုလဲ	be gou le:
D'où?	ဘယ်ကလဲ	be ga. le:

| direction (f) | ဦးတည်ရာ | u: te ja |
| indiquer (le chemin) | ညွှန်ပြသည် | hnjun bja. de |

à gauche (tournez ~)	ဘယ်ဘက်	be be'
à droite (tournez ~)	ညာဘက်	nja be'
tout droit (adv)	တည့်တည့်	te. de.
en arrière (adv)	နောက်သို့	nau' dhou.
virage (m)	အကွေ့	akwei.
tourner (~ à gauche)	ကွေ့သည်	kwei. de

faire un demi-tour	ကွေသည်	kwei. de
se dessiner (vp)	မြင်ရသည်	mjin ja. de
apparaître (vi)	မြင်နေရသည်	mjin nei ja. de

halte (f)	ရပ်နားခြင်း	ja' na: gjin:
se reposer (vp)	အနားယူသည်	ana: ju de
repos (m)	အနားယူခြင်း	ana: ju gjin:

s'égarer (vp)	လမ်းပျောက်သည်	lan: bjau' de
mener à ... (le chemin)	ဦးတည်သည်	u: ti de
arriver à ...	လမ်းပေါ်ထွက်လာသည်	lan: bo dwe' la de
tronçon (m) (de chemin)	တစ်ကန့်	ti' kan.

asphalte (m)	ကတ္တရာစေး	ka' ta' ja zi:
bordure (f)	ပလက်ဖောင်းဘောင်	pa. je' hpaun: baun:
fossé (m)	လမ်းဘေးမြောင်း	lan: bei: mjaun:
bouche (f) d'égout	မန်းဟိုး	man: hou:
bas-côté (m)	လမ်းဘေးမြေသား	lan: bei: mjei dha:
nid-de-poule (m)	ချိုင့်	chain.

| aller (à pied) | သွားသည် | thwa: de |
| dépasser (vt) | ကျော်တက်သည် | kjo de' te |

| pas (m) | ခြေလှမ်း | chei hlan: |
| à pied | ခြေလျင်သွားသည် | chei ljin dhwa: de |

barrer (vt)	ပိတ်ဆို့ထားသည်	pei' hsou. da: de
barrière (f)	မြို့အဝင်ဂိတ်	mjou. awin gei'
impasse (f)	လမ်းဆုံး	lan: zoun:

191. Les crimes. Les criminels. Partie 1

bandit (m)	ဓားပြ	damja.
crime (m)	ရာဇဝတ်မှု	raza. wu' hma.
criminel (m)	ရာဇဝတ်သား	raza. wu' tha:

voleur (m)	သူခိုး	thu khou:
voler (qch à qn)	ခိုးသည်	khou: de
vol (m) (activité)	ခိုးခြင်း	khou: chin:
vol (m) (~ à la tire)	သူခိုး	thu khou:

kidnapper (vt)	ပြန်ပေးဆွဲသည်	pjan bei: zwe: de
kidnapping (m)	ပြန်ပေးဆွဲခြင်း	pjan bei: zwe: gjin:
kidnappeur (m)	ပြန်ပေးသမား	pjan bei: dhama:

| rançon (f) | ပြန်ရွေးငွေ | pjan jwei: ngwei |
| exiger une rançon | ပြန်ပေးဆွဲသည် | pjan bei: zwe: de |

cambrioler (vt)	ဓားပြတိုက်သည်	damja. tai' te
cambriolage (m)	လုယက်မှု	lu. je' hmu.
cambrioleur (m)	လုယက်သူ	lu. je' dhu

| extorquer (vt) | ခြိမ်းခြောက်ပြီးငွေညှစ်သည် | chein: gjau' pji: ngwe hnji' te |
| extorqueur (m) | ခြိမ်းခြောက်ငွေညှစ်သူ | chein: gjau' ngwe hnji' thu |

extorsion (f)	မြိမ်းခြှောက်ပြီး ငွေညှစ်ခြင်း	chein: gjau' pji: ngwe hnji' chin:
tuer (vt)	သတ်သည်	tha' te
meurtre (m)	လူသတ်မှု	lu dha' hmu.
meurtrier (m)	လူသတ်သမား	lu dha' thama:

coup (m) de feu	ပစ်ချက်	pi' che'
tirer un coup de feu	ပစ်သည်	pi' te
abattre (par balle)	ပစ်သတ်သည်	pi' tha' te
tirer (vi)	ပစ်သည်	pi' te
coups (m pl) de feu	ပစ်ချက်	pi' che'

incident (m)	ဆူပူမှု	hsu. bu hmu.
bagarre (f)	ရန်ပွဲ	jan bwe:
Au secours!	ကူညီပါ	ku nji ba
victime (f)	ရန်ပြုခံရသူ	jab bju. gan ja. dhu

endommager (vt)	ဖျက်ဆီးသည်	hpje' hsi: de
dommage (m)	အပျက်အစီး	apje' asi:
cadavre (m)	အလောင်း	alaun:
grave (~ crime)	စိုးရိမ်ဖွယ်ဖြစ်သော	sou: jein bwe bji' te.

attaquer (vt)	တိုက်ခိုက်သည်	tai' khai' te
battre (frapper)	ရိုက်သည်	jai' te
passer à tabac	ရိုက်သည်	jai' te
prendre (voler)	ယူသည်	ju de
poignarder (vt)	ထိုးသတ်သည်	htou: dha' te
mutiler (vt)	သေရာပါဒဏ်ရာရစေသည်	thei ja ba dan ja ja. zei de
blesser (vt)	ဒဏ်ရာရသည်	dan ja ja. de

chantage (m)	မြိမ်းခြှောက်ငွေညှစ်ခြင်း	chein: gjau' ngwe hnji' chin:
faire chanter	မြိမ်းခြှောက်ငွေညှစ်သည်	chein: gjau' ngwe hnji' te
maître (m) chanteur	မြိမ်းခြှောက်ငွေညှစ်သူ	chein: gjau' ngwe hnji' thu

racket (m) de protection	ရာဇဝတ်ဝိုက်ဆွတ် ကြေးကောက်ခံခြင်း	raza. wu' goun: hse' kjei: gau' chin:
racketteur (m)	ဆက်ကြေးတောင်း-ရာ ဇဝတ်ဂိုဏ်း	hse' kjei: daun: ra za. wu' gain:
gangster (m)	လူဆိုးဂိုဏ်းဝင်	lu zou: gain: win
mafia (f)	မာဖီးယားဂိုဏ်း	ma bi: ja: gain:

pickpocket (m)	ခါးပိုက်နှိုက်	kha: bai' hnai'
cambrioleur (m)	ဖောက်ထွင်းသူခိုး	hpau' htwin: dhu gou:
contrebande (f) (trafic)	မှောင်ခို	hmaun gou
contrebandier (m)	မှောင်ခိုသမား	hmaun gou dhama:

contrefaçon (f)	လိမ်လည်အတုပြုမှု	lein le atu. bju hmu.
falsifier (vt)	အတုလုပ်သည်	atu. lou' te
faux (falsifié)	အတု	atu.

192. Les crimes. Les criminels. Partie 2

| viol (m) | မုဒိမ်းမှု | mu. dein: hmu. |
| violer (vt) | မုဒိန်းကျင့်သည် | mu. dein: gjin. de |

violeur (m)	မုဒိမ်းကျင့်သူ	mu. dein: gjin. dhu
maniaque (m)	အရူး	aju:
prostituée (f)	ပြည့်တန်ဆာ	pjei. dan za
prostitution (f)	ပြည့်တန်ဆာမှု	pjei. dan za hmu.
souteneur (m)	ဖာခေါင်း	hpa gaun:
drogué (m)	ဆေးစွဲသူ	hsei: zwe: dhu
trafiquant (m) de drogue	မူးယစ်ဆေးရောင်းဝယ်သူ	mu: ji' hsei: jaun we dhu
faire exploser	ပေါက်ကွဲသည်	pau' kwe: de
explosion (f)	ပေါက်ကွဲမှု	pau' kwe: hmu.
mettre feu	မီးရှို့သည်	mi: shou. de
incendiaire (m)	မီးရှို့မှုကျူးလွန်သူ	mi: shou. hmu. gju: lun dhu
terrorisme (m)	အကြမ်းဖက်ဝါဒ	akjan: be' wa da.
terroriste (m)	အကြမ်းဖက်သမား	akjan: be' tha. ma:
otage (m)	ဓားစာခံ	daza gan
escroquer (vt)	လိမ်လည်သည်	lein le de
escroquerie (f)	လိမ်လည်မှု	lein le hmu.
escroc (m)	လူလိမ်	lu lein
soudoyer (vt)	လာဘ်ထိုးသည်	la' htou: de
corruption (f)	လာဘ်ပေးလာဘ်ယူ	la' pei: la' thu
pot-de-vin (m)	လာဘ်	la'
poison (m)	အဆိပ်	ahsei'
empoisonner (vt)	အဆိပ်ခတ်သည်	ahsei' kha' te
s'empoisonner (vp)	အဆိပ်သောက်သည်	ahsei' dhau' te
suicide (m)	မိမိကိုယ်မိမိ	mi. mi. kou mi. mi.
	သတ်သေခြင်း	dha' thei gjin:
suicidé (m)	မိမိကိုယ်မိမိ	mi. mi. kou mi. mi.
	သတ်သေသူ	dha' thei dhu
menacer (vt)	ခြိမ်းခြောက်သည်	chein: gjau' te
menace (f)	ခြိမ်းခြောက်မှု	chein: gjau' hmu.
attenter (vt)	လုပ်ကြံသည်	lou' kjan de
attentat (m)	လုပ်ကြံခြင်း	lou' kjan gjin:
voler (un auto)	ခိုးသည်	khou: de
détourner (un avion)	လေယာဉ်အပိုင်စီးသည်	lei jan apain zi: de
vengeance (f)	လက်စားချေခြင်း	le' sa: gjei gjin:
se venger (vp)	လက်စားချေသည်	le' sa: gjei de
torturer (vt)	ညှဉ်းပန်းနှိပ်စက်သည်	hnjin: ban: hnei' se' te
torture (f)	ညှဉ်းပန်းနှိပ်စက်ခြင်း	hnjin: ban: hnei' se' chin:
tourmenter (vt)	နှိပ်စက်သည်	hnei' se' te
pirate (m)	ပင်လယ်ဓားပြ	pin le da: bja.
voyou (m)	လမ်းသရဲ	lan: dhaje:
armé (adj)	လက်နက်ကိုင်ဆောင်သော	le' ne' kain zaun de.
violence (f)	ရက်စက်ကြမ်းကြုတ်မှု	je' se' kjan: gjou' hmu.
illégal (adj)	တရားမဝင်သော	taja: ma. win de.

espionnage (m)	သူလျှိုလုပ်ခြင်း	thu shou lou' chin:
espionner (vt)	သူလျှိုလုပ်သည်	thu shou lou' te

193. La police. La justice. Partie 1

justice (f)	တရားမျှတမှု	taja: hmja. ta. hmu.
tribunal (m)	တရားရုံး	taja: joun:
juge (m)	တရားသူကြီး	taja: dhu gji:
jury (m)	ဂျူရီအဖွဲ့ဝင်များ	gju ji ahpwe. win mja:
cour (f) d'assises	ဂျူရီလူကြီးအဖွဲ့	gju ji lu gji: ahpwe.
juger (vt)	တရားစီရင်သည်	taja: zi jin de
avocat (m)	ရှေ့နေ	shei. nei
accusé (m)	တရားပြိုင်	taja: bjain
banc (m) des accusés	တရားရုံးဝက်ချ	taja: joun: we' khjan
inculpation (f)	စွပ်စွဲခြင်း	su' swe: chin:
inculpé (m)	တရားစွဲခံရသော	taja: zwe: gan ja. de.
condamnation (f)	စီရင်ချက်	si jin gje'
condamner (vt)	စီရင်ချက်ချသည်	si jin gje' cha. de
coupable (m)	တရားခံ	tajakhan
punir (vt)	ပြစ်ဒက်ပေးသည်	pji' dan bei: de
punition (f)	ပြစ်ဒက်	pji' dan
amende (f)	ဒက်ငွေ	dan ngwei
détention (f) à vie	တစ်သက်တစ်ကျွန်းပြစ်ဒက်	ti' te' ti' kjun: bji' dan
peine (f) de mort	သေဒက်	thei dan
chaise (f) électrique	လျပ်စစ်ထိုင်ခုံ	hlja' si' dain boun
potence (f)	ကြိုးစင်	kjou: zin
exécuter (vt)	ကွပ်မျက်သည်	ku' mje' te
exécution (f)	ကွပ်မျက်ခြင်း	ku' mje' gjin
prison (f)	ထောင်	htaun
cellule (f)	အကျဉ်းခန်း	achou' khan:
escorte (f)	အစောင့်အကြပ်	asaun. akja'
gardien (m) de prison	ထောင်စောင့်	htaun zaun.
prisonnier (m)	ထောင်သား	htaun dha:
menottes (f pl)	လက်ထိပ်	le' htei'
mettre les menottes	လက်ထိပ်ခတ်သည်	le' htei' kha' te
évasion (f)	ထောင်ဖောက်ပြေးခြင်း	htaun bau' pjei: gjin:
s'évader (vp)	ထောင်ဖောက်ပြေးသည်	htaun bau' pjei: de
disparaître (vi)	ပျောက်ကွယ်သည်	pjau' kwe de
libérer (vt)	ထောင်မှလွတ်သည်	htaun hma. lu' te
amnistie (f)	လွတ်ငြိမ်းချမ်းသာခွင့်	lu' njein: gjan: dha gwin.
police (f)	ရဲ	je:
policier (m)	ရဲအရာရှိ	je: aja shi.

commissariat (m) de police	ရဲစခန်း	je: za. gan:
matraque (f)	သံတုတ်	than dou'
haut parleur (m)	လက်ကိုင်စပီကာ	le' kain za. bi ka

voiture (f) de patrouille	ကင်းလှည့်ကား	kin: hle. ka:
sirène (f)	အချက်ပေးညှံသံ	ache' pei: ou' o: dhan
enclencher la sirène	အချက်ပေးညှံရွဲ့သည်	ache' pei: ou' o: zwe: de
hurlement (m) de la sirène	အချက်ပေးညှံရွဲ့သံ	ache' pei: ou' o: zwe: dhan

lieu (m) du crime	အခင်းဖြစ်ပွါးရာနေရာ	achin: hpji' pwa: ja nei ja
témoin (m)	သက်သေ	the' thei
liberté (f)	လွတ်လပ်မှု	lu' la' hmu.
complice (m)	ကြံရာပါ	kjan ja ba
s'enfuir (vp)	ပုန်းသည်	poun: de
trace (f)	ခြေရာ	chei ja

194. La police. La justice. Partie 2

recherche (f)	ဝရမ်းရှာဖွေခြင်း	wajan: sha bwei gjin:
rechercher (vt)	ရှာသည်	sha de
suspicion (f)	မသင်္ကာမှု	ma, dhin ga hmu.
suspect (adj)	သံသယဖြစ်ဖွယ်ကောင်းသော	than thaja. bji' hpwe gaun: de.

arrêter (dans la rue)	ရပ်သည်	ja' te
détenir (vt)	ထိန်းသိမ်းထားသည်	htein: dhein: da: de

affaire (f) (~ pénale)	အမှု	ahmu.
enquête (f)	စုံစမ်းစစ်ဆေးခြင်း	soun zan: zi' hsei: gjin:
détective (m)	စုံထောက်	soun dau'
enquêteur (m)	အလွတ်စုံထောက်	alu' zoun htau'
hypothèse (f)	အဆိုကြမ်း	ahsou gjan:

motif (m)	စေ့ဆော်မှု	sei. zo hmu.
interrogatoire (m)	စစ်ကြောမှု	si' kjo: hmu.
interroger (vt)	စစ်ကြောသည်	si' kjo: de
interroger (~ les voisins)	မေးမြန်းသည်	mei: mjan: de
inspection (f)	စစ်ဆေးသည်	si' hsei: de

rafle (f)	ဝိုင်းဝန်းမှု	wain: wan: hmu.
perquisition (f)	ရှာဖွေခြင်း	sha hpwei gjin:
poursuite (f)	လိုက်လံဖမ်းဆီးခြင်း	lai' lan ban: zi: gjin:
poursuivre (vt)	လိုက်သည်	lai' de
dépister (vt)	ခြေရာခံသည်	chei ja gan de

arrestation (f)	ဖမ်းဆီးခြင်း	hpan: zi: gjin:
arrêter (vt)	ဖမ်းဆီးသည်	hpan: zi: de
attraper (~ un criminel)	ဖမ်းမိသည်	hpan: mi. de
capture (f)	သိမ်းခြင်း	thain: gjin:

document (m)	စာရွက်စာတမ်း	sajwe' zatan:
preuve (f)	သက်သေပြချက်	the' thei pja. gje'
prouver (vt)	သက်သေပြသည်	the' thei pja. de
empreinte (f) de pied	ခြေရာ	chei ja
empreintes (f pl) digitales	လက်ဗွေရာများ	lei' bwei ja mja:

élément (m) de preuve	သဲလွန်စ	the: lun za.
alibi (m)	ဆင်ခြေ	hsin gjei
innocent (non coupable)	အပြစ်ကင်းသော	apja' kin: de.
injustice (f)	မတရားမှု	ma. daja: hmu.
injuste (adj)	မတရားသော	ma. daja: de.
criminel (adj)	ပြုမူကျူးလွန်သော	pju. hmu. gju: lun de.
confisquer (vt)	သိမ်းယူသည်	thein: ju de
drogue (f)	မူးယစ်ဆေးဝါး	mu: ji' hsei: wa:
arme (f)	လက်နက်	le' ne'
désarmer (vt)	လက်နက်သိမ်းသည်	le' ne' thain de
ordonner (vt)	အမိန့်ပေးသည်	amin. bei: de
disparaître (vi)	ပျောက်ကွယ်သည်	pjau' kwe de
loi (f)	ဥပဒေ	u. ba. dei
légal (adj)	ဥပဒေနှင့် ညီညွတ်သော	u. ba. dei hnin. nji nju' te.
illégal (adj)	ဥပဒေနှင့်မညီညွတ်သော	u. ba. dei hnin. ma. nji nju' te.
responsabilité (f)	တာဝန်ယူခြင်း	ta wun ju gjin:
responsable (adj)	တာဝန်ရှိသော	ta wun shi. de.

LA NATURE

La Terre. Partie 1

195. L'espace cosmique

cosmos (m)	အာကာသ	akatha.
cosmique (adj)	အာကာသနှင့်ဆိုင်သော	akatha. hnin zain dho:
espace (m) cosmique	အာကာသဟင်းလင်းပြင်	akatha. hin: lin: bjin
monde (m)	ကမ္ဘာ	ga ba
univers (m)	စကြာဝဠာ	sa kja wa. la
galaxie (f)	ကြယ်စုတန်း	kje zu. dan:
étoile (f)	ကြယ်	kje
constellation (f)	ကြယ်နက္ခတ်စု	kje ne' kha' zu.
planète (f)	ဂြိုဟ်	gjou
satellite (m)	ဂြိုဟ်ငယ်	gjou nge
météorite (m)	ဥက္ကာခဲ	ou' ka ge:
comète (f)	ကြယ်တံခွန်	kje dagun
astéroïde (m)	ဂြိုဟ်သိမ်ဂြိုဟ်မွှား	gjou dhein gjou hmwa:
orbite (f)	ပတ်လမ်း	pa' lan:
tourner (vi)	လည်သည်	le de
atmosphère (f)	လေထု	lei du.
Soleil (m)	နေ	nei
système (m) solaire	နေစကြာဝဠာ	nei ze kja. wala
éclipse (f) de soleil	နေကြတ်ခြင်း	nei gja' chin:
Terre (f)	ကမ္ဘာလုံး	ga ba loun:
Lune (f)	လ	la.
Mars (m)	အင်္ဂါဂြိုဟ်	in ga gjou
Vénus (f)	သောကြာဂြိုဟ်	thau' kja gjou'
Jupiter (m)	ကြာသပတေးဂြိုဟ်	kja dha ba. dei: gjou'
Saturne (m)	စနေဂြိုဟ်	sanei gjou'
Mercure (m)	ဗုဒ္ဓဟူးဂြိုဟ်	bou' da. gjou'
Uranus (m)	ယူရေးနတ်ဂြိုဟ်	ju rei: na' gjou
Neptune	နက်ပကျွန်းဂြိုဟ်	ne' pa. gjun: gjou
Pluton (m)	ပလူတိုဂြိုဟ်	pa lu tou gjou '
la Voie Lactée	နဂါးငွေ့ကြယ်စုတန်း	na. ga: ngwe. gje zu dan:
la Grande Ours	မြောက်ပိုင်းဂရိတ်ဘဲးရ်ကြယ်စု	mjau' pain: gajei' be:j gje zu.
la Polaire	ဓူဝံကြယ်	du wan gje
martien (m)	အင်္ဂါဂြိုဟ်သား	in ga gjou dha:
extraterrestre (m)	အခြားကမ္ဘာဂြိုဟ်သား	apja: ga ba gjou dha

alien (m)	ဂြိုဟ်သား	gjou dha:
soucoupe (f) volante	ပန်းကန်ပြားပျံ	bagan: bja: bjan
vaisseau (m) spatial	အာကာသယာဉ်	akatha. jin
station (f) orbitale	အာကာသစခန်း	akatha. za khan:
lancement (m)	လွှတ်တင်ခြင်း	hlu' tin gjin:
moteur (m)	အင်ဂျင်	in gjin
tuyère (f)	နော်ဇယ်	no ze
carburant (m)	လောင်စာ	laun za
cabine (f)	လေယာဉ်မောင်းအခန်း	lei jan maun akhan:
antenne (f)	အင်တန်နာတိုင်	in tan na tain
hublot (m)	ပြတင်း	badin:
batterie (f) solaire	နေရောင်ခြည်သုံးဘတ်ထရီ	nei jaun gje dhoun: ba' hta ji
scaphandre (m)	အာကာသဝတ်စုံ	akatha. wu' soun
apesanteur (f)	အလေးချိန်ကင်းမဲ့ခြင်း	alei: gjein gin: me. gjin:
oxygène (m)	အောက်ဆီဂျင်	au' hsi gjin
arrimage (m)	အာကာသထဲချိတ်ဆက်ခြင်း	akatha. hte: chei' hse' chin:
s'arrimer à …	အာကာသထဲချိတ်ဆက်သည်	akatha. hte: chei' hse' te
observatoire (m)	နက္ခတ်မျှော်စင်	ne' kha' ta. mjo zin
télescope (m)	အဝေးကြည့်မှန်ပြောင်း	awei: gji. hman bjaun:
observer (vt)	လေ့လာကြည့်ရှုသည်	lei. la kji. hju. de
explorer (un cosmos)	သုတေသနပြုသည်	thu. tei thana bjou de

196. La Terre

Terre (f)	ကမ္ဘာမြေကြီး	ga ba mjei kji:
globe (m) terrestre	ကမ္ဘာလုံး	ga ba loun:
planète (f)	ဂြိုဟ်	gjou
atmosphère (f)	လေထု	lei du.
géographie (f)	ပထဝီဝင်	pahtawi win
nature (f)	သဘာဝ	tha. bawa
globe (m) de table	ကမ္ဘာလုံး	ga ba loun:
carte (f)	မြေပုံ	mjei boun
atlas (m)	မြေပုံစာအုပ်	mjei boun za ou'
Europe (f)	ဥရောပ	u. jo: pa
Asie (f)	အာရှ	a sha.
Afrique (f)	အာဖရိက	apha. ri. ka.
Australie (f)	သြစတြေးလျ	thja za djei: lja
Amérique (f)	အမေရိက	amei ji ka
Amérique (f) du Nord	မြောက်အမေရိက	mjau' amei ri. ka.
Amérique (f) du Sud	တောင်အမေရိက	taun amei ri. ka.
l'Antarctique (m)	အန္တာတိတ်	anta di'
l'Arctique (m)	အာတိတ်	a tei'

197. Les quatre parties du monde

nord (m)	မြောက်အရပ်	mjau' aja'
vers le nord	မြောက်ဘက်သို့	mjau' be' thou.
au nord	မြောက်ဘက်မှာ	mjau' be' hma
du nord (adj)	မြောက်အရပ်နှင့်ဆိုင်သော	mjau' aja' hnin. zain de.
sud (m)	တောင်အရပ်	taun aja'
vers le sud	တောင်ဘက်သို့	taun be' thou.
au sud	တောင်ဘက်မှာ	taun be' hma
du sud (adj)	တောင်အရပ်နှင့်ဆိုင်သော	taun aja' hnin. zain de.
ouest (m)	အနောက်အရပ်	anau' aja'
vers l'occident	အနောက်ဘက်သို့	anau' be' thou.
à l'occident	အနောက်ဘက်မှာ	anau' be' hma
occidental (adj)	အနောက်အရပ်နှင့်ဆိုင်သော	anau' aja' hnin. zain dho:
est (m)	အရှေ့အရပ်	ashei. aja'
vers l'orient	အရှေ့ဘက်သို့	ashei. be' hma
à l'orient	အရှေ့ဘက်မှာ	ashei. be' hma
oriental (adj)	အရှေ့အရပ်နှင့်ဆိုင်သော	ashei. aja' hnin. zain de.

198. Les océans et les mers

mer (f)	ပင်လယ်	pin le
océan (m)	သမုဒ္ဒရာ	thamou' daja
golfe (m)	ပင်လယ်ကွေ့	pin le gwe.
détroit (m)	ရေလက်ကြား	jei le' kja:
terre (f) ferme	ကုန်းမြေ	koun: mei
continent (m)	တိုက်	tai'
île (f)	ကျွန်း	kjun:
presqu'île (f)	ကျွန်းဆွယ်	kjun: zwe
archipel (m)	ကျွန်းစု	kjun: zu.
baie (f)	အော်	o
port (m)	သင်္ဘောဆိပ်ကမ်း	thin: bo: zei' kan:
lagune (f)	ပင်လယ်ထုံးအိုင်	pin le doun: ain
cap (m)	အငူ	angu
atoll (m)	သန္တာကျောက်တန်းကျွန်းငယ်	than da gjau' tan: gjun: nge
récif (m)	ကျောက်တန်း	kjau' tan:
corail (m)	သန္တာကောင်	than da gaun
récif (m) de corail	သန္တာကျောက်တန်း	than da gjau' tan:
profond (adj)	နက်သော	ne' te.
profondeur (f)	အနက်	ane'
abîme (m)	ရှောက်နက်ကြီး	chau' ne' kji:
fosse (f) océanique	မြောင်း	mjaun:
courant (m)	စီးကြောင်း	si: gaun:
baigner (vt) (mer)	ဝိုင်းသည်	wain: de

| littoral (m) | ကမ်းစပ် | kan: za' |
| côte (f) | ကမ်းရြေ | kan: gjei |

marée (f) haute	ရေတက်	jei de'
marée (f) basse	ရေကု	jei gja.
banc (m) de sable	သောင်ဇွယ်	thaun zwe
fond (m)	ကြမ်းပြင်	kan: pjin

vague (f)	လှိုင်း	hlain:
crête (f) de la vague	လှိုင်းခေါင်းဖျ	hlain: gaun: bju.
mousse (f)	အမြုပ်	a hmjou'

tempête (f) en mer	မုန်တိုင်း	moun dain:
ouragan (m)	ဟာရိကိန်းမုန်တိုင်း	ha ji gain: moun dain:
tsunami (m)	ဆူနာမိ	hsu na mi
calme (m)	ရေဒှေ	jei dhei
calme (tranquille)	ငြိမ်သက်အေးဆေးသော	njein dhe' ei: zei: de.

| pôle (m) | ဝင်ရိုးစွန်း | win jou: zun |
| polaire (adj) | ဝင်ရိုးစွန်းနှင့်ဆိုင်သော | win jou: zun hnin. zain de. |

latitude (f)	လတ္တီတွဒ်	la' ti. tu'
longitude (f)	လောင်ဂျီတွဒ်	laun gji twa'
parallèle (f)	လတ္တီတွဒ်မျဉ်း	la' ti. tu' mjin:
équateur (m)	အီကွေတာ	i kwei: da

ciel (m)	ကောင်းကင်	kaun: gin
horizon (m)	မိုးကုပ်စက်ဝိုင်း	mou kou' se' wain:
air (m)	လေထု	lei du.

phare (m)	မီးပြတိုက်	mi: bja dai'
plonger (vi)	ရေငုပ်သည်	jei ngou' te
sombrer (vi)	ရေမြုပ်သည်	jei mjou' te
trésor (m)	ရတနာ	jadana

199. Les noms des mers et des océans

océan (m) Atlantique	အတ္တလန္တိတ် သမုဒ္ဒရာ	a' ta. lan ti' thamou' daja
océan (m) Indien	အိန္ဒိယ သမုဒ္ဒရာ	indi. ja thamou. daja
océan (m) Pacifique	ပစိဖိတ် သမုဒ္ဒရာ	pa. si. hpi' thamou' daja
océan (m) Glacial	အာတိတ် သမုဒ္ဒရာ	a tei' thamou' daja

mer (f) Noire	ပင်လယ်နက်	pin le ne'
mer (f) Rouge	ပင်လယ်နီ	pin le ni
mer (f) Jaune	ပင်လယ်ဝါ	pin le wa
mer (f) Blanche	ပင်လယ်ဖြူ	pin le bju

mer (f) Caspienne	ကက်စပီယန် ပင်လယ်	ke' za. pi jan pin le
mer (f) Morte	ပင်လယ်သေ	pin le dhe:
mer (f) Méditerranée	မြေထဲပင်လယ်	mjei hte: bin le

mer (f) Égée	အေဂျီယန်းပင်လယ်	ei gi jan: bin le
mer (f) Adriatique	အဒရီရာတစ်ပင်လယ်	a da yi ya ti' pin le
mer (f) Arabique	အာရေဘီးယန်း ပင်လယ်	a ra bi: an: bin le

mer (f) du Japon	ဂျပန် ပင်လယ်	gja pan pin le
mer (f) de Béring	ဘယ်ရင်း ပင်လယ်	be jin: bin le
mer (f) de Chine Méridionale	တောင်တရုတ်ပင်လယ်	taun dajou' pinle

mer (f) de Corail	ကော်ရယ်လ်ပင်လယ်	ko je l pin le
mer (f) de Tasman	တက်စမန်းပင်လယ်	te' sa. man: bin le
mer (f) Caraïbe	ကာရေးဘီးယန်းပင်လယ်	ka rei: bi: jan: bin le

| mer (f) de Barents | ဘာရန့်စ် ပင်လယ် | ba jan's bin le |
| mer (f) de Kara | ကာရာ ပင်လယ် | kara bin le |

mer (f) du Nord	မြောက်ပင်လယ်	mjau' pin le
mer (f) Baltique	ဘော့လ်တစ်ပင်လယ်	bo' l ti' pin le
mer (f) de Norvège	နော်ဝေးရှိယန်း ပင်လယ်	no wei: bin le

200. Les montagnes

montagne (f)	တောင်	taun
chaîne (f) de montagnes	တောင်တန်း	taun dan:
crête (f)	တောင်ကြော	taun gjo:

sommet (m)	ထိပ်	htei'
pic (m)	တောင်ထွတ်	taun htu'
pied (m)	တောင်ခြေ	taun gjei
pente (f)	တောင်စောင်း	taun zaun:

volcan (m)	မီးတောင်	mi: daun
volcan (m) actif	မီးတောင်ရှင်	mi: daun shin
volcan (m) éteint	မီးငြိမ်းတောင်	mi: njein: daun

éruption (f)	မီးတောင်ပေါက်ကွဲခြင်း	mi: daun pau' kwe: gjin:
cratère (m)	မီးတောင်ဝ	mi: daun wa.
magma (m)	ကျောက်ရည်ပူ	kjau' ji bu
lave (f)	ချော်ရည်	cho ji
en fusion (lave ~)	အရည်းပူသော	ajam: bu de.

canyon (m)	တောင်ကြားချိုင့်ဝှမ်းနက်	taun gja: gjain. hwan: ne'
défilé (m) (gorge)	တောင်ကြား	taun gja:
crevasse (f)	အက်ကွဲကြောင်း	e' kwe: gjaun:
précipice (m)	ချောက်ကမ်းပါး	chau' kan: ba:

col (m) de montagne	တောင်ကြားလမ်း	taun gja: lan:
plateau (m)	ကုန်းပြင်မြင့်	koun: bjin mjin
rocher (m)	ကျောက်ဆောင်	kjau' hsain
colline (f)	တောင်ကုန်း	taun goun:

glacier (m)	ရေခဲမြစ်	jei ge: mji'
chute (f) d'eau	ရေတံခွန်	jei dan khun
geyser (m)	ရေပူစမ်း	jei bu zan:
lac (m)	ရေကန်	jei gan

plaine (f)	မြေပြန့်	mjei bjan:
paysage (m)	ရှုခင်း	shu. gin:
écho (m)	ပဲ့တင်သံ	pe. din than

alpiniste (m)	တောင်တက်သမား	taun de' thama:
varappeur (m)	ကျောက်တောင်တက်သမား	kjau' taun de dha ma:
conquérir (vt)	အောင်နိုင်သူ	aun nain dhu
ascension (f)	တောင်တက်ခြင်း	taun de' chin:

201. Les noms des chaînes de montagne

Alpes (f pl)	အဲလ်ပ်တောင်	e.lp daun
Mont Blanc (m)	မောင့်ဘလန့်စ်တောင်	maun. ba. lan. s taun
Pyrénées (f pl)	ပီရန်းနီးစ်တောင်	pi jan: ni:s taun
Carpates (f pl)	ကာပသီယန့်စ်တောင်	ka pa. dhi jan s taun
Monts Oural (m pl)	ယူရယ်တောင်တန်း	ju re daun dan:
Caucase (m)	ကော့ကေးဆင်တောင်တန်း	ko: kei: zi' taun dan:
Elbrous (m)	အယ်ဘရက်စ်တောင်	e ba. ja's daun
Altaï (m)	အယ်လတိုင်တောင်	e la. tain daun
Tian Chan (m)	တိုင်ယန့်ရှန်းတောင်	tain jan shin: daun
Pamir (m)	ပါမီယာတောင်တန်း	pa mi ja daun dan:
Himalaya (m)	ဟိမဝန္တာတောင်တန်း	hi. ma. wan da daun dan:
Everest (m)	ဧဝရက်တောင်	ei wa. ja' taun
Andes (f pl)	အန်းဒီတောင်တန်း	an: di daun dan:
Kilimandjaro (m)	ကီလီမန့်ဂျာရိုတောင်	ki li man gja gou daun

202. Les fleuves

rivière (f), fleuve (m)	မြစ်	mji'
source (f)	စမ်း	san:
lit (m) (d'une rivière)	ရေကြောစီးကြောင်း	jei gjo: zi: gjaun:
bassin (m)	မြစ်ချိုင့်ဝှမ်း	mji' chain. hwan:
se jeter dans ...	စီးဝင်သည်	si: win de
affluent (m)	မြစ်လက်တက်	mji' le' te'
rive (f)	ကမ်း	kan:
courant (m)	စီးကြောင်း	si: gaun:
en aval	ရေစုန်	jei zoun
en amont	ရေဆန်	jei zan
inondation (f)	ရေကြီးမှု	jei gji: hmu.
les grandes crues	ရေလျှံခြင်း	jei shan gjin:
déborder (vt)	လျှံသည်	shan de
inonder (vt)	ရေလွှမ်းသည်	jei hlwan: de
bas-fond (m)	ရေတိမ်ပိုင်း	jei dein bain:
rapide (m)	ရေအောက်ကျောက်ဆောင်	jei au' kjau' hsaun
barrage (m)	ဆည်	hse
canal (m)	တူးမြောင်း	tu: mjaun:
lac (m) de barrage	ရေလှောင်ကန်	jei hlaun gan
écluse (f)	ရေလွှဲပေါက်	jei hlwe: bau'

plan (m) d'eau	ရေထု	jei du.
marais (m)	ရွှံ့ညွန့်	shwan njun
fondrière (f)	စိုမြေ	sein. mjei
tourbillon (m)	ရေဝဲ	jei we:

ruisseau (m)	ချောင်းကလေး	chaun: galei:
potable (adj)	သောက်ရေ	thau' jei
douce (l'eau ~)	ရေချို	jei gjou

| glace (f) | ရေခဲ | jei ge: |
| être gelé | ရေခဲသည် | jei ge: de |

203. Les noms des fleuves

| Seine (f) | ဆိန်းမြစ် | sein mji' |
| Loire (f) | လော်ရီမြစ် | lo ji mji' |

Tamise (f)	သိမ်းမြစ်	thain: mji'
Rhin (m)	ရိုင်းမြစ်	rain: mji'
Danube (m)	ဒင်နယုမြစ်	din na. ju mji'

Volga (f)	ဗော်လဂါမြစ်	bo la. ga mja'
Don (m)	ဒွန်မြစ်	dun mja'
Lena (f)	လီနာမြစ်	li na mji'

Huang He (m)	မြစ်ဝါ	mji' wa
Yangzi Jiang (m)	ရန်ဇီးမြစ်	jan zi: mji'
Mékong (m)	မဲခေါင်မြစ်	me: gaun mji'
Gange (m)	ဂင်္ဂါမြစ်	gan ga. mji'

Nil (m)	နိုင်းမြစ်	nain: mji'
Congo (m)	ကွန်ဂိုမြစ်	kun gou mji'
Okavango (m)	အိုကာဝန်ဂိုမြစ်	ai' hou ban
Zambèze (m)	ဇမ်ဘီးဇီးမြစ်	zan bi zi: mji'
Limpopo (m)	လင်ပိုပိုမြစ်	lin po pou mji'
Mississippi (m)	မစ်စစ္စပီမြစ်	mi' si. si. pi. mji'

204. La forêt

| forêt (f) | သစ်တော | thi' to: |
| forestier (adj) | သစ်တောနှင့်ဆိုင်သော | thi' to: hnin. zain de. |

fourré (m)	ထူထပ်သောတော	htu da' te. do:
bosquet (m)	သစ်ပင်အုပ်	thi' pin ou'
clairière (f)	တောတွင်းလဟာပြင်	to: dwin: la. ha bjin

| broussailles (f pl) | ချုံပိတ်ပေါင်း | choun bei' paun: |
| taillis (m) | ချုံထနောင်းတော | choun hta naun: de. |

sentier (m)	လူသွားလမ်းကလေး	lu dhwa: lan: ga. lei:
ravin (m)	လှို	shou
arbre (m)	သစ်ပင်	thi' pin

| feuille (f) | သစ်ရွက် | thi' jwe' |
| feuillage (m) | သစ်ရွက်များ | thi' jwe' mja: |

chute (f) de feuilles	သစ်ရွက်ကြွေခြင်း	thi' jwe' kjwei gjin:
tomber (feuilles)	သစ်ရွက်ကြွေသည်	thi' jwe' kjwei de
sommet (m)	အဖျား	ahpja:

rameau (m)	အကိုင်းခွဲ	akain: khwe:
branche (f)	ပင်မကိုင်း	pin ma. gain:
bourgeon (m)	အဖူး	ahpu:
aiguille (f)	အပ်နှင့်တူသောအရွက်	a' hnin. bu de. ajwe'
pomme (f) de pin	ထင်းရှူးသီး	htin: shu: dhi:

creux (m)	အခေါင်းပေါက်	akhaun: bau'
nid (m)	ငှက်သိုက်	hnge' thai'
terrier (m) (~ d'un renard)	မြေတွင်း	mjei dwin:

tronc (m)	ပင်စည်	pin ze
racine (f)	အမြစ်	amji'
écorce (f)	သစ်ခေါက်	thi' khau'
mousse (f)	ရေညှိ	jei hnji.

déraciner (vt)	အမြစ်မှဆွဲနုတ်သည်	amji' hma zwe: hna' te
abattre (un arbre)	ခုတ်သည်	khou' te
déboiser (vt)	တောပြုန်းစေသည်	to: bjoun: zei de
souche (f)	သစ်ငုတ်တို	thi' ngou' tou

feu (m) de bois	မီးပုံ	mi: boun
incendie (m)	မီးလောင်ခြင်း	mi: laun gjin:
éteindre (feu)	မီးသတ်သည်	mi: tha' de

garde (m) forestier	တောခေါင်း	to: gaun:
protection (f)	သစ်တောဝန်ထမ်း	thi' to: wun dan:
protéger (vt)	ထိန်းသိမ်းစောင့်ရှောက်သည်	htein: dhein: zaun. shau' te
braconnier (m)	မိုးယုသူ	khou: ju dhu
piège (m) à mâchoires	သံမဏိထောင်ရှောက်	than mani. daun gjau'

cueillir (champignons)	ဆွတ်သည်	hsu' te
cueillir (baies)	ခူးသည်	khu: de
s'égarer (vp)	လမ်းပျောက်သည်	lan: bjau' de

205. Les ressources naturelles

ressources (f pl) naturelles	သယံဇာတ	thajan za da.
minéraux (m pl)	တွင်းထွက်ပစ္စည်း	twin: htwe' pji' si:
gisement (m)	နုန်	noun:
champ (m) (~ pétrolifère)	ဓာတ်သတ္တုတွက်ရာမြေ	da' tha' tu dwe' ja mjei

extraire (vt)	တူးဖော်သည်	tu: hpo de
extraction (f)	တူးဖော်ခြင်း	tu: hpo gjin:
minerai (m)	သတ္တုရိုင်း	tha' tu. jain:
mine (f) (site)	သတ္တုတွင်း	tha' tu. dwin:
puits (m) de mine	မိုင်းတွင်း	main: dwin:
mineur (m)	သတ္တုတွင်း အလုပ်သမား	tha' tu. dwin: alou' thama:

gaz (m)	ဓာတ်ငွေ့	da' ngwei.
gazoduc (m)	ဓါတ်ငွေ့ပိုက်လိုင်း	da' ngwei. bou' lain:
pétrole (m)	ရေနံ	jei nan
pipeline (m)	ရေနံပိုက်လိုင်း	jei nan bou' lain:
tour (f) de forage	ရေနံတွင်း	jei nan dwin:
derrick (m)	ရေနံစင်	jei nan zin
pétrolier (m)	လောင်စာတင်သင်္ဘော	laun za din dhin bo:
sable (m)	သဲ	the:
calcaire (m)	ထုံးကျောက်	htoun: gjau'
gravier (m)	ကျောက်စရစ်	kjau' sa. ji'
tourbe (f)	မြေဆွေးခဲ	mjei zwei: ge:
argile (f)	မြေစေး	mjei zei:
charbon (m)	ကျောက်မီးသွေး	kjau' mi dhwei:
fer (m)	သံ	than
or (m)	ရွှေ	shwei
argent (m)	ငွေ	ngwei
nickel (m)	နီကယ်	ni ke
cuivre (m)	ကြေးနီ	kjei: ni
zinc (m)	သွပ်	thu'
manganèse (m)	မဂ္ဂနီးစ်	ma' ga. ni:s
mercure (m)	ပြဒါး	bada:
plomb (m)	ခဲ	khe:
minéral (m)	သတ္တုဆား	tha' tu. za:
cristal (m)	သလင်းကျောက်	thalin: gjau'
marbre (m)	စကျင်ကျောက်	zagjin kjau'
uranium (m)	ယူရေနီယမ်	ju rei ni jan

La Terre. Partie 2

temps (m)	ရာသီဥတု	ja dhi nja. tu.
météo (f)	မိုးလေဝသခန့် မှန်းချက်	mou: lei wa. dha. gan. hman: gje'
température (f)	အပူချိန်	apu gjein
thermomètre (m)	သာမိုမီတာ	tha mou mi ta
baromètre (m)	လေဖိအားတိုင်းကိရိယာ	lei bi. a: dain: gi. ji. ja
humide (adj)	စိုထိုင်းသော	sou htain: de
humidité (f)	စိုထိုင်းမှု	sou htain: hmu.
chaleur (f) (canicule)	အပူရှိန်	apu shein
torride (adj)	ပူလောင်သော	pu laun de.
il fait très chaud	ပူလောင်ခြင်း	pu laun gjin:
il fait chaud	နွေးခြင်း	nwei: chin:
chaud (modérément)	နွေးသော	nwei: de.
il fait froid	အေးခြင်း	ei: gjin:
froid (adj)	အေးသော	ei: de.
soleil (m)	နေ	nei
briller (soleil)	သာသည်	tha de
ensoleillé (jour ~)	နေသာသော	nei dha de.
se lever (vp)	နေထွက်သည်	nei dwe' te
se coucher (vp)	နေဝင်သည်	nei win de
nuage (m)	တိမ်	tein
nuageux (adj)	တိမ်ထူသော	tein du de
nuée (f)	မိုးတိမ်	mou: dain
sombre (adj)	ညို့မိုင်းသော	njou. hmain: de.
pluie (f)	မိုး	mou:
il pleut	မိုးရွာသည်	mou: jwa de.
pluvieux (adj)	မိုးရွာသော	mou: jwa de.
bruiner (v imp)	မိုးဖွဲဖွဲရွာသည်	mou: bwe: bwe: jwa de
pluie (f) torrentielle	သည်းထန်စွာရွာသောမိုး	thi: dan zwa jwa dho: mou:
averse (f)	မိုးပုသိန်	mou: bu. zain
forte (la pluie ~)	မိုးသည်းသော	mou: de: de.
flaque (f)	ရေအိုင်	jei ain
se faire mouiller	မိုးမိသည်	mou: mi de
brouillard (m)	မြူ	mju
brumeux (adj)	မြူထုထပ်သော	mju htu hta' te.
neige (f)	နင်း	hnin:
il neige	နင်းကျသည်	hnin: gja. de

207. Les intempéries. Les catastrophes naturelles

orage (m)	မိုးသက်မုန်တိုင်း	mou: dhe' moun dain:
éclair (m)	လျပ်စီး	hlja' si:
éclater (foudre)	လျပ်ပြက်သည်	hlja' pje' te

tonnerre (m)	မိုးကြိုး	mou: kjou:
gronder (tonnerre)	မိုးကြိုးပစ်သည်	mou: gjou: pi' te
le tonnerre gronde	မိုးကြိုးပစ်သည်	mou: gjou: pi' te

| grêle (f) | မိုးသီး | mou: dhi: |
| il grêle | မိုးသီးကြွေသည် | mou: dhi: gjwei de |

| inonder (vt) | ရေကြီးသည် | jei gji: de |
| inondation (f) | ရေကြီးမှု | jei gji: hmu. |

tremblement (m) de terre	ငလျင်	nga ljin
secousse (f)	တုန်ခါခြင်း	toun ga gjin:
épicentre (m)	ငလျင်ဗဟိုချက်	nga ljin ba hou che'

| éruption (f) | မီးတောင်ပေါက်ကွဲခြင်း | mi: daun pau' kwe: gjin: |
| lave (f) | ချော်ရည် | cho ji |

tourbillon (m)	လေဆင်နှာမောင်း	lei zin hna maun:
tornade (f)	လေဆင်နှာမောင်း	lei zin hna maun:
typhon (m)	တိုင်ဖွန်းမုန်တိုင်း	tain hpun moun dain:

ouragan (m)	ဟာရီကိန်းမုန်တိုင်း	ha ji gain: moun dain:
tempête (f)	မုန်တိုင်း	moun dain:
tsunami (m)	ဆူနာမိ	hsu na mi

cyclone (m)	ဆိုင်ကလုန်းမုန်တိုင်း	hsain ga. loun: moun dain:
intempéries (f pl)	ဆိုးရွားသောရာသီဉတု	hsou: jwa: de. ja dhi u. tu.
incendie (m)	မီးလောင်ခြင်း	mi: laun gjin:
catastrophe (f)	ဘေးအန္တရာယ်	bei: an daje
météorite (m)	ဥက္ကာခဲ	ou' ka ge:

avalanche (f)	ရေခဲနှင့်ကျောက်တုံး များထိုးကျခြင်း	jei ge: hnin kjau' toun: mja: htou: gja. gjin:
éboulement (m)	လေတိုက်ပြီးဖြစ်နေ သောနင်းပုံ	lei dou' hpji: bi' nei dho: hnin: boun
blizzard (m)	နှင်းမုန်တိုင်း	hnin: moun dain:
tempête (f) de neige	နှင်းမုန်တိုင်း	hnin: moun dain:

208. Les bruits. Les sons

silence (m)	တိတ်ဆိတ်မှု	tei' hsei' hmu.
son (m)	အသံ	athan
bruit (m)	ရှုညံသံ	hsu, njan dhan.
faire du bruit	ရှုညံသည်	hsu. njan de
bruyant (adj)	ရှုညံသော	hsu. njan de.
fort (adv)	ကျယ်လောင်စွာ	kje laun zwa
fort (voix ~e)	ကျယ်လောင်သော	kje laun de

constant (bruit, etc.)	ဆက်တိုက်ဖြစ်သော	hse' dain bja' de.
cri (m)	အော်သံ	o dhan
crier (vi)	အော်သည်	o de
chuchotement (m)	တီးတိုးပြောသံ	ti: dou: bjo dhan
chuchoter (vi, vt)	တီးတိုးပြောသည်	ti: dou: bjo de
aboiement (m)	ဟောင်သံ	han dhan
aboyer (vi)	ဟောင်သည်	han de
gémissement (m)	တကျိကျိမြည်သံ	ta kjwi. kjwi. mji dhan
gémir (vi)	တကျိကျိမြည်သည်	ta kjwi. kjwi. mji de
toux (f)	ချောင်းဆိုးခြင်း	gaun: zou: gjin:
tousser (vi)	ချောင်းဆိုးသည်	gaun: zou: de
sifflement (m)	လေချွန်သံ	lei gjun dhan
siffler (vi)	လေချွန်သည်	lei gjun de
coups (m pl) à la porte	တံခါးခေါက်သံ	daga: khau' than
frapper (~ à la porte)	တံခါးခေါက်သည်	daga: khau' te
craquer (vi)	တိုက်သည်	tai' te
craquement (m)	ဒိုင်းခနဲမြည်သံ	dein: ga. ne: mji dhan.
sirène (f)	အချက်ပေးညံ့သံ	ache' pei: ou' o: dhan
sifflement (m) (de train)	ဉ္ဿဲ့သံ	udhja zwe: dhan
siffler (train, etc.)	ဉ္ဿဲ့သည်	udhja zwe: de
coup (m) de klaxon	ဟွန်းသံ	hwun: dhan
klaxonner (vi)	ဟွန်းတီးသည်	hwun: di: de

209. L'hiver

hiver (m)	ဆောင်းရာသီ	hsaun: ja dhi
d'hiver (adj)	ဆောင်းရာသီနှင့်ဆိုင်သော	hsaun: ja dhi hnin. zain de.
en hiver	ဆောင်းရာသီမှာ	hsaun: ja dhi hma
neige (f)	နှင်း	hnin:
il neige	နှင်းကျသည်	hnin: gja. de
chute (f) de neige	ဆီးနှင်းကျခြင်း	hsi: hnin: gja gjin:
congère (f)	နှင်းခဲပုံ	hnin: ge: boun
flocon (m) de neige	ဆီးနှင်းပွင့်	hsi: hnin: bwin.
boule (f) de neige	နှင်းဆုပ်လုံး	hnin: zou' loun:
bonhomme (m) de neige	နှင်းခဲလူရုပ်	hnin: ge: lu jou'
glaçon (m)	ရေခဲပန်းဆွဲ	jei ge: ban: zwe:
décembre (m)	ဒီဇင်ဘာလ	di zin ba la.
janvier (m)	ဇန်နဝါရီလ	zan na. wa ji la.
février (m)	ဖေဖော်ဝါရီလ	hpei bo wa ji la
gel (m)	နှင်းခဲခြင်း	hnin: ge: gjin:
glacial (nuit ~)	နှင်းခဲသော	hnin: ge: de.
au-dessous de zéro	သုညအောက်	thoun nja. au'
premières gelées (f pl)	နှင်းခဲ	hnin: ga:
givre (m)	နှင်းပေါက်ခဲဖြူ	hnin: bau' khe: bju

froid (m)	အေးခြင်း	ei: gjin:
il fait froid	အေးသည်	ei: de
manteau (m) de fourrure	သားမွေးအနွေးထည်	tha: mwei: anwei: de
moufles (f pl)	နှစ်ကန့်လက်အိတ်	hni' kan. le' ei'
tomber malade	အဖျားဝင်သည်	ahpja: win de
refroidissement (m)	အအေးမိခြင်း	aei: mi. gjin:
prendre froid	အအေးမိသည်	aei: mi. de
glace (f)	ရေခဲ	jei ge:
verglas (m)	ရေခဲပြင်ပါး	jei ge: bjin ba:
être gelé	ရေခဲသည်	jei ge: de
bloc (m) de glace	ရေခဲမျှော	jei ge: mjo:
skis (m pl)	နှင်းလျှောစီးစက်တ်	hnin: sho: zi: zakei'
skieur (m)	နှင်းလျှောစီးစက်တ်သမား	hnin: sho: zi: zakei' dhama:
faire du ski	နှင်းလျှောစီးသည်	hnin: sho: zi: de
patiner (vi)	ရေခဲပြင်စက်တ်စီးသည်	jei ge: bjin za. gei' si: de

La faune

prédateur (m)	သားရဲ	tha: je:
tigre (m)	ကျား	kja:
lion (m)	ခြင်္သေ့	chin dhei.
loup (m)	ဝံပုလွေ	wun bu. lwei
renard (m)	မြေခွေး	mjei gwei:

jaguar (m)	ဂျာဂွာကျားသစ်မျိုး	gja gwa gja: dhi' mjou:
léopard (m)	ကျားသစ်	kja: dhi'
guépard (m)	သစ်ကျုတ်	thi' kjou'

panthère (f)	ကျားသစ်နက်	kja: dhi' ne'
puma (m)	ပျူးမားတောင်ခြေသဲ့	pju. ma: daun gjin dhei.
léopard (m) de neiges	ရေခဲတောင်ကျားသစ်	jei ge: daun gja: dhi'
lynx (m)	လင့်ကြောင်မြီးတို	lin. gjaun mji: dou

coyote (m)	ဝံပုလွေငယ်တစ်မျိုး	wun bu. lwei nge di' mjou:
chacal (m)	ခွေးအ	khwei: a.
hyène (f)	ဟိုင်းအီးနား	hain i: na:

| animal (m) | တိရှ္ဆာန် | tharei' hsan |
| bête (f) | ခြေလေးချောင်းသတ္တဝါ | chei lei: gjaun: dhadawa |

écureuil (m)	ရှဉ့်	shin.
hérisson (m)	ဖြူကောင်	hpju gaun
lièvre (m)	တောယုန်ကြီး	to: joun gji:
lapin (m)	ယုန်	joun

blaireau (m)	ခွေးတူဝက်တူကောင်	khwei: du we' tu gaun
raton (m)	ရက်ကွန်းဝံ	je' kwan: wan
hamster (m)	မြီးတိုပါးတွဲကြွက်	mji: dou ba: dwe: gjwe'
marmotte (f)	မားမို့တ်ကောင်	ma: mou. t gaun

taupe (f)	ပွေး	pwei:
souris (f)	ကြွက်	kjwe'
rat (m)	မြေကြွက်	mjei gjwe'
chauve-souris (f)	လင်းနို့	lin: nou.

hermine (f)	အားမင်ကောင်	a: min gaun
zibeline (f)	ဆေဘဲ	hsei be
martre (f)	အသားစားအကောင်ငယ်	atha: za: akaun nge
belette (f)	သားစားဖျံ	tha: za: bjan
vison (m)	မင့်ခမြေဝါ	min kh mjwei ba

castor (m)	ဖျံကြီးတစ်မျိုး	hpjan gji: da' mjou:
loutre (f)	ဖျံ	hpjan
cheval (m)	မြင်း	mjin:
élan (m)	ဦးချိုပြားသော သမင်ကြီး	u: gjou bja: dho: thamin gji:
cerf (m)	သမင်	thamin
chameau (m)	ကုလားအုတ်	kala: ou'
bison (m)	အမေရိကန်ပြောင်	amei ji kan pjaun
aurochs (m)	အောရက်စ်	o: re' s
buffle (m)	ကျွဲ	kjwe:
zèbre (m)	မြင်းကျား	mjin: gja:
antilope (f)	အပြေးမြန်သော တောဆိတ်	apjei: mjan de. hto: zei'
chevreuil (m)	ဒရယ်ငယ်တစ်မျိုး	da. je nge da' mjou:
biche (f)	ဒရယ်	da. je
chamois (m)	တောင်ဆိတ်	taun zei'
sanglier (m)	တောဝက်ထီး	to: we' hti:
baleine (f)	ဝေလငါး	wei la. nga:
phoque (m)	ပင်လယ်ဖျံ	pin le bjan
morse (m)	ဝေါရစ်ဖျံ	wo: ra's hpjan
ours (m) de mer	အမွေးပါသောပင် လယ်ဖျံ	amwei: pa dho: bin le hpjan
dauphin (m)	လင်းပိုင်	lin: bain
ours (m)	ဝက်ဝံ	we' wun
ours (m) blanc	ဝိုလ္လာဝက်ဝံ	pou la we' wan
panda (m)	ပန်ဒါဝက်ဝံ	pan da we' wan
singe (m)	မျောက်	mjau'
chimpanzé (m)	ချင်ပင်ဇီမျောက်ဝံ	chin pin zi mjau' wan
orang-outang (m)	အော်ရန်အူတန်လူဝံ	o ran u tan lu wun
gorille (m)	ဂေါရီလာမျောက်ဝံ	go ji la mjau' wun
macaque (m)	မာကာ‌‌ကွေမျောက်	ma ga gwei mjau'
gibbon (m)	မျောက်လွှဲ‌ကျော်	mjau' hlwe: gjo
éléphant (m)	ဆင်	hsin
rhinocéros (m)	ကြံ့	kjan.
girafe (f)	သစ်ကုလားအုတ်	thi' ku. la ou'
hippopotame (m)	ရေမြင်း	jei mjin:
kangourou (m)	သားပိုက်ကောင်	tha: bai' kaun
koala (m)	ကိုအာလာဝက်ဝံ	kou a la we' wun
mangouste (f)	မွေပါ	mwei ba
chinchilla (m)	ချင်းရှီလာ	chin: chi la
mouffette (f)	စကန့်မဖျံ	sakan. kh hpjan
porc-épic (m)	ဖြူ	hpju

212. Les animaux domestiques

chat (m) (femelle)	ကြောင်	kjaun
chat (m) (mâle)	ကြောင်ထီး	kjaun di:
chien (m)	ခွေး	khwei:

cheval (m)	မြင်း	mjin:
étalon (m)	မြင်းထီး	mjin: di:
jument (f)	မြင်းမ	mjin: ma.
vache (f)	နွား	nwa:
taureau (m)	နွားထီး	nwa: di:
bœuf (m)	နွားထီး	nwa: di:
brebis (f)	သိုး	thou:
mouton (m)	သိုးထီး	thou: hti:
chèvre (f)	ဆိတ်	hsei'
bouc (m)	ဆိတ်ထီး	hsei' hti:
âne (m)	မြည်း	mji:
mulet (m)	လား	la:
cochon (m)	ဝက်	we'
pourceau (m)	ဝက်ကလေး	we' ka lei:
lapin (m)	ယုန်	joun
poule (f)	ကြက်	kje'
coq (m)	ကြက်ဖ	kje' pha.
canard (m)	ဘဲ	be:
canard (m) mâle	ဘဲထီး	be: di:
oie (f)	ဘဲငန်း	be: ngan:
dindon (m)	ကြက်ဆင်	kje' hsin
dinde (f)	ကြက်ဆင်	kje' hsin
animaux (m pl) domestiques	အိမ်မွေးတိရွှာန်များ	ein mwei: ti. ji. swan mja:
apprivoisé (adj)	ယဉ်ပါးသော	jin ba: de.
apprivoiser (vt)	ယဉ်ပါးစေသည်	jin ba: zei de
élever (vt)	သားပေါက်သည်	tha: bau' te
ferme (f)	စိုက်ပျိုးမွေးမြူရေးခြံ	sai' pjou: mwei: mju jei: gjan
volaille (f)	ကြက်ဉက်တိရွှာန်	kje' ti ji za hsan
bétail (m)	ကျွဲနွားတိရွှာန်	kjwe: nwa: tarei. zan
troupeau (m)	အုပ်	ou'
écurie (f)	မြင်းဇောင်း	mjin: zaun:
porcherie (f)	ဝက်ခြံ	we' khan
vacherie (f)	နွားတင်းကုပ်	nwa: din: gou'
cabane (f) à lapins	ယုန်အိမ်	joun ein
poulailler (m)	ကြက်လှောင်အိမ်	kje' hlaun ein

213. Le chien. Les races

chien (m)	ခွေး	khwei:
berger (m)	သိုးကျောင်းခွေး	thou: kjaun: gwei:
berger (m) allemand	ဂျာမန်သိုးကျောင်းခွေး	gja ma. ni hnin. gjaun: gwei:
caniche (f)	ပွဒယ်လ်ခွေး	pu de l gwei:
teckel (m)	ဒတ်ရှန်းခွေး	da' shan: gwei:
bouledogue (m)	ခွေးဘီလူး	khwei: bi lu:

boxer (m)	ဘောက်ဆာခွေး	bo' hsa gwei:
mastiff (m)	အိမ်စောင့်ခွေးကြီးတစ်မျိုး	ein zaun. gwei: gji: di' mjou:
rottweiler (m)	ရော့ဝီလာခွေး	ro. wi la gwei:
doberman (m)	ဒိုဘာမင်းခွေး	dou ba min: gwei:
basset (m)	ခြေတံတိုအမဲလိုက်ခွေး	chei dan dou ame: lai' gwei:
bobtail (m)	ခွေးပုတစ်မျိုး	khwei: bu di' mjou:
dalmatien (m)	ဒယ်မေးရှင်းခွေး	de mei: shin gwe:
cocker (m)	ကိုကာစပန်နီရယ်ခွေး	kou ka sa. pan ni je khwei:
terre-neuve (m)	နယူးဖောင်လန်ခွေး	na. ju: hpaun lan gwe:
saint-bernard (m)	ကြက်ခြေနီခွေး	kje' chei ni khwei:
husky (m)	စွတ်ဖားဆွဲခွေး	su' hpa: zwe: gwei:
chow-chow (m)	တရုတ်ပြည်ပေါက် အမွေးထူခွေး	tajou' pji bau' amwei: htu gwei:
spitz (m)	စပစ်ဇ်ခွေး	sapi's khwei:
carlin (m)	ပဂ်ခွေး	pa' gwei:

214. Les cris des animaux

aboiement (m)	ဟောင်သံ	han dhan
aboyer (vi)	ဟောင်သည်	han de
miauler (vi)	ကြောင်အော်သည်	kjaun o de
ronronner (vi)	ညိမ့်ညိမ့်လေးမြည်သံပေးသည်	njein. njein. le: mje dhan bei: de
meugler (vi)	နွားအော်သည်	nwa: o de
beugler (taureau)	တိရစ္ဆာန်အော်သည်	tharei' hsan o de
rugir (chien)	မာန်ဖီသည်	man bi de
hurlement (m)	အူသံ	u dhan
hurler (loup)	အူသည်	u de
geindre (vi)	ရှည်လျားစူးရှစွာအော်သည်	shei lja: zu: sha. zwa o de
bêler (vi)	သိုးအော်သည်	thou: o de
grogner (cochon)	တအီအီမြည်သည်	ta. i i mji de
glapir (cochon)	တစီစီအော်မြည်သည်	ta. zi. zi. jo mje de
coasser (vi)	ဖားအော်သည်	hpa: o de
bourdonner (vi)	တဝီဝီအော်သည်	ta. wi wi o de
striduler (vi)	ကျည်ကျည်ကျာကျာအော်သည်	kji kji kja kja o de

215. Les jeunes animaux

bébé (m) (~ lapin)	သားပေါက်	tha: bau'
chaton (m)	ကြောင်ပေါက်ကလေး	kjaun bau' ka. lei:
souriceau (m)	ကြွက်ပေါက်ကလေး	kjwe' bau' ka. lei:
chiot (m)	ခွေးကလေး	khwei: galei:
levraut (m)	ယုန်ပေါက်ကလေး	joun bau' kalei:
lapereau (m)	ယုန်ကလေး	joun galei:

louveteau (m)	ဝံပုလွေပေါက်ကလေး	wun lwei bau' ka. lei:
renardeau (m)	မြေခွေးပေါက်ကလေး	mjei gwei: bau' kalei:
ourson (m)	ဝက်ဝံပေါက်ကလေး	we' wun bau' ka. lei:
lionceau (m)	ခြင်္သေ့ပေါက်ကလေး	chin dhei. bau' kalei:
bébé (m) tigre	ကျားပေါက်ကလေး	kja: bau' ka. lei:
éléphanteau (m)	ဆင်ပေါက်ကလေး	hsin bau' ka. lei:
pourceau (m)	ဝက်ကလေး	we' ka lei:
veau (m)	နွားပေါက်ကလေး	nwa: bau' ka. lei:
chevreau (m)	ဆိတ်ပေါက်ကလေး	hsei' pau' ka. lei:
agneau (m)	သိုးပေါက်ကလေး	thou: bau' kalei:
faon (m)	သမင်ပေါက်ကလေး	thamin bau' kalei:
bébé (m) chameau	မြင်းပေါက်ကလေး	mjin: bau' kalei:
serpenteau (m)	မြွေပေါက်ကလေး	mwei bau' kalei:
bébé (m) grenouille	ဖားပေါက်ကလေး	hpa: bau' ka. lei:
oisillon (m)	ငှက်ပေါက်ကလေး	hnge' pau' ka. lei:
poussin (m)	ကြက်ပေါက်ကလေး	kje' pau' ka. lei:
canardeau (m)	ပဲပေါက်ကလေး	pe: bau' ga. lei:

216. Les oiseaux

oiseau (m)	ငှက်	hnge'
pigeon (m)	ခို	khou
moineau (m)	စာကလေး	sa ga. lei:
mésange (f)	စာဝတီးငှက်	sa wadi: hnge'
pie (f)	ငှက်ကျား	hnge' kja:
corbeau (m)	ကျီးနက်	kji: ne'
corneille (f)	ကျီးကန်း	kji: kan:
choucas (m)	ဥရောပကျီးတစ်မျိုး	u. jo: pa gji: di' mjou:
freux (m)	ကျီးအ	kji: a.
canard (m)	ဘဲ	be:
oie (f)	ဘဲငန်း	be: ngan:
faisan (m)	ရစ်ငှက်	ji' hnge'
aigle (m)	လင်းယုန်	lin: joun
épervier (m)	သိမ်းငှက်	thain: hnge'
faucon (m)	အမဲလိုက်သိမ်းငှက်တစ်မျိုး	ame: lai' thein: hnge' ti' mjou:
vautour (m)	လင်းတ	lin: da.
condor (m)	တောင်အမေရိကလင်းတ	taun amei ri. ka. lin: da.
cygne (m)	ငန်း	ngan:
grue (f)	ငှက်ကုလား	hnge' ku. la:
cigogne (f)	ချည်ခင်စွပ်ငှက်	che gin zu' hnge'
perroquet (m)	ကြက်တူရွေး	kje' tu jwei:
colibri (m)	ငှက်ပိတုန်း	hnge' pi. doun:
paon (m)	ဥဒေါင်း	u. daun:
autruche (f)	ငှက်ကုလားအုတ်	hnge' ku. la: ou'
héron (m)	ငဟစ်ငှက်	nga hi' hnge'

| flamant (m) | ကြိုးကြားနီ | kjou: kja: ni |
| pélican (m) | ဝင်ကြိုးဝမ်းဝို | hnge' kji: wun bou |

| rossignol (m) | တေးဆိုငှက် | tei: hsou hnge' |
| hirondelle (f) | ပျံလွှား | pjan hlwa: |

merle (m)	မြေလူးငှက်	mjei lu: hnge'
grive (f)	တေးဆိုမြေလူးငှက်	tei: hsou mjei lu: hnge'
merle (m) noir	ငှက်မည်း	hnge' mji:

martinet (m)	ပျံလွှားတစ်မျိုး	pjan hlwa: di' mjou:
alouette (f) des champs	ဘိလုံးငှက်	bi loun: hnge'
caille (f)	ငုံး	ngoun:

pivert (m)	သစ်တောက်ငှက်	thi' tau' hnge'
coucou (m)	ဥဩငှက်	udhja hnge'
chouette (f)	ဇီးကွက်	zi: gwe
hibou (m)	သိမ်းငှက်အနွယ်ဝင်ဇီးကွက်	thain: hnge' anwe win zi: gwe'
tétras (m)	ရစ်	ji'
tétras-lyre (m)	ရစ်နက်	ji' ne'
perdrix (f)	ခါ	kha

étourneau (m)	ကျွဆက်ရက်	kjwe: hse' je'
canari (m)	စာဝါငှက်	sa wa hnge'
gélinotte (f) des bois	ရစ်ညို	ji' njou
pinson (m)	စာကျွခေါင်း	sa gjwe: gaun:
bouvreuil (m)	စာကျွခေါင်းငှက်	sa gjwe: gaun: hngwe'

mouette (f)	စင်ရော်	sin jo
albatros (m)	ပင်လယ်စင်ရော်ကြီး	pin le zin jo gji:
pingouin (m)	ပင်ဂွင်း	pin gwin:

217. Les oiseaux. Le chant, les cris

chanter (vi)	ငှက်တေးဆိုသည်	hnge' tei: zou de
crier (vi)	အော်သည်	o de
chanter (le coq)	တွန်သည်	tun de
cocorico (m)	ကြက်တွန်သံ	kje' twan dhan

glousser (vi)	ကြက်မကတော်သည်	kje' ma. ka. do de
croasser (vi)	ကျီးအာသည်	kji: a de
cancaner (vi)	တကတ်ကတ်အောင်သည်	ta. ge' ge' aun de
piauler (vi)	ကျည်ကျည်ကျာကျာမြည်သည်	kji kji kja kja mji de
pépier (vi)	တွတ်ထိုးသည်	tu' htou: de

218. Les poissons. Les animaux marins

brème (f)	ငါးကြင်းတစ်မျိုး	nga: gjin: di' mjou
carpe (f)	ငါးကြင်း	nga gjin:
perche (f)	ငါးဖြူမတစ်မျိုး	nga: bjei ma. di' mjou:
silure (m)	ငါးခူ	nga: gu
brochet (m)	ပိုက်ငါး	pai' nga

saumon (m)	ဆော်လမွန်ငါး	hso: la. mun nga:
esturgeon (m)	စတာဂျင်ငါးကြီးမျိုး	sata gjin nga: gji: mjou:
hareng (m)	ငါးသလောက်	nga: dha. lau'
saumon (m) atlantique	ဆော်လမွန်ငါး	hso: la. mun nga:
maquereau (m)	မက်ကရယ်ငါး	me' ka. je nga:
flet (m)	ဥရောပ ငါးခွေး လျှာတစ်မျိုး	u. jo: pa nga: gwe: sha di' mjou:
sandre (f)	ငါးပြုမအုန္နယ် ဝင်ငါးတစ်မျိုး	nga: bjei ma. anwe win nga: di' mjou:
morue (f)	ငါးကြီးသီထုတ်သောငါး	nga: gji: zi dou' de. nga:
thon (m)	တူနာငါး	tu na nga:
truite (f)	ထရောက်ငါး	hta. jau' nga:
anguille (f)	ငါးရှဉ့်	nga: shin.
torpille (f)	ငါးလက်တုံ	nga: le' htoun
murène (f)	ငါးရှဉ့်ကြီးတစ်မျိုး	nga: shin. gji: da' mjou:
piranha (m)	အသားစားငါးငယ်တစ်မျိုး	atha: za: nga: nge ti' mjou:
requin (m)	ငါးမန်း	nga: man:
dauphin (m)	လင်းပိုင်	lin: bain
baleine (f)	ဝေလငါး	wei la. nga:
crabe (m)	ကကန်း	kanan:
méduse (f)	ငါးဖန်ခွက်	nga: hpan gwe'
pieuvre (f), poulpe (m)	ရေဘဝဲ	jei ba. we:
étoile (f) de mer	ကြယ်ငါး	kje nga:
oursin (m)	သိပုချုပ်	than ba. gjou'
hippocampe (m)	ရေနဂါး	jei naga:
huître (f)	ကမာကောင်	kama kaun
crevette (f)	ပုစွန်	bazun
homard (m)	ကျောက်ပုစွန်	kjau' pu. zun
langoustine (f)	ကျောက်ပုစွန်	kjau' pu. zun

219. Les amphibiens. Les reptiles

serpent (m)	မြွေ	mwei
venimeux (adj)	အဆိပ်ရှိသော	ahsei' shi. de.
vipère (f)	မြွေပွေး	mwei bwei:
cobra (m)	မြွေဟောက်	mwei hau'
python (m)	စပါးအုံးမြွေ	saba: oun: mwei
boa (m)	စပါးကြီးမြွေ	saba: gji: mwei
couleuvre (f)	မြက်လျှောမြွေ	mje' sho: mwei
serpent (m) à sonnettes	ခလောက်ဆွဲမြွေ	kha. lau' hswe: mwei
anaconda (m)	အနာကွန်ဒါမြွေ	ana kun da mwei
lézard (m)	တွားသွားသတ္တဝါ	twa: dhwa: tha' tawa
iguane (m)	ဖွတ်	hpu'
varan (m)	ပုတ်သင်	pou' thin

salamandre (f)	ရေပွတ်သင်	jei bou' thin
caméléon (m)	ပုတ်သင်ညို	pou' thin njou
scorpion (m)	ကင်းမြီးကောက်	kin: mji: kau'

tortue (f)	လိပ်	lei'
grenouille (f)	ဖား	hpa:
crapaud (m)	ဖားပြုပ်	hpa: bju'
crocodile (m)	မိကျောင်း	mi. kjaun:

220. Les insectes

insecte (m)	ပိုးမွှား	pou: hmwa:
papillon (m)	လိပ်ပြာ	lei' pja
fourmi (f)	ပုရွက်ဆိတ်	pu. jwe' hsei'
mouche (f)	ယင်ကောင်	jin gaun
moustique (m)	ခြင်	chin
scarabée (m)	ပိုးတောင်မာ	pou: daun ma

guêpe (f)	နကျယ်ကောင်	na. gje gaun
abeille (f)	ပျား	pja:
bourdon (m)	ပိတုန်း	pi. doun:
œstre (m)	မှက်	hme'

araignée (f)	ပင့်ကူ	pjin. gu
toile (f) d'araignée	ပင့်ကူအိမ်	pjin gu ein

libellule (f)	ပုစဉ်း	bazin
sauterelle (f)	နံကောင်	hnan gaun
papillon (m)	ပိုးဖလံ	pou: ba. lan

cafard (m)	ပိုးဟပ်	pou: ha'
tique (f)	မွှား	hmwa:
puce (f)	သန်း	than:
moucheron (m)	မှက်အသေးစား	hme' athei: za:

criquet (m)	ကျိုင်းကောင်	kjain: kaun
escargot (m)	ခရု	khaju.
grillon (m)	ပုရစ်	paji'
luciole (f)	ပိုးစုန်းကြူး	pou: zoun: gju:
coccinelle (f)	လေဒီဘတ်ပိုးတောင်မာ	lei di ba' pou: daun ma
hanneton (m)	အုန်းပိုး	oun: bou:

sangsue (f)	မျှော	hmjo.
chenille (f)	ပေါက်ဖက်	pau' hpe'
ver (m)	တီကောင်	ti gaun
larve (f)	ပိုးတုံးလုံး	pou: doun: loun:

221. Les parties du corps des animaux

bec (m)	ငှက်နှုတ်သီး	hnqe' hnou' thi:
ailes (f pl)	တောင်ပံ	taun pan
patte (f)	ခြေထောက်	chei htau'

plumage (m)	အမွေး	ahmwei
plume (f)	ငှက်မွေး	hnge' hmwei:
houppe (f)	အမောက်	amou'

ouïes (f pl)	ပါးဟက်	pa: he'
œufs (m pl)	ငါးဥ	nga: u.
larve (f)	ပိုးလောက်လန်း	pou: lau' lan:
nageoire (f)	ဆူးတောင်	hsu: daun
écaille (f)	ကြေးခွံ	kjei: gwan

croc (m)	အစွယ်	aswe
patte (f)	ခြေသည်းရှည်ပါသောဝါး	chei dhi: shi ba dho: ba. wa:
museau (m)	နှုတ်သီး	hnou' thi:
gueule (f)	ပါးစပ်	pa: zi'
queue (f)	အမြီး	ami:
moustaches (f pl)	နှုတ်ခမ်းမွေး	hnou' khan: hmwei:

| sabot (m) | ခွာ | khwa |
| corne (f) | ဦးချို | u: gjou |

carapace (f)	လိပ်ကျောခွံ	lei' kjo: ghwan
coquillage (m)	အခွံ	akhun
coquille (f) d'œuf	ဥခွံ	u. gun

| poil (m) | အမွေး | ahmwei |
| peau (f) | သားရေ | tha: ei |

222. Les mouvements des animaux

voler (vi)	ပျံသည်	pjan de
faire des cercles	ဝဲသည်	we: de
s'envoler (vp)	ပျံတွက်သွားသည်	pjan dwe' dwa: de
battre des ailes	အတောင်ခတ်သည်	ataun khai' te

picorer (vt)	နှုတ်သီးဖြင့်ဆိတ်သည်	hnou' thi: bjin. zei' te
couver (vt)	ဝပ်သည်	wu' te
éclore (vt)	ဥမှသားပေါက်သည်	u. hma. dha: bau' te
faire un nid	အသိုက်ပြုလုပ်သည်	athai' pju. lou' dhe

ramper (vi)	တွားသွားသည်	twa: dhwa: de
piquer (insecte)	တုပ်သည်	tou' te
mordre (animal)	ကိုက်သည်	kou' de

flairer (vt)	အနံ့ခံနာရှုသည်	anan. khan hna shun. de
aboyer (vi)	ဟောင်သည်	han de
siffler (serpent)	ရှူးရှူးရှဲ အသံပြုသည်	shu: shu: she: she: athan bju. de
effrayer (vt)	ခြောက်လှန့်သည်	chau' hlan. de
attaquer (vt)	တိုက်ခိုက်သည်	tai' khai' te

ronger (vt)	ကိုက်ဖြတ်သည်	kou' hpja' te
griffer (vt)	ကုတ်သည်	kou' te
se cacher (vp)	ပုန်းသည်	poun: de
jouer (chatons, etc.)	ကစားသည်	gaza: de

chasser (vi, vt)	အမဲလိုက်သည်	ame: lai' de
être en hibernation	ဆောင်းခိုသည်	hsaun: gou de
disparaître (dinosaures)	မျိုးသုဉ်းသည်	mjou: dhou: de

223. Les habitats des animaux

habitat (m) naturel	ကျက်စားရာဒေသ	kje' za: ja dei dha.
migration (f)	ပြောင်းရွှေ့နေထိုင်ခြင်း	pjaun: shwei nei dain gjin:
montagne (f)	တောင်	taun
récif (m)	ကျောက်တန်း	kjau' tan:
rocher (m)	ကျောက်ဆောင်	kjau' hsain
forêt (f)	သစ်တော	thi' to:
jungle (f)	တောရိုင်း	to: jain:
savane (f)	အပူပိုင်းမြင်ခင်းလွင်ပြင်	apu bain: gjin gin: lwin pjin
toundra (f)	တန်ဒြာ-ကျုတ်တီးမြေ	tun dra kje' bi: mjei
steppe (f)	မြက်ခင်းလွင်ပြင်	mje' khin: lwin bjin
désert (m)	သဲကန္တာရ	the: gan da ja.
oasis (f)	အိုအေစစ်	ou ei zi'
mer (f)	ပင်လယ်	pin le
lac (m)	ရေကန်	jei gan
océan (m)	သမုဒ္ဒရာ	thamou' daja
marais (m)	ရွှံ့ညွန်	shwan njun
d'eau douce (adj)	ရေချို	jei gjou
étang (m)	ရေကန်ငယ်	jei gan nge
rivière (f), fleuve (m)	မြစ်	mji'
tanière (f)	သားရဲလှောင်အိမ်တွင်း	tha: je: hlaun ein twin:
nid (m)	ငှက်သိုက်	hnge' thai'
creux (m)	အခေါင်းပေါက်	akhaun: bau'
terrier (m) (~ d'un renard)	မြေတွင်း	mjei dwin:
fourmilière (f)	ခြေတောင်ပို့	cha. daun bou.

224. Les soins aux animaux

zoo (m)	တိရစ္ဆာန်ဥယျာဉ်	tharei' hsan u. jin
réserve (f) naturelle	စားကျက်	sa: gja'
pépinière (f)	တိရစ္ဆာန်မျိုးဖောက်သူ	tharei' hsan mjou: hpau' thu
volière (f)	လှောင်အိမ်	hlaun ein
cage (f)	လှောင်အိမ်	hlaun ein
niche (f)	ခွေးအိမ်	khwei: ein
pigeonnier (m)	ခိုအိမ်	khou ein
aquarium (m)	အလှမွေးငါးကန်	ahla. mwei: nga: gan
delphinarlum (m)	လင်းပိုင်မွေးကန်	lin: bain mwei kan
élever (vt)	သားပေါက်သည်	tha: bau' te
nichée (f), portée (f)	သားပေါက်အုပ်စု	tha: bau' ou' zu.

apprivoiser (vt)	ယဉ်ပါးစေသည်	jin ba: zei de
dresser (un chien)	လေ့ကျင့်ပေးသည်	lei. kjin. bei: de
aliments (pl) pour animaux	အစာ	asa
nourrir (vt)	အစာကျွေးသည်	asa gjwei: de.

magasin (m) d'animaux	အိမ်မွေးတိရိစ္ဆာန်ဆိုင်	ein mwei: ti. ji. swan zain
muselière (f)	နှုတ်သီးစွပ်	hnou' thi: zu'
collier (m)	လည်ပတ်	le ba'
nom (m) (d'un animal)	အမည်	amji
pedigree (m)	ခွေးမျိုးရိုးမှတ်တမ်း	khwei: mjou: jou: hma' tan:

225. Les animaux. Divers

meute (f) (~ de loups)	အုပ်	ou'
volée (f) d'oiseaux	အုပ်	ou'
banc (m) de poissons	အုပ်	ou'
troupeau (m)	အုပ်	ou'

mâle (m)	အထီး	a hti:
femelle (f)	အမ	ama.

affamé (adj)	ဆာလောင်သော	hsa laun de.
sauvage (adj)	တောရိုင်း	to: jain:
dangereux (adj)	အန္တရာယ်ရှိသော	an dare shi. de.

226. Les chevaux

cheval (m)	မြင်း	mjin:
race (f)	အမျိုးအစားကောင်းသောမြင်း	amjou: asa: gaun: dho: mjin:

poulain (m)	မြင်းပေါက်	mjin: bau'
jument (f)	မြင်းမ	mjin: ma.

mustang (m)	မာစတန်မြင်း	ma za. dan mjin:
poney (m)	မြင်းပု	mjin: bu.
cheval (m) de trait	နိုင်းမြင်း	khain: mjin:

crin (m)	လည်ဆံမွေး	le zan hmwei:
queue (f)	အမြီး	ami:

sabot (m)	ခွါ	khwa
fer (m) à cheval	မြင်းသံခွါ	mjin: dhan gwa
ferrer (vt)	မြင်းသံခွါရိုက်သည်	mjin: dhan gwa jai' te
maréchal-ferrant (m)	ပန်းပဲသမား	pan: be: dhama:

selle (f)	မြင်းကုန်းနှီး	mjin: goun: ni:
étrier (m)	ခြေနင်းကွင်း	chei nin: gwin:
bride (f)	မြင်းဇက်ကြိုး	mjin: ze' kjou:
rênes (f pl)	မြင်းထိန်းကြိုး	mjin: dein: gjou:
fouet (m)	ကြာပွတ်	kja bu'
cavalier (m)	မြင်းစီးသူ	mjin: zi: dhu
seller (vt)	မြင်းကုန်းနှီးချုပ်သည်	mjin: goun: ni: gjou' te

se mettre en selle	မြင်းပေါ်တက်သည်	mjin: bo da' te
galop (m)	မြင်းအနှံ့စိုင်းခြင်း	mjin: oun: zain: zi: gjin:
aller au galop	မြင်းအနှံ့စိုင်းစီးသည်	mjin: oun: zain: zi: de
trot (m)	ရှရွေးသည်	jwa. jwa. bjei: de
au trot (adv)	ရှရွေးသည့်ခြေလှမ်း	jwa. jwa. bjei: de. gjei hlan:
aller au trot	ရှရွဲးသည်	jwa. jwa. zi: de
cheval (m) de course	ပြိုင်မြင်း	pjain mjin:
courses (f pl) à chevaux	မြင်းပြိုင်ခြင်း	mjin: bjain gjin:
écurie (f)	မြင်းဇောင်း	mjin: zaun:
nourrir (vt)	အစာကျွေးသည်	asa gjwei: de.
foin (m)	မြက်ခြောက်	mje' khau'
abreuver (vt)	ရေတိုက်သည်	jei dai' te
laver (le cheval)	ရေချိုးပေးသည်	jei gjou bei: de
charrette (f)	မြင်းသည်လှည်း	mjin: de hli:
paître (vi)	စားကျက်တွင်လွှတ်ထားသည်	sa: gja' twin hlu' hta' de
hennir (vi)	မြင်းဟဲသည်	mjin: hi de
ruer (vi)	မြင်းကန်သည်	mjin: gan de

La flore

arbre (m)	သစ်ပင်	thi' pin
à feuilles caduques	ရွက်ပြုတ်	jwe' pja'
conifère (adj)	ထင်းရှူးပင်နှင့်ဆိုင်သော	htin; shu; bin hnin, zain de.
à feuilles persistantes	အမဲတားရင်းပင်	e ba: ga rin: bin
pommier (m)	ပန်းသီးပင်	pan: dhi: bin
poirier (m)	သစ်တော်ပင်	thi' to bin
merisier (m)	ချယ်ရီသီးအရှိုုပင်	che ji dhi: akjou bin
cerisier (m)	ချယ်ရီသီးအချဉ်ပင်	che ji dhi: akjin bin
prunier (m)	သီးပင်	hsi: bin
bouleau (m)	ဘုဇပတ်ပင်	bu. za. ba' pin
chêne (m)	ဝက်သစ်ချပင်	we' thi' cha. bin
tilleul (m)	လင်ဒန်ပင်	lin dan pin
tremble (m)	ပိုပလာပင်တစ်မျိုး	po. pa. la bin di' mjou:
érable (m)	မေပယ်ပင်	mei pe bin
épicéa (m)	ထင်းရှူးပင်တစ်မျိုး	htin: shu: bin ti' mjou:
pin (m)	ထင်းရှူးပင်	htin: shu: bin
mélèze (m)	ကတော့ပုံထင်းရှူးပင်	ka dau. boun din: shu: pin
sapin (m)	ထင်းရှူးပင်တစ်မျိုး	htin: shu: bin ti' mjou:
cèdre (m)	သစ်ကတိုးပင်	thi' gadou: bin
peuplier (m)	ပိုပလာပင်	po. pa. la bin
sorbier (m)	ရာအန်ပင်	ra an bin
saule (m)	မိုးမဂပင်	mou: ma. ga. bin
aune (m)	အိုလ်ဒါပင်	oun da bin
hêtre (m)	ယင်းသစ်	jin: dhi'
orme (m)	အမ်ပင်	an bin
frêne (m)	အက်ရှ်အပင်	e' sh apin
marronnier (m)	သစ်အယ်ပင်	thi' e
magnolia (m)	တတိုင်းမွှေးပင်	ta tain: hmwei: bin
palmier (m)	ထန်းပင်	htan: bin
cyprès (m)	စိုက်ပရက်စ်ပင်	sai' pa. je's pin
palétuvier (m)	လမုပင်	la. mu. bin
baobab (m)	ကန္တာရပေါက်ပင်တစ်မျိုး	kan ta ja. bau' bin di' chju:
eucalyptus (m)	ယူကလစ်ပင်	ju kali' pin
séquoia (m)	ဆီကွိုုလာပင်	hsi gwou la pin

buisson (m)	ချုံပုတ်	choun bou'
arbrisseau (m)	ချုံ	choun

| vigne (f) | စပျစ် | zabji' |
| vigne (f) (vignoble) | စပျစ်ခြံ | zabji' chan |

framboise (f)	ရတ်စဘယ်ရီ	re' sa be ji
cassis (m)	ဘလက်ကားရန့်	ba. le' ka: jan.
groseille (f) rouge	အနီရောင်ဘယ်ရီသီး	ani jaun be ji dhi:
groseille (f) verte	ကုလားဆီးဖြူပင်	kala: zi: hpju pin

acacia (m)	အကေရှားပင်	akei sha: bin:
berbéris (m)	ဘားဘယ်ရီပင်	ba: be' ji bin
jasmin (m)	စံပယ်ပင်	san be bin

genévrier (m)	ဂျုနီပါပင်	gju ni ba bin
rosier (m)	နှင်းဆီရုံ	hnin: zi gjun
églantier (m)	တောရိုင်းနှင်းဆီပင်	to: ein: hnin: zi bin

229. Les champignons

champignon (m)	မှို	hmou
champignon (m) comestible	စားသုံးနိုင်သောမှို	sa: dhoun: nein dho: hmou
champignon (m) vénéneux	အဆိပ်ရှိသောမှို	ahsei shi. de. hmou
chapeau (m)	မှိုဖူး	hmou bwin.
pied (m)	မှိုခြေထောက်	hmou gjei dau'

cèpe (m)	မှိုခြင်ထောင်	hmou gjin daun
bolet (m) orangé	ထိပ်အဝါရောင်ရှိသောမှို	htei' awa jaun shi. de. hmou
bolet (m) bai	ခြေထောက်ရှည်မှိုတစ်မျိုး	chei htau' shi hmou di' mjou:
girolle (f)	ချန်တရယ်မှို	chan ta. je hmou
russule (f)	ရာဆယ်လာမှို	ja. ze la hmou

morille (f)	ထိပ်ပွလုံးသောမှို တစ်မျိုး	htei' loun: dho: hmou di' mjou:
amanite (f) tue-mouches	အနီရောင်ရှိသော မှိုတစ်မျိုး	ani jaun shi. dho: hmou di' mjou:
oronge (f) verte	ဒက်ကဲပိမှို	de' ke. p hmou

230. Les fruits. Les baies

| fruit (m) | အသီး | athi: |
| fruits (m pl) | အသီးများ | athi: mja: |

pomme (f)	ပန်းသီး	pan: dhi:
poire (f)	သစ်တော်သီး	thi' to dhi:
prune (f)	ဆီးသီး	hsi: dhi:

fraise (f)	စတော်ဘယ်ရီသီး	sato be ri dhi:
cerise (f)	ချယ်ရီရှင်သီး	che ji gjin dhi:
merise (f)	ချယ်ရီရှဲသီး	che ji gjou dhi:
raisin (m)	စပျစ်သီး	zabji' thi:

| framboise (f) | ရတ်စဘယ်ရီ | re' sa be ji |
| cassis (m) | ဘလက်ကားရန့် | ba. le' ka: jan. |

groseille (f) rouge	အနီရောင်ဘယ်ရီသီး	ani jaun be ji dhi:
groseille (f) verte	ကလားဆိုးဖြူ	ka. la: his: hpju
canneberge (f)	ကရမ်ဘယ်ရီ	ka. jan be ji

orange (f)	လိမ္မော်သီး	limmo dhi:
mandarine (f)	ပျားလိမ္မော်သီး	pja: lein mo dhi:
ananas (m)	နာနတ်သီး	na na' dhi:
banane (f)	ငှက်ပျောသီး	hnge' pjo: dhi:
datte (f)	စွန်ပလွံသီး	sun palun dhi:

citron (m)	သံပုရာသီး	than bu. jou dhi:
abricot (m)	တရုတ်ဆီးသီး	jau' hsi: dhi:
pêche (f)	မက်မွန်သီး	me' mwan dhi:
kiwi (m)	ကီဝီသီး	ki wi dhi
pamplemousse (m)	ကရိတ်ဖရုသီး	ga. ri' hpa. ju dhi:

baie (f)	ဘယ်ရီသီး	be ji dhi:
baies (f pl)	ဘယ်ရီသီးများ	be ji dhi: mja:
airelle (f) rouge	အနီရောင်ဘယ်ရီသီးတစ်မျိုး	ani jaun be ji dhi: di: mjou:
fraise (f) des bois	စတော်ဘယ်ရီရိုင်း	sato be ri jain:
myrtille (f)	ဘီလဘယ်ရီအသီး	bi' l be ji athi:

231. Les fleurs. Les plantes

| fleur (f) | ပန်း | pan: |
| bouquet (m) | ပန်းစည်း | pan: ze: |

rose (f)	နှင်းဆီပန်း	hnin: zi ban:
tulipe (f)	ကျူးလစ်ပန်း	kju: li' pan:
oeillet (m)	ဇော်မွားပန်း	zo hmwa: bin:
glaïeul (m)	သစ္စာပန်း	thi' sa ban:

bleuet (m)	အပြာရောင်တောပန်းတစ်မျိုး	apja jaun dho ban: da' mjou:
campanule (f)	ခေါင်းရန်းအပြာပန်း	gaun: jan: apja ban:
dent-de-lion (f)	တောပန်းအဝါတစ်မျိုး	to: ban: awa ti' mjou:
marguerite (f)	မေမြို့ပန်း	mei. mjou. ban:

aloès (m)	ရှားစောင်းလက်ပတ်ပင်	sha: zaun: le' pa' pin
cactus (m)	ရှားစောင်းပင်	sha: zaun: bin
ficus (m)	ရော်ဘာပင်	jo ba bin

lis (m)	နှင်းပန်း	hnin: ban:
géranium (m)	ကြွေပန်းတစ်မျိုး	kjwei ban: da' mjou:
jacinthe (f)	ဗေဒါပန်း	bei da ba:

mimosa (m)	ထိကရုံးကြီးပင်	hti. ga. joun: gji: bin
jonquille (f)	နားစီဆက်စ်ပင်	na: zi ze's pin
capucine (f)	တောင်ကြာကလေး	taun gja galei:

orchidée (f)	သစ်ခွပင်	thi' khwa. bin
pivoine (f)	စနဒပန်း	san dapan:
violette (f)	ဝိုင်းအိုးလက်	bain: ou le'
pensée (f)	ပေါင်ဒါပန်း	paun da ban:
myosotis (m)	ခင်မမေ့ပန်း	khin ma. mei. pan:

pâquerette (f)	ဒေစီပန်း	dei zi bin
coquelicot (m)	ဘိန်းပင်	bin: bin
chanvre (m)	ဆေးခြောက်ပင်	hsei: chau' pin
menthe (f)	ပူစီနံ	pu zi nan

| muguet (m) | နင်းပန်းတစ်မျိုး | hnin: ban: di' mjou: |
| perce-neige (f) | နင်းခေါင်းလောင်းပန်း | hnin: gaun: laun: ban: |

ortie (f)	ဖက်ယားပင်	hpe' ja: bin
oseille (f)	ဖျော်ရည်ပင်	hmjo gji bin
nénuphar (m)	ကြာ	kja
fougère (f)	ဖန်းပင်	hpan: bin
lichen (m)	သစ်ကပ်မှော်	thi' ka' hmo

serre (f) tropicale	ဖန်လုံအိမ်	hpan ain
gazon (m)	မြက်ခင်း	mje' khin:
parterre (m) de fleurs	ပန်းစိုက်ခင်း	pan: zai' khan:

plante (f)	အပင်	apin
herbe (f)	မြက်	mje'
brin (m) d'herbe	ရွက်ရှွန်း	jwe' chun:

feuille (f)	အရွက်	ajwa'
pétale (m)	ပွင့်ချပ်	pwin: gja'
tige (f)	ပင်စည်	pin ze
tubercule (m)	ဉမြစ်	u. mi'

| pousse (f) | အစို့အညှောက် | asou./a hnjau' |
| épine (f) | ဆူး | hsu: |

fleurir (vi)	ပွင့်သည်	pwin: de
se faner (vp)	ညှိုးနွမ်းသည်	hnjou: nun: de
odeur (f)	အနံ့	anan.
couper (vt)	ရိတ်သည်	jei' te
cueillir (fleurs)	ခူးသည်	khu: de

232. Les céréales

grains (m pl)	နှံစားပင်တို့၏ အစေ့အဆန်	hnan za: bin dou. i. asei. ahsan
céréales (f pl) (plantes)	ကောက်ပဲသီးနှံ	kau' pe: dhi: nan
épi (m)	အနံ့	ahnan

blé (m)	ဂျုံ	gja. mei: ka:
seigle (m)	ဂျုံရိုင်း	gjoun jain:
avoine (f)	မြင်းစားဂျုံ	mjin: za: gjoun
millet (m)	ကောက်ပဲသီးနှံပင်	kau' pe: dhi: nan bin
orge (f)	မုယောစပါး	mu. jo za. ba:

maïs (m)	ပြောင်းဖူး	pjaun: bu:
riz (m)	ဆန်စပါး	hsan zaba
sarrasin (m)	ပန်းဂျုံ	pan: gjun
pois (m)	ပဲစေ့	pe: zei.
haricot (m)	ပိုလ်စားပဲ	bou za: be:

soja (m)	ပဲပုပ်ပဲ	pe: bou' pe
lentille (f)	ပဲနကလေး	pe: ni ga. lei:
fèves (f pl)	ပဲအမျိုးမျိုး	pe: amjou: mjou:

233. Les légumes

légumes (m pl)	ဟင်းသီးဟင်းရွက်	hin: dhi: hin: jwe'
verdure (f)	ဟင်းခတ်အမွှေးရွက်	hin: ga' ahmwei: jwe'
tomate (f)	ခရမ်းချဉ်သီး	khajan: chan dhi:
concombre (m)	သခွားသီး	thakhwa: dhi:
carotte (f)	မုန်လာဥနီ	moun la u. ni
pomme (f) de terre	အာလူး	a lu:
oignon (m)	ကြက်သွန်နီ	kje' thwan ni
ail (m)	ကြက်သွန်ဖြူ	kje' thwan bju
chou (m)	ဂေါ်ဖီ	go bi
chou-fleur (m)	ပန်းဂေါ်ဖီ	pan: gozi
chou (m) de Bruxelles	ဂေါ်ဖီထုပ်အသေးစား	go bi dou' athei: za:
brocoli (m)	ပန်းဂေါ်ဖီအစိမ်း	pan: gozi asein:
betterave (f)	မုန်လာဥနီလုံး	moun la u. ni loun:
aubergine (f)	ခရမ်းသီး	khajan: dhi:
courgette (f)	ဘူးသီး	bu: dhi:
potiron (m)	ဖရုံသီး	hpa joun dhi:
navet (m)	တရုတ်မုန်လာဥ	tajou' moun la u.
persil (m)	တရုတ်နံနံပင်	tajou' nan nan bin
fenouil (m)	စမြိတ်ပင်	samjei' pin
laitue (f) (salade)	ဆလပ်ရွက်	hsa. la' jwe'
céleri (m)	တရုတ်နံနံကြီး	tajou' nan nan gji:
asperge (f)	ကညွတ်မာပင်	ka. nju' ma bin
épinard (m)	ဒေါက်ခွ	dau' khwa.
pois (m)	ပဲပင်	pe: bin
fèves (f pl)	ပဲအမျိုးမျိုး	pe: amjou: mjou:
maïs (m)	ပြောင်းဖူး	pjaun: bu:
haricot (m)	ပိုလ်စားပဲ	bou za: be:
poivron (m)	ငရုတ်သီး	nga jou' thi:
radis (m)	မုန်လာဥသေး	moun la u. dhei:
artichaut (m)	အာတိချော	a ti cho.

LA GÉOGRAPHIE RÉGIONALE

Les pays du monde. Les nationalités

234. L'Europe de l'Ouest

Europe (f)	ဥရောပ	u. jo: pa
Union (f) européenne	ဥရောပသမဂ္ဂ	u. jo: pa dha: me' ga.
européen (m)	ဥရောပသား	u. jo: pa dha:
européen (adj)	ဥရောပနှင့်ဆိုင်သော	u. jo: pa hnin. zain de
Autriche (f)	သြစတြီးယား	o. sa. tji: ja:
Autrichien (m)	သြစတြီးယန်းအမျိုးသား	o. sa. tji: jan: amjou: dha:
Autrichienne (f)	သြစတြီးယန်းအမျိုးသမီး	o. sa. tji: jan: amjou: dhami:
autrichien (adj)	သြစတြီးယားနှင့်ဆိုင်သော	o. sa. tji: ja: hnin. zain de.
Grande-Bretagne (f)	အင်္ဂလန်	angga. lan
Angleterre (f)	အင်္ဂလန်	angga. lan
Anglais (m)	အင်္ဂလန်နိုင်ငံသား	angga. lan nain ngan dha:
Anglaise (f)	အင်္ဂလန်နိုင်ငံသူ	angga. lan nain ngan dhu
anglais (adj)	အင်္ဂလန်နှင့်ဆိုင်သော	angga. lan hnin. zein dho:
Belgique (f)	ဘယ်လ်ဂျီယံ	be l gji jan
Belge (m)	ဘယ်လ်ဂျီယံအမျိုးသား	be l gji jan dha:
Belge (f)	ဘယ်လ်ဂျီယံအမျိုးသမီး	be l gji jan dhami:
belge (adj)	ဘယ်လ်ဂျီယံနှင့်ဆိုင်သော	be l gji jan hnin. zain de.
Allemagne (f)	ဂျာမန်	gja man
Allemand (m)	ဂျာမန်အမျိုးသား	gja man amjou: dha:
Allemande (f)	ဂျာမန်အမျိုးသမီး	gja man amjou: dhami:
allemand (adj)	ဂျာမန်နှင့်ဆိုင်သော	gja man hnin. zain de.
Pays-Bas (m)	နယ်သာလန်	ne dha lan
Hollande (f)	ဟော်လန်	ho lan
Hollandais (m)	ဒတ်ချ်အမျိုးသား	da' ch amjou: dha:
Hollandaise (f)	ဒတ်ချ်အမျိုးသမီး	da' ch amjou: dhami:
hollandais (adj)	ဒတ်ချ်နှင့်ဆိုင်သော	da' ch hnin. zain de
Grèce (f)	ဂရိ	ga. ri.
Grec (m)	ဂရိအမျိုးသား	ga. ri. amjou: dha:
Grecque (f)	ဂရိအမျိုးသမီး	ga. ri. amjou: dhami:
grec (adj)	ဂရိနှင့်ဆိုင်သော	ga. ri. hnin. zain de.
Danemark (m)	ဒိန်းမတ်	dein: ma'
Danois (m)	ဒိန်းမတ်သား	dein: ma' dha:
Danoise (f)	ဒိန်းမတ်သူ	dein: ma' dhu
danois (adj)	ဒိန်းမတ်နှင့်ဆိုင်သော	dein: ma' hnin. zain de
Irlande (f)	အိုင်ယာလန်	ain ja lan
Irlandais (m)	အိုင်ယာလန်အမျိုးသား	ain ja lan amjou: dha:

Irlandaise (f)	အိုင်ယာလန်အမျိုးသမီး	ain ja lan amjou: dha. mi:
irlandais (adj)	အိုင်ယာလန်နှင့်ဆိုင်သော	ain ja lan hnin. zain de.
Islande (f)	အိုက်စလန်း	ai' sa lan:
Islandais (m)	အိုက်စလန်းသား	ai' sa lan: dha:
Islandaise (f)	အိုက်စလန်းသူ	ai' sa lan: dhu
islandais (adj)	အိုက်စလန်းနှင့်ဆိုင်သော	ai' sa lan: hnin. hsain de.
Espagne (f)	စပိန်	sapein
Espagnol (m)	စပိန်အမျိုးသား	sapein mjou: dha:
Espagnole (f)	စပိန်အမျိုးသမီး	sapein mjou: dhami:
espagnol (adj)	စပိန်နှင့်ဆိုင်သော	sapein hnin. zain de.
Italie (f)	အီတလီ	ita. li
Italien (m)	အီတလီအမျိုးသား	ita. li amjou: dha:
Italienne (f)	အီတလီအမျိုးသမီး	ita. li amjou: dhami:
italien (adj)	အီတလီနှင့်ဆိုင်သော	ita. li hnin. zain de.
Chypre (m)	ဆိုက်ပရက်စ်	hsu: pa. je' s te.
Chypriote (m)	ဆိုက်ပရက်စ်သား	hsu: pa. je' s tha:
Chypriote (f)	ဆိုက်ပရက်စ်သူ	hsu: pa. je' s thu
chypriote (adj)	ဆိုက်ပရက်စ်နှင့်ဆိုင်သော	hsu: pa. je' s hnin. zain de.
Malte (f)	မောလတာ	ma ta
Maltais (m)	မောလတာသား	ma ta dha:
Maltaise (f)	မောလတာသူ	ma ta dhami:
maltais (adj)	မောလတာနှင့်ဆိုင်သော	ma ta hnin. zain de.
Norvège (f)	နော်ဝေး	no wei:
Norvégien (m)	နော်ဝေးအမျိုးသား	no wei: amjou: dha:
Norvégienne (f)	နော်ဝေးအမျိုးသမီး	no wei: amjou: dhami:
norvégien (adj)	နော်ဝေးနှင့်ဆိုင်သော	no wei: hnin. zain de.
Portugal (m)	ပေါ်တူဂီ	po tu gi
Portugais (m)	ပေါ်တူဂီအမျိုးသား	po tu gi amjou: dha:
Portugaise (f)	ပေါ်တူဂီအမျိုးသမီး	po tu gi amjou: dhami:
portugais (adj)	ပေါ်တူဂီနှင့်ဆိုင်သော	po tu gi hnin. zain de.
Finlande (f)	ဖင်လန်	hpin lan
Finlandais (m)	ဖင်လန်အမျိုးသား	hpin lan dha:
Finlandaise (f)	ဖင်လန်အမျိုးသမီး	hpin lan dhami:
finlandais (adj)	ဖင်လန်နှင့်ဆိုင်သော	hpin lan hnin. zain de.
France (f)	ပြင်သစ်	pjin dhi'
Français (m)	ပြင်သစ်အမျိုးသား	pjin dhi' amjou: dha:
Française (f)	ပြင်သစ်အမျိုးသမီး	pjin dhi' amjou: dhami:
français (adj)	ပြင်သစ်နှင့်ဆိုင်သော	pjin dhi' hnin. zain de.
Suède (f)	ဆွီဒင်	hswi din
Suédois (m)	ဆွီဒင်အမျိုးသား	hswi din amjou: dha:
Suédoise (f)	ဆွီဒင်အမျိုးသမီး	hswi din amjou: dhami:
suédois (adj)	ဆွီဒင်နှင့်ဆိုင်သော	hswi din hnin. zain de.
Suisse (f)	ဆွစ်ဇာလန်	hswa' za lan
Suisse (m)	ဆွစ်ဇာလန်အမျိုးသား	hswa' za lan amjou: dha:
Suissesse (f)	ဆွစ်ဇာလန်အမျိုးသမီး	hswa' za lan amjou: dhami:

suisse (adj)	ဆွစ်ဇာလန်နှင့်ဆိုင်သော	hswa' za lan hnin. zain de.
Écosse (f)	စကော့တလန်	sa. ko: talan
Écossais (m)	စကော့တလန်အမျိုးသား	sa. ko: talan mjou: dha:
Écossaise (f)	စကော့တလန်အမျိုးသမီး	sa. ko: talan mjou: dha:
écossais (adj)	စကော့တလန်နှင့်ဆိုင်သော	sa. ko: talan hnin. zain de.

Vatican (m)	ဗာတီကန်	ba di gan
Liechtenstein (m)	ဗာတီကန်လူမျိုး	ba di gan dhu mjo:
Luxembourg (m)	လူဆင်ဘော့	lju hsan bo.
Monaco (m)	မိုနာကို	mou na kou

235. L'Europe Centrale et l'Europe de l'Est

Albanie (f)	အယ်လ်ဘေးနီးယား	e l bei: ni: ja:
Albanais (m)	အယ်လ်ဘေးနီးယားအမျိုးသား	e l bei: ni: ja amjou: dha:
Albanaise (f)	အယ်လ်ဘေးနီးယားအမျိုးသမီး	e l bei: ni: ja: amjou: dhami:
albanais (adj)	အယ်လ်ဘေးနီးယားနှင့်ဆိုင်သော	e l bei: ni: ja: hnin. zain de.

Bulgarie (f)	ဘူလ်ဂေးရီးယား	bou gei: ji: ja
Bulgare (m)	ဘူလ်ဂေးရီးယားအမျိုးသား	bou gei: ji: ja amjou: dha:
Bulgare (f)	ဘူလ်ဂေးရီးယားအမျိုးသမီး	bou gei: ji: ja amjou: dhami:
bulgare (adj)	ဘူလ်ဂေးရီးယားနှင့်ဆိုင်သော	bou gei: ji: ja hnin. zain de.

Hongrie (f)	ဟန်ဂေရီ	han gei ji
Hongrois (m)	ဟန်ဂေရီအမျိုးသား	han gei ji amjou: dha:
Hongroise (f)	ဟန်ဂေရီအမျိုးသမီး	han gei ji amjou: dhami:
hongrois (adj)	ဟန်ဂေရီနှင့်ဆိုင်သော	han gei ji hnin. zain de.

Lettonie (f)	လတ်ဗီယန်	la' bi jan
Letton (m)	လတ်ဗီယန်အမျိုးသား	la' bi jan amjou: dha:
Lettonne (f)	လတ်ဗီယန်အမျိုးသမီး	la' bi jan amjou: dhami:
letton (adj)	လတ်ဗီယန်နှင့်ဆိုင်သော	la' bi jan hnin. zein de.

Lituanie (f)	လစ်သူနီယဲ	li' thu ni jan
Lituanien (m)	လစ်သူနီယဲအမျိုးသား	li' thu ni jan amjou: dha:
Lituanienne (f)	လစ်သူနီယဲအမျိုးသမီး	li' thu ni jan amjou: dhami:
lituanien (adj)	လစ်သူနီယဲနှင့်ဆိုင်သော	li' thu ni jan hnin. zain de.

Pologne (f)	ပိုလန်	pou lan
Polonais (m)	ပိုလန်အမျိုးသား	pou lan amjou: dha:
Polonaise (f)	ပိုလန်အမျိုးသမီး	pou lan amjou: dhami:
polonais (adj)	ပိုလန်နှင့်ဆိုင်သော	pou lan hnin. zain de.

Roumanie (f)	ရူမေးနီးယား	ru mei: ni: ja:
Roumain (m)	ရူမေးနီးယားအမျိုးသား	ru mei: ni: ja: amjou: dha:
Roumaine (f)	ရူမေးနီးယားအမျိုးသမီး	ru mei: ni: ja: amjou: dha:
roumain (adj)	ရူမေးနီးယားနှင့်ဆိုင်သော	ru mei: ni: ja: hnin. zain de.

Serbie (f)	ဆယ်ဗိယဲ	hse bi jan.
Serbe (m)	ဆာဗိယဲအမျိုးသား	hsa bi jan amjou: dha:
Serbe (f)	ဆာဗိယဲအမျိုးသမီး	hsa bi jan amjou: dhami:
serbe (adj)	ဆာဗိယဲနှင့်ဆိုင်သော	hsa bi jan hnin. zain de.
Slovaquie (f)	ဆလိုဗာကိယာ	hsa. lou ba ki ja
Slovaque (m)	ဆလိုဗာကိယာအမျိုးသား	hsa. lou ba ki ja amjou: dha:

| Slovaque (f) | ဆလိုဗာကီယာ အမျိုးသမီး | hsa. lou ba ki ja amjou: dhami: |
| slovaque (adj) | ဆလိုဗာကီယာနှင့်ဆိုင်သော | hsa. lou ba ki ja hnin. zain de. |

Croatie (f)	ခရိုအေးရှား	kha. jou ei: sha:
Croate (m)	ခရိုအေးရှားအမျိုးသား	kha. jou ei: sha: amjou: dha:
Croate (f)	ခရိုအေးရှား အမျိုးသမီး	kha. jou ei: sha: amjou: dhami:
croate (adj)	ခရိုအေးရှား နှင့်ဆိုင်သော	kha. jou ei: sha: hnin. zain de.

République (f) Tchèque	ချက်	che'
Tchèque (m)	ချက်အမျိုးသား	che' amjou: dha:
Tchèque (f)	ချက်အမျိုးသမီး	che' amjou: dhami:
tchèque (adj)	ချက်နှင့်ဆိုင်သော	che' hnin. zain de.

Estonie (f)	အက်စ်တိုးနီးယား	e's to' ni: ja:
Estonien (m)	အက်စ်တိုးနီးယံအမျိုးသား	e's to' ni: ja: dha:
Estonienne (f)	အက်စ်တိုးနီးယံအမျိုးသမီး	e's to' ni: ja: dhami:
estonien (adj)	အက်စ်တိုးနီးယားနှင့်ဆိုင်သော	e's to' ni: ja: hnin. zain de

Bosnie (f)	ဘော့စ်နီးယားနှင့်ဟာ ဇီဂိုဘနာ	bo'. ni: ja: hnin. ha zi gou bi na
Macédoine (f)	မက်ဆီဒိုးနီးယား	me' hsi: dou: ni: ja:
Slovénie (f)	ဆလိုဗီနီးယား	hsa. lou bi ni: ja:
Monténégro (m)	မွန်တန်နီဂရို	mun dan ni ga. jou

236. Les pays de l'ex-U.R.S.S.

Azerbaïdjan (m)	အာဇာဘိုင်ဂျင်း	a za bain gjin:
Azerbaïdjanais (m)	အာဇာဘိုင်ဂျင်းအမျိုးသား	a za bain gjin: dha:
Azerbaïdjanaise (f)	အာဇာဘိုင်ဂျင်းအမျိုးသမီး	a za bain gjin: dhami:
azerbaïdjanais (adj)	အာဇာဘိုင်ဂျင်းနှင့်ဆိုင်သော	a za bain gjin: hnin. zain de.

Arménie (f)	အာမေးနီးယား	a me: ni: ja:
Arménien (m)	အာမေးနီးယားအမျိုးသမီး	a me: ni: ja: amjou: dhami:
Arménienne (f)	အာမေးနီးယားအမျိုးသမီး	a me: ni: ja: amjou: dhami:
arménien (adj)	အာမေးနီးယားနှင့်ဆိုင်သော	a me: ni: ja: hnin. zain de.

Biélorussie (f)	ဘီလာရုစ်	bi la ju'
Biélorusse (m)	ဘီလာရုစ်အမျိုးသား	bi la ju' amjou: dha:
Biélorusse (f)	ဘီလာရုစ်အမျိုးသမီး	bi la ju' amjou: dhami:
biélorusse (adj)	ဘီလာရုစ်နှင့်ဆိုင်သော	bi la ju' hnin. zain de.

Géorgie (f)	ဂျော်ဂျီယာ	gjo gji ja
Géorgien (m)	ဂျော်ဂျီယာအမျိုးသား	gjo gji ja amjou: dhami:
Géorgienne (f)	ဂျော်ဂျီယာအမျိုးသမီး	gjo gji ja amjou: dha:
géorgien (adj)	ဂျော်ဂျီယာနှင့်ဆိုင်သော	gjo gji ja hnin. zain de.

Kazakhstan (m)	ကာဇက်စတန်	ka ze' satan
Kazakh (m)	ကာဇက်စတန်အမျိုးသမီး	ka ze' satan amjou: dhami:
Kazakhe (f)	ကာဇက်စတန်အမျိုးသမီး	ka ze' satan amjou: dhami:
kazakh (adj)	ကာဇက်စတန်နှင့်ဆိုင်သော	ka ze' satan hnin. zain de.
Kirghizistan (m)	ကစ်ရှိကစ္စတန်	ki' ji ki' za. tan

Kirghiz (m)	ကစ်ရ်ကာစွတန်အမျိုးသား	ki' ji ki' za. tan amjou: dha:
Kirghize (f)	ကစ်ရ်ကာစွတန်အမျိုးသမီး	ki' ji ki' za. tan amjou: dhami:
kirghiz (adj)	ကစ်ရ်ကာစွတန်နှင့်ဆိုင်သော	ki' ji ki' za. tan hnin. zain de.

Moldavie (f)	မိုဒိုရာ	mou dou ja
Moldave (m)	မိုဒိုရာအမျိုးသား	mou dou ja amjou: dha:
Moldave (f)	မိုဒိုရာအမျိုးသမီး	mou dou ja amjou: dhami:
moldave (adj)	မိုဒိုရာနှင့်ဆိုင်သော	mou dou ja hnin. zain de.

Russie (f)	ရုရှား	ru. sha:
Russe (m)	ရုရှားအမျိုးသား	ru sha: amjou: dha:
Russe (f)	ရုရှားအမျိုးသမီး	ru. sha: amjou: dhami:
russe (adj)	ရုရှားနှင့်ဆိုင်သော	ru. sha: hnin. zain de.

Tadjikistan (m)	တာဂျစ်ကာစွတန်	ta gji' ki' sa. tan
Tadjik (m)	တာဂျစ်အမျိုးသား	ta gji' amjou: dha:
Tadjik (f)	တာဂျစ်အမျိုးသမီး	ta gji' amjou: dhami:
tadjik (adj)	တာဂျစ်နှင့်ဆိုင်သော	ta gji' hnin. zain de.

Turkménistan (m)	တပ်မင်နစွတန်	ta' min ni' sa. tan
Turkmène (m)	တပ်မင်နစွတန်အမျိုးသား	ta' min ni' sa. tan amjou: dha:
Turkmène (f)	တပ်မင်နစွတန်အမျိုးသမီး	ta' min ni' sa. tan amjou: dhami:
turkmène (adj)	တုပ်မွင်နစွတန်နှင့်ဆိုင်သော	ta' min ni' sa. tan hnin. zain de.

Ouzbékistan (m)	ဥဘက်ကာစွတန်	u. za. be' ki' sa. tan
Ouzbek (m)	ဥဘက်အမျိုးသား	u. za. be' amjou: dha:
Ouzbek (f)	ဥဘက်အမျိုးသမီး	u. za. be' amjou: dha:
ouzbek (adj)	ဥဘက်ကာစွတန်နှင့်ဆိုင်သော	u. za. be' ki' sa. tan hnin. zain de.

Ukraine (f)	ယူကရိန်း	ju ka. jein:
Ukrainien (m)	ယူကရိန်းအမျိုးသား	ju ka. jein: amjou: dha:
Ukrainienne (f)	ယူကရိန်းအမျိုးသမီး	ju ka. jein: amjou: dhami:
ukrainien (adj)	ယူကရိန်းနှင့်ဆိုင်သော	ju ka. jein: hnin. zain de.:

237. L'Asie

Asie (f)	အာရှ	a sha.
asiatique (adj)	အာရှနှင့်ဆိုင်သော	a sha. hnin. zain de.

Vietnam (m)	ဗီယက်နမ်	bi je' nan
Vietnamien (m)	ဗီယက်နမ်အမျိုးသား	bi ja' nan amjou: dha:
Vietnamienne (f)	ဗီယက်နမ်အမျိုးသမီး	bi je' nan amjou dha mi:
vietnamien (adj)	ဗီယက်နမ်နှင့်ဆိုင်သော	bi je' nan hnin. zain de.

Inde (f)	အိန္ဒိယ	indi. ja
Indien (m)	အိန္ဒိယအမျိုးသား	indi. ja amjou: dha:
Indienne (f)	အိန္ဒိယအမျိုးသမီး	indi. ja amjou: dhami:
indien (adj)	အိန္ဒိယနှင့်ဆိုင်သော	indi. ja hnin. zain de.

Israël (m)	အစ္စရေး	a' sa. jei:
Israélien (m)	အစ္စရေးအမျိုးသား	a' sa. jei: amjou: dha:

| Israélienne (f) | အစ္စရေးအမျိုးသမီး | a' sa. jei: amjou: dhami: |
| israélien (adj) | အစ္စရေးနှင့်ဆိုင်သော | a' sa. jei: hnin. zain de. |

Juif (m)	ဂျူး	gju:
Juive (f)	ဂျူးအမျိုးသမီး	gju: amjou: dhami:
juif (adj)	ဂျူးအမျိုးသား	gju: amjou: dha:

Chine (f)	တရုတ်	tajou'
Chinois (m)	တရုတ်အမျိုးသား	tajou' amjou: dha:
Chinoise (f)	တရုတ်အမျိုးသမီး	tajou' amjou: dhami:
chinois (adj)	တရုတ်နှင့်ဆိုင်သော	tajou' hnin. zain de.

Coréen (m)	ကိုးရီးယားအမျိုးသား	kou: ji: ja: amjou: dha:
Coréenne (f)	ကိုးရီးယားအမျိုးသမီး	kou: ji: ja: amjou: dhami:
coréen (adj)	ကိုးရီးယားနှင့်ဆိုင်သော	kou: ji: ja: hnin. zain de.

Liban (m)	လက်ဘနွန်	le' ba. nun
Libanais (m)	လက်ဘနွန်အမျိုးသား	le' ba. nun amjou: dha:
Libanaise (f)	လက်ဘနွန်အမျိုးသမီး	le' ba. nun amjou: dhami:
libanais (adj)	လက်ဘနွန်နှင့်ဆိုင်သော	le' ba. nun hnin zain de

Mongolie (f)	မွန်ဂိုလီးယား	mun gou li: ja:
Mongole (m)	မွန်ဂိုလီးယားအမျိုးသား	mun gou li: ja: amjou: dha:
Mongole (f)	မွန်ဂိုလီးယားအမျိုးသမီး	mun gou li: ja: amjou: dhami:
mongole (adj)	မွန်ဂိုလီးယားနှင့်ဆိုင်သော	mun gou li: ja: hnin. zain de.

Malaisie (f)	မလေးရှား	ma. lei: sha:
Malaisien (m)	မလေးရှားအမျိုးသား	ma. lei: sha: amjou: dha:
Malaisienne (f)	မလေးရှားအမျိုးသမီး	ma. lei: sha: amjou: dhami:
malais (adj)	မလေးရှားနှင့်ဆိုင်သော	ma. lei: sha: hnin. zain de.

Pakistan (m)	ပါကစ္စတန်	pa ki' sa. tan
Pakistanais (m)	ပါကစ္စတန်အမျိုးသား	pa ki' sa. tan dha:
Pakistanaise (f)	ပါကစ္စတန်အမျိုးသမီး	pa ki' sa. tan dhami:
pakistanais (adj)	ပါကစ္စတန်နှင့်ဆိုင်သော	pa ki' sa. tan hnin. zain de

Arabie (f) Saoudite	ဆော်ဒီအာရေ္ဗီးယား	hso: di a jei. bi: ja:
Arabe (m)	အာရပ်အမျိုးသား	a ra' amjou: dha:
Arabe (f)	အာရပ်အမျိုးသမီး	a ra' amjou: dhami:
arabe (adj)	အာရပ်နှင့်ဆိုင်သော	a ra' hnin. zain de.

Thaïlande (f)	ထိုင်း	htain:
Thaïlandais (m)	ထိုင်းအမျိုးသား	htain: amjou: dha:
Thaïlandaise (f)	ထိုင်းအမျိုးသမီး	htain: amjou: dhami:
thaïlandais (adj)	ထိုင်းနှင့်ဆိုင်သော	htain: hnin. zain de.

Taïwan (m)	ထိုင်ဝမ်	htain wan
Taïwanais (m)	ထိုင်ဝမ်အမျိုးသား	htain wan amjou: dha:
Taïwanaise (f)	ထိုင်ဝမ်အမျိုးသမီး	htain wan amjou: dhami:
taïwanais (adj)	ထိုင်ဝမ်နှင့်ဆိုင်သော	htain wan hnin. zain de.

Turquie (f)	တူရကီ	tu ra. ki
Turc (m)	တူရကီအမျိုးသား	tu ra. ki amjou: dha:
Turque (f)	တူရကီအမျိုးသမီး	tu ra. ki amjou: dhami:
turc (adj)	တူရကီနှင့်ဆိုင်သော	tu ra. ki hnin. zain de
Japon (m)	ဂျပန်	gja pan

Japonais (m)	ဂျပန်အမျိုးသား	gja pan amjou: dha:
Japonaise (f)	ဂျပန်အမျိုးသမီး	gja pan amjou: dhami:
japonais (adj)	ဂျပန်နှင့်ဆိုင်သော	gja pan hnin. zain de

Afghanistan (m)	အာဖဂန်နစ္စတန်	apha. gan na' tan
Bangladesh (m)	ဘင်္ဂလားဒေ့ရှ်	bang la: dei. sh
Indonésie (f)	အင်ဒိုနီးရှား	in do ni: sha:
Jordanie (f)	ဂျော်ဒန်	gjo dan

Iraq (m)	အီရတ်	ira'
Iran (m)	အီရန်	iran
Cambodge (m)	ကမ္ဘောဒီးယား	ga khan ba di: ja:
Koweït (m)	ကူဝိတ်	ku wi'

Laos (m)	လာအို	la ou
Myanmar (m)	မြန်မာ	mjan ma
Népal (m)	နီပေါ	ni po:
Fédération (f) des Émirats Arabes Unis	အာရပ်နိုင်ငံများ	a ra' nain ngan mja:

Syrie (f)	ဆီးရီးယား	hsi: ji: ja:
Palestine (f)	ပါလက်စတိုင်း	pa le' sa tain:
Corée (f) du Sud	တောင်ကိုရီးယား	taun kou ri: ja:
Corée (f) du Nord	မြောက်ကိုရီးယား	mjau' kou ji: ja:

238. L'Amérique du Nord

Les États Unis	အမေရိကန် ပြည်ထောင်စု	amei ji kan pji htaun zu
Américain (m)	အမေရိကန်အမျိုးသား	amei ji kan amjou: dha:
Américaine (f)	အမေရိကန်အမျိုးသမီး	amei ji kan amjou: dhami:
américain (adj)	အမေရိကန်	amei ji kan

Canada (m)	ကနေဒါနိုင်ငံ	ka. nei da nain gan
Canadien (m)	ကနေဒါအမျိုးသား	ka. nei da amjou: dha:
Canadienne (f)	ကနေဒါအမျိုးသမီး	ka. nei da amjou: dhami:
canadien (adj)	ကနေဒါနိုင်ငံ နှင့် ဆိုင်သော	ka. nei da nain gan hnin. zain de.

Mexique (m)	မက္ကစီကိုနိုင်ငံ	me' ka. hsi kou nain ngan
Mexicain (m)	မက္ကစီကို အမျိုးသား	me' ka. hsi kou amjou: dha:
Mexicaine (f)	မက္ကစီကို အမျိုးသမီး	me' ka. hsi kou amjou: dhami:
mexicain (adj)	မက္ကစီကိုနိုင်ငံနှင့်ဆိုင်သော	me' ka. hsi kou hnin. zain de.

239. L'Amérique Centrale et l'Amérique du Sud

Argentine (f)	အာဂျင်တီးနား	agin ti: na:
Argentin (m)	အာဂျင်တီးနားအမျိုးသား	agin ti: na: amjou: dha:
Argentine (f)	အာဂျင်တီးနားအမျိုးသမီး	agin ti: na: amjou: dhami:
argentin (adj)	အာဂျင်တီးနားနှင့်ဆိုင်သော	agin ti: na: hnin. zain de.
Brésil (m)	ဘရာဇီးလ်	ba. ra zi'l

Brésilien (m)   ဘရာဇီးလီယံအမျိုးသား   ba. ra zi'l amjou: dha:
Brésilienne (f)   ဘရာဇီးလီယံအမျိုးသမီး   ba. ra zi'l amjou: dhami:
brésilien (adj)   ဘရာဇီးလ်နှင့်ဆိုင်သော   ba. ra zi'l hnin. zain de.

Colombie (f)   ကိုလမ်းဘီးယား   kou lan: bi: ja:
Colombien (m)   ကိုလမ်းဘီးယားအမျိုးသား   kou lan: bi: ja: amjou: dha:
Colombienne (f)   ကိုလမ်းဘီးယားအမျိုးသမီး   kou lan: bi: ja: amjou: dhami:
colombien (adj)   ကိုလမ်းဘီးယားနှင့်ဆိုင်သော   kou lan: bi: ja: hnin. lain de.

Cuba (f)   ကျူးဘား   kju: ba:
Cubain (m)   ကျူးဘားအမျိုးသား   kju: ba: amjou: dha:
Cubaine (f)   ကျူးဘားအမျိုးသမီး   kju: ba: amjou: dhami:
cubain (adj)   ကျူးဘားနှင့်ဆိုင်သော   kju: ba: hnin. zain de.

Chili (m)   ချီလီ   chi li
Chilien (m)   ချီလီအမျိုးသား   chi li amjou: dha:
Chilienne (f)   ချီလီအမျိုးသမီး   chi li amjou: dhami:
chilien (adj)   ချီလီနှင့်ဆိုင်သော   chi li hnin. zain de.

Bolivie (f)   ဘိုလစ်ဗီးယား   bou la' bi: ja:
Venezuela (f)   ဗယ်နီဇွဲလား   be ni zwe: la:
Paraguay (m)   ပါရာဂွေး   pa ja gwei:
Pérou (m)   ပီရူး   pi ju:

Surinam (m)   ဆူရီနိမ်း   hsu. ji nei:
Uruguay (m)   အူရူဂွေး   ou. ju gwei:
Équateur (m)   အီကွေဒေါ   i kwei: do:

Bahamas (f pl)   ဘာဟားမက်   ba ha me'
Haïti (m)   ဟိုင်တီ   hain ti
République (f) Dominicaine   ဒိုမီနီကန်   dou mi ni kan
Panamá (m)   ပနားမား   pa. na: ma:
Jamaïque (f)   ဂျေမေးကား   g'me:kaa:

240. L'Afrique

Égypte (f)   အီဂျစ်   igji'
Égyptien (m)   အီဂျစ်အမျိုးသား   igji' amjou: dha:
Égyptienne (f)   အီဂျစ်အမျိုးသမီး   igji' amjou: dhami:
égyptien (adj)   အီဂျစ်နှင့်ဆိုင်သော   igji' hnin. zain de.

Maroc (m)   မော်ရိုကို   mo jou gou
Marocain (m)   မော်ရိုကိုအမျိုးသား   mou jou gou amjou: dha:
Marocaine (f)   မော်ရိုကိုအမျိုးသမီး   mou jou gou amjou: dhami:
marocain (adj)   မော်ရိုကိုနှင့်ဆိုင်သော   mou jou gou hnin. zain de.

Tunisie (f)   တူနစ်ရှား   tu ni' sha:
Tunisien (m)   တူနစ်ရှားအမျိုးသား   tu ni' sha: amjou: dha:
Tunisienne (f)   တူနစ်ရှားအမျိုးသမီး   tu ni' sha: amjou: dhami:
tunisien (adj)   တူနစ်ရှားနှင့်ဆိုင်သော   tu ni' sha: hnin. zain de.

Ghana (m)   ဂါနာ   ga na
Zanzibar (m)   ဇန်ဇီဗာ   zan zi ba
Kenya (m)   ကင်ညာ   kin nja

| Libye (f) | လီဗိယာ | li bi ja |
| Madagascar (f) | မာဒဂက်ကာစကာ | ma de' ka za ga |

Namibie (f)	နမ်မီးဘီးယား	nami: bi: ja:
Sénégal (m)	ဆယ်နီဂေါ်	hse ni go
Tanzanie (f)	တန်ဇားနီးယား	tan za: ni: ja:
République (f) Sud-africaine	တောင်အာဖရိက	taun a hpa. ji. ka.

Africain (m)	အာဖရိကတိုက်သား	apha. ri. ka. dhai' tha:
Africaine (f)	အာဖရိကသူ	apha. ri. ka. dhu
africain (adj)	အာဖရိကန်နှင့်ဆိုင်သော	apha. ri. kan hnin. zain de.

241. L'Australie et Océanie

Australie (f)	သြစတြေးလျ	thja za djei: lja
Australien (m)	သြစတြေးလျားအမျိုးသား	o. sa. tjei: lja: amjou: dha:
Australienne (f)	သြစတြေးလျားအမျိုးသမီး	o. sa. tjei: lja: amjou: dhami:
australien (adj)	သြစတြေးလျနှင့်ဆိုင်သော	o. sa. tjei: lja: hnin. zain de.

Nouvelle Zélande (f)	နယူးဇီလန်	na. ju: zi lan
Néo-Zélandais (m)	နယူးဇီလန်အမျိုးသား	na. ju: zi lan dha:
Néo-Zélandaise (f)	နယူးဇီလန်အမျိုးသမီး	na. ju: zi lan dhami:
néo-zélandais (adj)	နယူးဇီလန်နှင့်ဆိုင်သော	na. ja: zi lan hnin. zain de

| Tasmanie (f) | တာစ်မေးနီးယား | ta. s mei: ni: ja: |
| Polynésie (f) Française | ပြင်သစ် ပေါ် လီနီးရှား | pjin dhi' po li: ni: sha: |

242. Les grandes villes

Amsterdam (f)	အမ်စတာဒမ်မြို့	an za ta dan mjou.
Ankara (m)	အမ်ကာရာမြို့	an ga ja mjou.
Athènes (m)	အေသင်မြို့	e thin mjou.

Bagdad (m)	ဘဂ္ဂဒတ်မြို့	ba' ga. da mjou.
Bangkok (m)	ဘန်ကောက်မြို့	ban gou' mjou.
Barcelone (f)	ဘာစီလိုနာမြို့	ba zi lou na mjou.
Berlin (m)	ဘာလင်မြို့	ba lin mjou.
Beyrouth (m)	ဘီရာရှမြို့	bi ja ju. mjou.

Bombay (m)	မွန်ဘိုင်းမြို့	mun bain mjou.
Bonn (f)	ဘွန်းမြို့	bwun: mjou.
Bordeaux (f)	ဘော်ဒိုးမြို့	bo dou: mjou.
Bratislava (m)	ဘရာတဒ်ဆလာဗာမြို့	ba. ra ta' hsa. la ba mjou.
Bruxelles (m)	ဘရပ်ဆဲလ်မြို့	ba. ja' hse:' mjou.
Bucarest (m)	ဘူးဈရက်မြို့	bu: ga. ja' mjou.
Budapest (m)	ဘူဒါပတ်စ်မြို့	bu da pa' s mjou.

Caire (m)	ကိုင်ရိုမြို့	kain jou mjou.
Calcutta (f)	ကာလကတ္တာမြို့	ka la ka' ta mjou.
Chicago (f)	ရှီကာဂိုမြို့	chi ka gou mjou.
Copenhague (f)	ကိုပင်ဟေဂင်မြို့	kou pln hei: gin mjou.
Dar es-Salaam (f)	ဒါရှုစလမ်မြို့	da ju za. lan mjou.

Delhi (f)	ဒေလီမြို့	dei li mjou.
Dubaï (f)	ဒူဘိုင်းမြို့	du bain mjou.
Dublin (f)	ဒပ်ဗလင်မြို့	da' ba lin mjou.
Düsseldorf (f)	ဂျူဆက်ဒေါ့ဖ်မြို့	gju hse' do. hp mjou.
Florence (f)	ဖလောရန့်စ်မြို့	hpa. lau jan s mjou.
Francfort (f)	ဖရန့်ဖာ့တ်မြို့	hpa. jan. hpa. t. mjou.
Genève (f)	ဂျနီဗာမြို့	gja. ni ba mjou.
Hague (f)	ဒဟာဂူးမြို့	da. ha gu: mjou.
Hambourg (f)	ဟန်းဘာ့ဂ်မြို့	han: ba. k mjou.
Hanoi (f)	ဟနွိုင်းမြို့	ha. noin: mjou.
Havane (f)	ဟာဗားနားမြို့	ha ba: na: mjou.
Helsinki (f)	ဟယ်လ်ဆင်ကီမြို့	he l hsin ki mjou.
Hiroshima (f)	ဟီရိုရှီးမားမြို့	hi jou si: ma: mjou.
Hong Kong (m)	ဟောင်ကောင်မြို့	haun: gaun: mjou.
Istanbul (f)	အစ္စတန်ဘူလ်မြို့	a' sa. tan bun mjou.
Jérusalem (f)	ဂျေရုဆလင်မြို့	gjei jou hsa. lin mjou.
Kiev (f)	ကီးယဗ်မြို့	ki: je' mjou.
Kuala Lumpur (f)	ကွာလာလမ်ပူမြို့	kwa lan pu mjou.
Lisbonne (f)	လစ်စဘွန်းမြို့	li' sa bun: mjou.
Londres (m)	လန်ဒန်မြို့	lan dan mjou.
Los Angeles (f)	လော့အိန်ဂျလီမြို့	lau in gja. li mjou.
Lyon (f)	လိုင်ယွန်မြို့	lain jun mjou.
Madrid (f)	မတ်ဒရစ်မြို့	ma' da. ji' mjou.
Marseille (f)	မာရ်ဆေးမြို့	ma zei: mjou.
Mexico (f)	မက္ကဆီကိုမြို့	me' ka. hsi kou mjou.
Miami (f)	မီရာမီမြို့	mi ja mi mjou.
Montréal (f)	မွန်ထရီရယ်မြို့	mun da. ji je mjou.
Moscou (f)	မော်စကိုမြို့	ma sa. kou mjou.
Munich (f)	မြူးနစ်မြို့	mju: ni' mjou.
Nairobi (f)	နိုင်ရိုဘီမြို့	nain jou bi mjo.
Naples (f)	နီပေါ်မြို့	ni po: mjou.
New York (f)	နယူးယောက်မြို့	na. ju: jau' mjou.
Nice (f)	နိုက်စ်မြို့	nai's mjou.
Oslo (m)	အော်စလိုမြို့	o sa lou mjou.
Ottawa (m)	အော့တဝါမြို့	o. ta wa mjou.
Paris (m)	ပဲရစ်မြို့	pe: ji' mjou.
Pékin (m)	ပီကင်းမြို့	pi gin: mjou.
Prague (m)	ပရက်ဂ်မြို့	pa. ra' mjou.
Rio de Janeiro (m)	ရီရိုဒေးဂျန်နီရိုမြို့	ri jou dei: gjan ni jou mjou.
Rome (f)	ရောမမြို့	ro: ma. mjou.
Saint-Pétersbourg (m)	စိန့်ပီတာစဘတ်မြို့	sein. pi ta za ba' mjou.
Séoul (m)	ဆိုးလ်မြို့	hsou: l mjou.
Shanghai (m)	ရှန်ဟိုင်းမြို့	shan hain: mjou.
Sidney (m)	စစ်ဒနေမြို့	si' danei mjou.
Singapour (f)	စင်ကာပူ	sin ga pu
Stockholm (m)	စတော့ဟုမ်းမြို့	sato. houn: mjou.
Taipei (m)	တိုင်ပေမြို့	tain bei mjou.
Tokyo (m)	တိုကျိုမြို့	tou gjou mjou.

Toronto (m)	တိုရွန်တိုမြို့.	tou run tou mjou.
Varsovie (f)	ဝါဆောမြို့.	wa so mjou.
Venise (f)	ဗင်းနစ်မြို့.	bin: na' s mjou.
Vienne (f)	ဗီယင်နာမြို့.	bi jin na mjou.
Washington (f)	ဝါရှင်တန်မြို့.	wa shin tan mjou.

243. La politique. Le gouvernement. Partie 1

politique (f)	နိုင်ငံရေး	nain ngan jei:
politique (adj)	နိုင်ငံရေးနှင့်ဆိုင်သော	nain ngan jei: hnin. zain de
homme (m) politique	နိုင်ငံရေးသမား	nain ngan jei: dhama:
état (m)	နိုင်ငံ	nain ngan
citoyen (m)	နိုင်ငံသား	nain ngan dha:
citoyenneté (f)	နိုင်ငံသားအဖြစ်	nain ngan dha: ahpji'
armoiries (f pl) nationales	နိုင်ငံတော်တံဆိပ်	nain ngan da dan zei'
hymne (m) national	နိုင်ငံတော်သီချင်း	nain ngan do dhi gjin:
gouvernement (m)	အစိုးရ	asou: ja. hpja' te.
chef (m) d'état	နိုင်ငံခေါင်းဆောင်	nain ngan gaun zaun
parlement (m)	ပါလီမန်	pa li man
parti (m)	ပါတီ	pa ti
capitalisme (m)	အရင်းရှင်ဝါဒ	ajin: hjin wa da.
capitaliste (adj)	အရင်းရှင်	ajin: shin
socialisme (m)	ဆိုရှယ်လစ်ဝါဒ	hsou she la' wa da.
socialiste (adj)	ဆိုရှယ်လစ်	hsou she la'
communisme (m)	ကွန်မြူနစ်ဝါဒ	kun mu ni' wa da.
communiste (adj)	ကွန်မြူနစ်	kun mu ni'
communiste (m)	ကွန်မြူနစ်ဝါဒယုံကြည်သူ	kun mu ni' wa da. joun kji dhu
démocratie (f)	ဒီမိုကရေစီဝါဒ	di mou ka jei zi wa da.
démocrate (m)	ဒီမိုကရေစီယုံကြည်သူ	di mou ka jei zi joun gji dhu
démocratique (adj)	ဒီမိုကရေစီနှင့်ဆိုင်သော	di mou ka jei zi hnin zain de.
parti (m) démocratique	ဒီမိုကရေစီပါတီ	di mou ka jei zi pa ti
libéral (m)	လစ်ဘရယ်	li' ba. je
libéral (adj)	လစ်ဘရယ်နှင့်ဆိုင်သော	li' ba. je hnin. zain de.
conservateur (m)	ကွန်ဆာဗေးတစ်လိုလားသူ	kun sa bei: ti' lou la: dhu:
conservateur (adj)	ကွန်ဆာဗေးတစ်နှင့်ဆိုင်သော	kun sa bei: ti' hnin. zain de.
république (f)	သမ္မတနိုင်ငံ	thamada. nain ngan
républicain (m)	သမ္မတစနစ်လိုလားသူ	thamada. zani' lou la: dhu
parti (m) républicain	သမ္မတစနစ်လိုလားသော	thamada. zani' lou la: de.
élections (f pl)	ရွေးကောက်ပွဲ	jwei: kau' pwe:
élire (vt)	မဲပေးရွေးချယ်သည်	me: bei: jwei: gje de
électeur (m)	မဲဆန္ဒရှင်	me: hsan da. shin
campagne (f) électorale	မဲဆွယ်ပွဲ	me: hswe bwe:
vote (m)	ဆန္ဒမဲပေးခြင်း	hsan da. me: pwei: gjin

| voter (vi) | ဆန္ဒမဲပေးသည် | hsan da. me: pwei: de |
| droit (m) de vote | ဆန္ဒမဲပေးခွင့် | hsan da. me: khwin. |

candidat (m)	ကိုယ်စားလှယ်လောင်း	kou za: hle laun:
poser sa candidature	ရွေးကောက်ပွဲဝင်သည်	jwei: kau' pwe: win de
campagne (f)	လုပ်ဆောင်မှုများ	lou' zaun hmu. mja:

| d'opposition (adj) | အတိုက်အခံဖြစ်သော | atoi' akhan hpja' tho: |
| opposition (f) | အတိုက်အခံပါတီ | atoi' akhan ba di |

visite (f)	အလည်အပတ်	ale apa'
visite (f) officielle	တရားဝင်အလည်အပတ်	taja: win alei apa'
international (adj)	အပြည်ပြည်ဆိုင်ရာဖြစ်သော	apji pji zain ja bja' de.

| négociations (f pl) | ဆွေးနွေးပွဲ | hswe: nwe: bwe: |
| négocier (vi) | ဆွေးနွေးသည် | hswe: nwe: de |

244. La politique. Le gouvernement. Partie 2

| société (f) | လူထု | lu du |
| constitution (f) | ဖွဲ့စည်းပုံအခြေ ခံဥပဒေ | hpwe. zi: boun akhei gan u. ba. dei |

| pouvoir (m) | အာဏာ | a na |
| corruption (f) | ခြစားမှု | cha. za: hmu. |

| loi (f) | ဥပဒေ | u. ba. dei |
| légal (adj) | တရားဥပဒေေဘာင် တွင်းဖြစ်သော | taja: u ba dei baun twin: bji' te. |

| justice (f) | တရားမျှတခြင်း | taja: hmja. ta. gjin: |
| juste (adj) | တရားမျှတသော | taja: hmja. ta. de. |

comité (m)	ကော်မတီ	ko ma. din
projet (m) de loi	ဥပဒေကြမ်း	u. ba. dei gjan:
budget (m)	ဘတ်ဂျက်	ba' gje'
politique (f)	မူဝါဒ	mu wa da.
réforme (f)	ပြုပြင်ပြောင်းလဲမှု	pju. bjin bjaun: le: hmu.
radical (adj)	အစွန်းရောက်သော	aswan: jau' de.

puissance (f)	အား	a:
puissant (adj)	အင်အားကြီးသော	in a: kji: de.
partisan (m)	ထောက်ခံအားပေးသူ	htau' khan a: bei: dhu
influence (f)	သြဇာ	o: za

régime (m)	အစိုးရစနစ်	asou: ja. za. na'
conflit (m)	အငြင်းပွားမှု	anjin: bwa: hmu.
complot (m)	လျှို့ဝှက်ပူးပေါင်း ကြံစည်ချက်	shou. hwe' pu: baun: kjan ze gje'
provocation (f)	ရန်စခြင်း	jan za gjin:

renverser (le régime)	ဖြုတ်ချသည်	hpjou' cha. de
renversement (m)	ဖြုတ်ချခြင်း	hpjou' cha. chin:
révolution (f)	တော်လှန်ရေး	to hlan jei:
coup (m) d'État	အာဏာသိမ်းခြင်း	a na thein: gjin:

coup (m) d'État militaire	လက်နက်နှင့် အာဏာသိမ်းခြင်း	le' ne' hnin.a na dhain: gjin:
crise (f)	အဓိကရုဏ်းအခိကာလ	akhe' akhe: ga la.
baisse (f) économique	စီးပွားရေးကျဆင်းခြင်း	si: bwa: jei: gja zin: gjin:
manifestant (m)	ဆန္ဒပြသူ	hsan da. bja dhu
manifestation (f)	ဆန္ဒပြပွဲ	hsan da. bja bwe:
loi (f) martiale	စစ်အရေးအနေ	si' achei anei
base (f) militaire	စစ်စခန်း	si' sakhan

| stabilité (f) | တည်ငြိမ်မှု | ti njein hnu |
| stable (adj) | တည်ငြိမ်သော | ti njein de. |

| exploitation (f) | ခေါင်းပုံဖြတ်ခြင်း | gaun: boun bja' chin: |
| exploiter (vt) | ခေါင်းပုံဖြတ်သည် | gaun: boun bja' te |

racisme (m)	လူမျိုးကြီးဝါဒ	lu mjou: gji: wa da.
raciste (m)	လူမျိုးရေးခွဲခြားသူ	lu mjou: jei: gwe: gjal dhu
fascisme (m)	ဖက်ဆစ်ဝါဒ	hpe' hsi' wa da.
fasciste (m)	ဖက်ဆစ်ဝါဒီ	hpe' hsi' wa di

245. Les différents pays du monde. Divers

étranger (m)	နိုင်ငံခြားသား	nain ngan gja: dha:
étranger (adj)	နိုင်ငံခြားနှင့်ဆိုင်သော	nain ngan gja: hnin. zain de.
à l'étranger (adv)	နိုင်ငံရပ်ခြား	nain ngan ja' cha:

émigré (m)	အခြားနိုင်ငံတွင် အခြေချသူ	apja: nain ngan dwin agjei gja dhu
émigration (f)	အခြားနိုင်ငံတွင် အခြေချခြင်း	apja: nain ngan dwin agjei gja gjin:
émigrer (vi)	အခြားနိုင်ငံတွင် အခြေချသည်	apja: nain ngan dwin agjei gja de

Ouest (m)	အနောက်အရပ်	anau' aja'
Est (m)	အရှေ့အရပ်	ashei. aja'
Extrême Orient (m)	အရှေ့ဖျား	ashei. bja:

civilisation (f)	လူနေမှုစနစ် ထွန်းကားခြင်း	lu nei hma za ni' htun: ga: gjin:
humanité (f)	လူသားခြင်းစာနာမှု	lu dha: gjin: za na hmu
monde (m)	ကမ္ဘာ	ga ba
paix (f)	ငြိမ်ချမ်းရေး	njein: gjan: jei:
mondial (adj)	ကမ္ဘာတစ်ခွင်ဖြစ်နေသော	ga ba ta khwin hpji' nei de.

patrie (f)	မွေးရပ်မြေ	mwei: ja' mjei
peuple (m)	ပြည်သူလူထု	pji dhu lu du.
population (f)	လူဦးရေ	lu u: ei
gens (m pl)	လူများ	lu mja:
nation (f)	လူမျိုး	lu mjou:
génération (f)	မျိုးဆက်	mjou: ze'

territoire (m)	နယ်မြေ	ne mjei
région (f)	အပိုင်း	apain:
état (m) (partie du pays)	ပြည်နယ်	pji ne
tradition (f)	အစဉ်အလာ	asin ala

| coutume (f) | ေလ့ | da lei. |
| écologie (f) | ဂေဟဗေဒ | gei ha. bei da. |

indien (m)	အိန္ဒိယလူမျိုး	indi. ja thu amjou:
bohémien (m)	ဂျစ်ပစီ	gji' pa. si
bohémienne (f)	ဂျစ်ပစီမိန်းကလေး	gji' pa. si min: ga. lei
bohémien (adj)	ဂျစ်ပစီနှင့်ဆိုင်သော	gji' pa. si hnin. zain de.

empire (m)	အင်ပါယာ	in pa jaa
colonie (f)	ကိုလိုနီ	kou lou ni
esclavage (m)	ကျွန်ဘဝ	kjun: ba. wa.
invasion (f)	ကျူးကျော်ခြင်း	kju: gjo gjin:
famine (f)	ငတ်မွတ်ခြင်းေသား	nga' mwa' khin: dhei:

246. Les groupes religieux. Les confessions

| religion (f) | ဘာသာအယူဝါဒ | ba dha alu wa da. |
| religieux (adj) | ဘာသာရေးကိုင်းရှိုင်းေသာ | ba dha jei: gain: shin: de. |

foi (f)	ယုံကြည်ကိုးကွယ်မှု	joun kji gou: gwe hmu.
croire (en Dieu)	ယုံကြည်ကိုးကွယ်သည်	joun kji gou: gwe de
croyant (m)	ယုံကြည်ကိုးကွယ်သူ	joun kji gou: gwe dhu

| athéisme (m) | ဖန်ဆင်းရှင်ဘုရား မရှိဝါဒ | hpan zin: shin bu ja: me. wa da. |
| athée (m) | ဖန်ဆင်းရှင်ဘုရား မရှိဝါဒ | hpan zin: shin bu ja: me. wa di |

christianisme (m)	ခရစ်ယာန်ဘာသာ	khari' jan ba dha
chrétien (m)	ခရစ်ယာန်	khari' jan
chrétien (adj)	ခရစ်ယာန်နှင့်ဆိုင်ေသာ	khari' jan hnin. zain de

catholicisme (m)	ရိုမန်ကတ်သလစ်ဝါဒ	jou man ga' tha. li' wa da.
catholique (m)	ကတ်သလစ်ဂိုဏ်းဝင်	ka' tha li' goun: win
catholique (adj)	ကတ်သလစ်နှင့်ဆိုင်ေသာ	ka' tha li' hnin zein de

protestantisme (m)	ပရိုတက်စတင့်ဝါဒ	pa. jou te' sa tin. wa da.
Église (f) protestante	ပရိုတက်စတင့်အသင်းေတာ်	pa. jou te' sa tin athin: do
protestant (m)	ပရိုတက်စတင့်ဂိုက်းဝင်	pa. jou te' sa tin gain: win

Orthodoxie (f)	အော်သိုဒေါ့ဝါဒ	o dhou do. athin wa da.
Église (f) orthodoxe	အော်သိုဒေါ့အသင်းေတာ်	o dhou do. athin: do
orthodoxe (m)	အော်သိုဒေါ့နှင့်ဆိုင်ေသာ	o dhou do. athin: de.

Presbytérianisme (m)	ပရက်စ်ဘိုင်တီးရီးယန်းဝါဒ	pa. je's bain di: ji: jan: wa da.
Église (f) presbytérienne	ပရက်စ်ဘိုင်တီးရီး ယန်အသင်းေတာ်	pa. je's bain di: ji: jan athin: do
presbytérien (m)	ပရက်စ်ဘိုင်တီးရီး ယန်းဂိုက်းဝင်	pa. je's bain di: ji: jan: gain: win

Église (f) luthérienne	လူသာရင်ဝါဒ	lu dha jin wa da.
luthérien (m)	လူသာရင်ဂိုက်းဝင်	lu dha jin gain: win
Baptisme (m)	နှစ်ခြင်းအသင်းေတာ်	hni' chin: a thin: do
baptiste (m)	နှစ်ခြင်းဂိုက်းဝင်	hni' chin: gain: win

| Église (f) anglicane | အင်္ဂလိကန်အသင်းတော် | angga. li kan - athin: do |
| anglican (m) | အင်္ဂလိကန်ဂိုဏ်းဝင် | angga. li kan gain win |

| Mormonisme (m) | မောမောန်ဝါဒ | mo maun wa da. |
| mormon (m) | မော်မောန်ဂိုက်းဝင် | mo maun gain: win |

| judaïsme (m) | ဂျူးဘာသာ | gju: ba dha |
| juif (m) | ဂျူးဘာသာဝင် | gju: ba dha win |

| Bouddhisme (m) | ဗုဒ္ဓဘာသာ | bou' da. ba dha |
| bouddhiste (m) | ဗုဒ္ဓဘာသာဝင် | bou' da. ba dha win |

| hindouisme (m) | ဟိန္ဒူဘာသာ | hin du ba dha |
| hindouiste (m) | ဟိန္ဒူဘာသာဝင် | hin du ba dha win |

islam (m)	အစ္စလမ်ဘာသာ	a' sa. lan ba dha
musulman (m)	မွတ်စလင်ဘာသာဝင်	mu' sa lin ba dha win
musulman (adj)	မွတ်စလင်နှင့်ဆိုင်သော	mu' sa lin hnin. zain de.

| Chiisme (m) | ရှီးအိုက်အစ္စလာမ်ဂိုဏ်း | shi: ai' asa. lan gain: |
| chiite (m) | ရှီးအိုက်ထောက်ခံသူ | shi: ai' htau' khan dhu |

| Sunnisme (m) | စွန်နီအစ္စလာမ်ဂိုဏ်း | sun ni i' sa lan gain: |
| sunnite (m) | စွန်နီထောက်ခံသူ | sun ni dau' khan dhu |

247. Les principales religions. Le clergé

| prêtre (m) | ခရစ်ယာန်ဘုန်းကြီး | khari' jan boun: gji: |
| Pape (m) | ပုပ်ရဟန်းမင်းကြီး | pou' ja. han: min: gji: |

moine (m)	ဘုန်းကြီး	hpoun: gji:
bonne sœur (f)	သီလရှင်	thi la shin
pasteur (m)	သင်းအုပ်ဆရာ	thin: ou' zaja

abbé (m)	ကျောင်းထိုင်ဆရာတော်	kjaun: dain zaja do
vicaire (m)	ဗိကာဘုန်းတော်ကြီး	bi ka boun: do kji:
évêque (m)	ဘစ်ရှော့ပ်ဘုန်းကြီး	ba' shau' hpoun: gja:
cardinal (m)	ကာဒိနယ်ဘုန်းကြီး	ka di ne boun: gji:

prédicateur (m)	ခရစ်ယာန်တရားဟောဆရာ	khari' jan da. ja ho: zaja
sermon (m)	တရားဟောခြင်း	taja ho: gjin:
paroissiens (m pl)	အသ္သင်းတော်နှင့်သက် ဆိုင်သူများ	athin: do hnin. dha' hsain: dhu mja:

croyant (m)	ယုံကြည်ကိုးကွယ်သူ	joun kji gou: gwe dhu
athée (m)	ဖန်ဆင်းရှင်မရှိ	hpan zin: shin ma. shi.
	ယုံကြည်သူ	joun gji dhu

248. La foi. Le Christianisme. L'Islam

| Adam | အာဒံ | adan |
| Ève | ဧဝ | ei wa. |

Dieu (m)	ဘုရား	hpaja:
le Seigneur	ဘုရားသခင်	hpaja: dha gin
le Tout-Puissant	ထာဝရဘုရားသခင်	hta wa. ja. bu. ja: dha. gin

péché (m)	အပြစ်	apja'
pécher (vi)	မကောင်းမှုပြုသည်	ma. gaun: hmu. bju. de
pécheur (m)	မကောင်းမှုပြုလုပ်သူ	ma. gaun: hmu. bju. lou' thu
pécheresse (f)	မကောင်းမှုပြုလုပ်သူ	ma. gaun: hmu. bju. lou' thu

| enfer (m) | ငရဲ | nga. je: |
| paradis (m) | ကောင်းကင်ဘုံ | kaun: gin boun |

| Jésus | ယေရှု | jei shu |
| Jésus Christ | ယေရှုရှင်တော် | jei shu khari' to |

le Saint-Esprit	သန့်ရှင်းသောဝိညာဉ်တော်	than. shin: dho: bein njin do
le Sauveur	ကယ်တင်ရှင်သခင်	ke din shin dhakhin
la Sainte Vierge	ဘုရားသခင်၏ မိခင်အပျိုစင်မာရှ	hpaja: dha gin i. amjou za' ma ji.

le Diable	မကောင်းဆိုးဝါး	ma. gaun: zou: wa:
diabolique (adj)	မကောင်းဆိုးဝါး နှင့်ဆိုင်သော	ma. gaun: zou: wa: hnin. zain de.
Satan	စာတန်မာရ်နတ်	hsa tan ma na'
satanique (adj)	စေတန်မာရ်နတ်ဖြစ်သော	sei tan man na' hpji' te.

ange (m)	ဘုရားသခင်၏တမန်	hpaja: dha gin i. da man
ange (m) gardien	ကိုယ်စောင့်ကောင်းကင်တမန်	kou zaun. kan: kin da. man
angélique (adj)	အပြစ်ကင်းစင်သော	apja' kin: zin de.

apôtre (m)	တမန်တော်	taman do
archange (m)	ကောင်းကင်တမန်မင်း	kaun: gin da. man min:
antéchrist (m)	အန္တိခရစ်-ခရစ်တော် ကိုဆန့်ကျင်သူ	anti khari' - khari' to kou zin. kjin dhu

Église (f)	အသင်းတော်	athin: do
Bible (f)	ခရစ်ယာန်သမ္မာကျမ်းစာ	khari' jan dhan ma gjan: za
biblique (adj)	သမ္မာကျမ်းလာ	than ma gjan: la

Ancien Testament (m)	ဓမ္မဟောင်းကျမ်း	dama. hain gjan:
Nouveau Testament (m)	ဓမ္မသစ်ကျမ်း	dama. dha' kjan:
Évangile (m)	ခရစ်ဝင်ကျမ်း	khari' win gjan:
Sainte Écriture (f)	သန့်ရှင်းမြင့်မြတ် သော်သမ္မာကျမ်းစာ	than. shin: mjin. mja' te. than ma gjan: za
Cieux (m pl)	ကောင်းကင်ဘုံ	kaun: gin boun

commandement (m)	ကျင့်စောင့်ရမည့် ပညတ်တရား	kjin. zain. ja. mji. ba. nja' ta ja:
prophète (m)	ပရောဖက်	pa. jo. hpe'
prophétie (f)	ကြိုတင်ဟောကိန်း	kjou din ho: kein:

Allah	အလ္လာဟ်	al la'
Mahomet	မိုဟာမက်	mou ha ma'
le Coran	ကိုရန်ကျမ်း	kou jan kjein:
mosquée (f)	ဗလီ	bali
mulla (m)	ဗလီဆရာ	bali zaja

| prière (f) | ဆုတောင်းစကား | hsu. daun: zaga: |
| prier (~ Dieu) | ရှိခိုးသည် | shi. gou: de |

pèlerinage (m)	ဘုရားဖူးခရီး	hpaja: hpu: ga ji:
pèlerin (m)	ဘုရားဖူး	hpaja: hpu:
La Mecque	မက္ကာမြို့	me' ka mjou.

église (f)	ခရစ်ယာန်ဘုရားကျောင်း	khari' jan bu. ja: gjaun:
temple (m)	ဘုရားကျောင်း	hpaja: gjaun:
cathédrale (f)	ဘုရားရှိခိုးကျောင်းတော်	hpaja: gjaun: do:
gothique (adj)	ဂေါသစ်စ် ဗိသုကာဖြစ်သော	go. dhi' kh bi. dhou ka bji' de
synagogue (f)	ဂျူးဘုရားရှိခိုးကျောင်း	gju: bou ja: shi. gou: kjaun:
mosquée (f)	ဗလီ	bali

chapelle (f)	ဝတ်ပြုဆုတောင်းရာနေရာ	wa' pju. u. daun: ja nei ja
abbaye (f)	ခရစ်ယာန်ကျောင်းတိုက်	khari' jan gjaun: dai'
couvent (m)	သီလရှင်ကျောင်း	thi la shin kjaun:
monastère (m)	ဘုန်းကြီးကျောင်း	hpoun: gji: gjaun:

cloche (f)	ခေါင်းလောင်း	gaun: laun:
clocher (m)	ခေါင်းလောင်းစင်	gaun: laun: zin
sonner (vi)	တီးသည်	ti: de

croix (f)	လက်ဝါးကပ်တိုင်	le' wa: ka' tain
coupole (f)	လိပ်ခုံးပုံအမိုး	lei' khoun: boun amou:
icône (f)	ခရစ်ယာန်သူတော်စင်ပုံ	khari' jan dhu do zin boun

âme (f)	အသက်ဝိညာဉ်	athe'
sort (m) (destin)	ကံတရား	kan daja:
mal (m)	အဆိုး	ahsou:
bien (m)	ကောင်းမှု	kaun: hma.

vampire (m)	သွေးစုပ်ဖုတ်ကောင်	thwei: zou' hpou' kaun
sorcière (f)	စုန်းမ	soun: ma.
démon (m)	နတ်ဆိုး	na' hsou:
esprit (m)	ဝိညာဉ်	wi. njan

| rachat (m) | အပြစ်မှကယ်နုတ် ခံရခြင်း | apja' hma. ge hnou' knan ja. gjin: |
| racheter (pécheur) | အပြစ်မှကယ်နုတ်သည် | apja' hma. ge nou' te |

office (m), messe (f)	အသင်းတော်ဝတ်ပြုစည်းဝေး	athin: do wu' pju zi: wei:
dire la messe	ဝတ်ပြုသည်	wa' pju. de
confession (f)	ဝန်ခံခြင်း	wun khan gjin:
se confesser (vp)	အပြစ်ဝန်ခံသည်	apja' wun gan de

saint (m)	သူတော်စင်	thu do zin
sacré (adj)	မြင့်မြတ်သော	mjin. mja' te.
l'eau bénite	သန့်ရှင်းမြင့်မြတ်သောရေ	than. shin: mjin. mja' te. jei

rite (m)	ထုံးတမ်းဓလေ့	htoun: dan: dalei.
rituel (adj)	ထုံးတမ်းဓလေ့ဖြစ်သော	htoun: dan: dalei. bji' te.
sacrifice (m)	ယဇ်ပူဇော်ခြင်း	ji' pu zo gjin:

| superstition (f) | အယူသီးခြင်း | aju dhi: gjin: |
| superstitieux (adj) | အယူသီးသော | aju dhi: de |

vie (f) après la mort	တမလွန်	tamalun
vie (f) éternelle	ထာဝရ ရှင်သန်	hta wa. ja. shin dhan
	ခြင်းဘဝ	gjin: ba. wa.

DIVERS

249. Quelques mots et formules utiles

aide (f)	အကူအညီ	aku anji
arrêt (m) (pause)	ရပ်နားခြင်း	ja' na: gjin:
balance (f)	ဟန်ချက်ညီမျှမှု	han gje' nji hma. hmu.
barrière (f)	အတားအဆီး	ata: ahsi:
base (f)	အခြေခံ	achei khan
catégorie (f)	အမျိုးအစား	amjou: asa:
cause (f)	အကြောင်း	akjaun:
choix (m)	ရွေးချယ်မှု	jwei: che hmu.
chose (f) (objet)	ပစ္စည်း	pji' si:
coïncidence (f)	တိုက်ဆိုင်မှု	tai' hsain hmu.
comparaison (f)	နှိုင်းယှဉ်ခြင်း	hnain: shin gjin:
compensation (f)	လျော်ကြေး	jo kjei:
confortable (adj)	သက်သောင့်သက်သာရှိသော	the' thaun. dhe' tha shi. de
croissance (f)	ကြီးထွားမှု	kji: htwa: hmu.
début (m)	အစ	asa.
degré (m) (~ de liberté)	အတိုင်းအတာ	atain: ata
développement (m)	ဖွံ့ဖြိုးတိုးတက်မှု	hpjun. bjou: dou: de' hmu.
différence (f)	ကွာခြားချက်	kwa ha. che'
d'urgence (adv)	အမြန်	aman
effet (m)	အကျိုးဆက်	akjou: amja' hse'
effort (m)	အားထုတ်ကြိုးပမ်းမှု	a: htou' kjou: ban: hmu.
élément (m)	အစိတ်အပိုင်း	asei' apain:
exemple (m)	နမူနာ	na. mu na
fait (m)	အချက်အလက်	ache' ale'
faute, erreur (f)	အမှား	ahma:
fin (f)	အဆုံး	ahsoun:
fond (m) (arrière-plan)	နောက်ခံ	nau' khan
forme (f)	ပုံသဏ္ဌာန်	poun thadan
fréquent (adj)	မကြာခဏဖြစ်သော	ma. gja gan bji' de.
genre (m) (type, sorte)	အမျိုးအစား	amjou: asa:
idéal (m)	စံပြ	san bja.
labyrinthe (m)	ဝင်္ကပါ	win gaba
mode (m) (méthode)	နည်းလမ်း	ne: lan:
moment (m)	အခိုက်	akhai'
objet (m)	အရာ	aja
obstacle (m)	အဟန့်အတား	ahan. ata:
original (m)	မူရင်း	mu jin·
part (f)	အပိုင်း	apain:
particule (f)	အမှုန်	ahmoun.

pause (f)	ရပ်ခြင်း	ja' chin:
position (f)	နေရာ	nei ja
principe (m)	အခြေခံသဘောတရား	achei khan dha. bo da. ja:
problème (m)	ပြဿနာ	pjadhana
processus (m)	ဖြစ်စဉ်	hpji' sin

progrès (m)	တိုးတက်မှု	tou: te'
propriété (f) (qualité)	အရည်အချင်း	aji achin:
réaction (f)	တုံ့ပြန်မှု	toun. bjan hmu
risque (m)	စွန့်စားခြင်း	sun. za: gjin:
secret (m)	လျှို့ဝှက်ချက်	shou. hwe' che'

série (f)	အစဉ်	asin
situation (f)	အခြေအနေ	achei anei
solution (f)	ဖြေရှင်းချက်	hpjei shin: gje'
standard (adj)	စံဖြစ်သော	san bji' te.
standard (m)	စံ	san

style (m)	ပုံစံ	poun zan
système (m)	စနစ်	sani'
tableau (m) (grille)	ဇယား	za ja:
tempo (m)	အရှိန်	ashein

terme (m)	ဝေါဟာရ	wo: ha ra.
tour (m) (attends ton ~)	အလှည့်	ahle.
type (m) (~ de sport)	အမျိုးအစား	amjou: asa:
urgent (adj)	အမြန်လိုသော	aman lou de.

utilité (f)	အကျိုး	akjou:
vérité (f)	အမှန်တရား	ahman da ja:
version (f)	အမျိုးကွဲ	amjou: asa: gwe:
zone (f)	ဇုန်	zoun

250. Les adjectifs. Partie 1

affamé (adj)	ဆာလောင်သော	hsa laun de.
agréable (la voix)	သာယာသော	tha ja de.
aigre (fruits ~s)	ချဉ်သော	q'useaa
amer (adj)	ခါးသော	kha: de.
ancien (adj)	ရှေးကျသော	shei: gja. de

arrière (roue, feu)	နောက်ကျောဖြစ်သော	nau' kjo: bji' te.
artificiel (adj)	သဘာဝအတိုင်းမဟုတ်သော	tha. bawa ahtain: ma. hou' te.
attentionné (adj)	ဂရုစိုက်သော	ga ju. sai' te.
aveugle (adj)	မမြင်ရသော	ma. mjin ja. de.

bas (voix ~se)	တိုးသော	tou: dho:
basané (adj)	ညိုသော	njou de.
beau (homme)	လှပသော	hla. ba. de.
beau, magnifique (adj)	လှပသော	hla. ba. de.

bien affilé (adj)	ချွန်ထက်သော	chwan de' te.
bon (~ voyage!)	ကောင်းသော	kaun: de.
bon (au bon cœur)	သဘောကောင်းသော	thabo: kaun: de.

bon (savoureux)	အရသာရှိသော	aja. dha shi. de.
bon marché (adj)	ဈေးပေါသော	zei: po: de.
bronzé (adj)	အသားညှိုသော	atha: njou de.
calme (tranquille)	အေးဆေးသော	ei: hsei: de.
central (adj)	အလယ်ဗဟိုဖြစ်သော	ale ba hou hpji' te.
chaud (modérément)	နွေးထွေးသော	nwei: dwei: de.
cher (adj)	ဈေးကြီးသော	zei: kji: de.
civil (droit ~)	အများပြည်သူနှင့်ဆိုင်သော	amja: pji dhu hnin. zain de.
clair (couleur)	ဖျော့သော	hpjo. de.
clair (explication ~e)	ရှင်းလင်းသော	shin: lin: de.
clandestin (adj)	လျှို့ဝှက်စွာလုပ်သော	shou. hwe' swa lou' te.
commun (projet ~)	ပူးတွဲဖြစ်သော	pu: twe: bji' te.
compatible (adj)	လိုက်ဘက်ညီသော	lai' be' nji de.
considérable (adj)	အရာရောက်သော	aja jau' de.
content (adj)	ကျေနပ်သော	kjei na' de.
continu (incessant)	နားချိန်မရှိသော	na: gjein ma. shi. de.
continu (usage ~)	ရှည်ကြာသော	shei gja de.
convenu (approprié)	အသုံးဝင်သော	athoun: win de.
court (de taille)	တိုသော	tou de.
court (en durée)	တိုတောင်းသော	tou daun: de.
cru (non cuit)	အစိမ်းသက်သက်ဖြစ်သော	asain: dhe' dhe' hpja' te.
d'à côté, voisin	အနီးအနားတွင်ရှိသော	ani: ana: dwin shi. de
dangereux (adj)	အန္တရာယ်ရှိသော	an dare shi. de.
d'enfant (adj)	ကလေးများနှင့်ဆိုင်သော	kalei: mja: hnin.zain de.
dense (brouillard ~)	ထူထပ်သော	htu da' te.
dernier (final)	နောက်ဆုံးဖြစ်သော	nau' hsoun: bji' te.
différent (adj)	ကွဲပြားခြားနားသော	kwe: bja: gja: na: de.
difficile (complexe)	ခက်ခဲသော	khe' khe: de.
difficile (décision)	ခက်ခဲသော	khe' khe: de.
divers (adj)	အမျိုးစုံသော	amjou: zoun de.
d'occasion (adj)	သုံးပြီးသားဖြစ်သော	thoun: bji: dha: bji' te.
douce (l'eau ~)	ရေချို	jei gjou
droit (pas courbe)	ဖြောင့်တန်းသော	hpjaun. dan: de.
droit (situé à droite)	ညာဘက်	nja be'
dur (pas mou)	မာကြောသော	ma gjo: de.
éloigné (adj)	ဝေးကွာသော	wei: kwa de.
ensoleillé (jour ~)	နေသာသော	nei dha de.
entier (adj)	အားလုံးဖြစ်သော	a: loun: bji' te.
épais (brouillard ~)	ထူထပ်သော	htu da' te.
épais (mur, etc.)	ထူသော	htu de.
étranger (adj)	နိုင်ငံခြားနှင့်ဆိုင်သော	nain ngan gja: hnin. zain de.
étroit (passage, etc.)	ကျဉ်းသော	kjin de.
excellent (adj)	အလွန်ကောင်းသော	alun kaun: de.
excessif (adj)	လွန်ကဲသော	lun ge: de.
extérieur (adj)	အပြင်ပန်းဖြစ်သော	apjin ban hpja' te.
facile (adj)	လွယ်ကူသော	lwe gu de.
faible (lumière)	မှိန်ဖျသော	hmein bja de.

fatiguant (adj)	ပင်ပန်းနေသော	pin ban: nei de
fatigué (adj)	ပင်ပန်းသော	pin ban: de.
fermé (adj)	ပိတ်ထားသော	pei' ta: de.
fertile (le sol ~)	အကျိုးဖြစ်ထွန်းသော	akjou: hpji' htun: de.
fort (homme ~)	သန်မာသော	than ma de.
fort (voix ~e)	ကျယ်လောင်သော	kje laun de
fragile (vaisselle, etc.)	ကွဲလွယ်သော	kwe: lwe de.
frais (adj) (légèrement froid)	အေးမြသော	ei: mja. de.
frais (du pain ~)	လတ်ဆတ်သော	la' hsa' te.
froid (boisson ~e)	အေးသော	ei: de.
gauche (adj)	ဘယ်	be
géant (adj)	အလွန်ကြီးမားသော	alun gji: ma: de.
gentil (adj)	ချစ်စရာကောင်းသော	chi' saja kaun: de.
grand (dimension)	ကြီးသော	kji: de.
gras (repas ~)	အဆီများသော	ahsi mja: de.
gratuit (adj)	အခမဲ့	akha me.
heureux (adj)	ပျော်ရွှင်သော	pjo shwin de.
hostile (adj)	ရန်လိုသော	jan lou de.
humide (adj)	စိုထိုင်းသော	sou htain: de
immobile (adj)	လှုပ်ရှားမှုကင်းသော	hlou' sha: hmu. gin: de.
important (adj)	အရေးကြီးသော	ajei: akji: de.
impossible (adj)	မဖြစ်နိုင်သော	ma. bji' nain de.
indéchiffrable (adj)	နားမလည်နိုင်သော	ma: ma. le nain de.
indispensable (adj)	မရှိမဖြစ်သော	ma. shi ma. bji' te.
intelligent (adj)	သွက်လက်ထက်မြက်သော	thwe le' the' mja' te.
intérieur (adj)	အတွင်းပိုင်းဖြစ်သော	atwin: bain: bji' tho:
jeune (adj)	ငယ်ရွယ်သော	ngwe jwe de.
joyeux (adj)	ပျော်ရွှင်သော	pjo shwin de.
juste, correct (adj)	မှန်ကန်သော	hman gan de.

251. Les adjectifs. Partie 2

large (~ route)	ကျယ်သော	kje de.
le même, pareil (adj)	တူညီသော	tu nji de.
le plus important	အရေးအကြီးဆုံးသော	ajei: akji: zoun: de.
le plus proche	အနီးဆုံး	ani: zoun:
légal (adj)	ဥပဒေနှင့် ညီညွတ်သော	u. ba. dei hnin. nji nju' te.
léger (pas lourd)	ပေ့ါပါးသော	po. ba: de.
libre (accès, etc.)	လွတ်လပ်သော	lu' la' de.
limité (adj)	အကန့်အသတ်ရှိသော	akan. atha' shi. de.
liquide (adj)	အရည်ဖြစ်သော	aja hpja' te.
lisse (adj)	ချောမွတ်သော	cho: mu' te.
lointain (adj)	ဝေးသော	wei: de.
long (~ chemin)	ရှည်လျားသော	shei lja: de.
lourd (adj)	လေးလံသော	lei: lan de.
maigre (adj)	ပိန်သော	pein de.
malade (adj)	နေမကောင်းသော	nei ma. kaun: de.

mat (couleur)	မိုင်းသော	main: dho:
mauvais (adj)	ဆိုးသော	hsou: de.
méticuleux (~ travail)	စေ့စပ်သော	sei. sa' te.

miséreux (adj)	ဆိုက်ရာမဲ့သော	khou gou: ja me. de.
mort (adj)	သေနေသော	thei nei de.
mou (souple)	နူးညံ့သော	nu: njan. de.
mûr (fruit ~)	မှည့်သော	hme. de.
myope (adj)	အဝေးမှုန်သော	awei: hmun de.

mystérieux (adj)	လျှို့ဝှက်ဆန်းကြယ်သော	shou. hwe' hsan: gje de.
natal (ville, pays)	မွေးရာဇာတိဖြစ်သော	mwei: ja za di. bji' te.
nécessaire (adj)	လိုအပ်သော	lou a' de.
négatif (adj)	ဆန့်ကျင်ဘက်ဖြစ်သော	hsan. gjin ba' hpja' te.
négligent (adj)	နမော်နမဲ့နိုင်သော	na. mo na. me nain de.

nerveux (adj)	စိတ်လှုပ်ရှားသော	sei' hlou' sha: de.
neuf (adj)	အသစ်ဖြစ်သော	athi' hpji' te.
normal (adj)	ပုံမှန်ဖြစ်သော	poun hman gji' te.
obligatoire (adj)	မလွဲမနေဖြစ်သော	ma. lou' ma. nei bji' te.
opposé (adj)	ဆန့်ကျင်ဘက်ဖြစ်သော	hsan. gjin ba' hpja' te.

ordinaire (adj)	သာမန်ဖြစ်သော	tha man bji' te.
original (peu commun)	မူရင်းဖြစ်သော	mu jin: bji' te.
ouvert (adj)	ဖွင့်ထားသော	hpwin. da: de.
parfait (adj)	ထိပ်တန်းဖြစ်သော	htei' tan: hpi' te.
pas clair (adj)	မရှင်းလင်းသော	ma. shin: lin: de.

pas difficile (adj)	မခက်ခဲသော	ma. ge' khe: de.
pas grand (adj)	မကြီးသော	ma. gji: de.
passé (le mois ~)	လွန်ခဲ့သော	lun ge. de.
passé (participe ~)	အတိတ်ကဖြစ်သော	ati' ka. hpja' te.
pauvre (adj)	ဆင်းရဲသော	hsin: je: de.

permanent (adj)	အမြဲတမ်းဖြစ်သော	amje: dan: bji' te.
personnel (adj)	ကိုယ်ပိုင်	kou bain
petit (adj)	သေးသော	thei: de.
peu expérimenté (adj)	အတွေ့အကြုံမရှိသော	atwei. akjoun ma. shi. dho:
peu important (adj)	အရေးမပါသော	ajei: ma. ba de.

peu profond (adj)	တိမ်သော	tein de
plat (l'écran ~)	ညီညာပြန့်ပြူးသော	nji nja bjan. bju: de.
plat (surface ~e)	ညီညာပြန့်ပြူးသော	nji nja bjan. bju: de.
plein (rempli)	ပြည့်သော	pjei. de.

poli (adj)	ယဉ်ကျေးသော	jin gjei: de.
ponctuel (adj)	အချိန်မှန်ကန်တိကျသော	achein hman kan ti. gja. de.
possible (adj)	ဖြစ်နိုင်သော	hpji' nein de.
précédent (adj)	အရင်ကဖြစ်သော	ajin ka. hpja' de.
précis, exact (adj)	တိကျသော	ti. gja. de.

présent (moment ~)	ပစ္စုပ္ပန်ဖြစ်သော	pji' sou' pan bji' te.
principal (adj)	အဓိက	adi. ka.
principal (idée ~e)	အဓိက	adi. ka.
privé (réservé)	ကိုယ်ပိုင်	kou bain
probable (adj)	ဖြစ်နိုင်ခြေရှိသော	hpji' nain gjei shi. de.

proche (pas lointain)	နီးသော	ni: de.
propre (chemise ~)	သန့်ရှင်းသော	than. shin: de.
public (adj)	အများပြည်သူနှင့်ဆိုင်သော	amja: pji dhu hnin. zain de.
rapide (adj)	မြန်သော	mjan de.
rare (adj)	ရှားပါးသော	sha: ba: de.
reconnaissant (adj)	ကျေးဇူးတင်သော	kjei: zu: din de.
risqué (adj)	အန္တရာယ်များသော	an dare mja: de.
salé (adj)	ငန်သော	ngan de.
sale (pas propre)	ညစ်ပတ်သော	nji' pa' te.
sans nuages (adj)	°တိမ်ကင်းစင်သော	tain gin: dhin de.
satisfait (client, etc.)	အားရကျေနပ်သော	a: ei kjei nin de.
sec (adj)	ခြောက်သော	chau' de.
serré, étroit (vêtement)	ကျပ်သော	kja' te.
similaire (adj)	တူညီသော	tu nji de.
simple (adj)	လွယ်ကူသော	lwe gu de.
solide (bâtiment, etc.)	အစိုင်အခဲဖြစ်သော	asoun akhe:
sombre (paysage ~)	မှုန်မှိုင်းနေသော	hmoun hmain: nei de.
sombre (pièce ~)	မှောင်သော	hmaun de.
spacieux (adj)	ကျယ်ဝန်းသော	kje wan de.
spécial (adj)	အထူးဖြစ်သော	a htu: hpja' te.
stupide (adj)	မိုက်မဲ ထုံထိုင်းသော	mai' me: doun dain: de.
sucré (adj)	ချိုသော	chou de.
suivant (vol ~)	နောက်ရောက်လာမည်ဖြစ်သော	nau' jau' la me bji' te.
supplémentaire (adj)	ထပ်ဖြည့်သော	hta' hpi. de.
suprême (adj)	အမြင့်ဆုံးဖြစ်သော	amjin. zoun: bje' te.
sûr (pas dangereux)	လုံခြုံသော	loun gjoun de.
surgelé (produits ~s)	အေးခဲနေသော	ei: khe: nei de.
tendre (affectueux)	ကြင်နာသနားတတ်သော	kjin na dha. na: da' de.
tranquille (adj)	တိတ်ဆိတ်သော	tei' hsei' te
transparent (adj)	ဖောက်ထွင်းမြင်နိုင်သော	hpau' htwin: mjin nain de.
trempé (adj)	စိုစွတ်သော	sou zu' te.
très chaud (adj)	ပူသော	pu dho:
triste (adj)	ဝမ်းနည်းသော	wan: ne: de.
triste (regard ~)	ဝမ်းနည်းသော	wan: ne: de.
trop maigre (émacié)	ပိန်ကပ်ကပ်ဖြစ်သော	pein ga' ka' hpji' te.
unique (exceptionnel)	ပြိုင်ဘက်ကင်းသော	pjain be' kin: de.
vide (bouteille, etc.)	ဘာမျှမရှိသော	ba hmja. ma. shi. de.
vieux (bâtiment, etc.)	ဟောင်းသော	haun: de.
voisin (maison ~e)	အိမ်နီးချင်းဖြစ်သော	ein ni: na: gjin: hpji' tho:

LES 500 VERBES LES PLUS UTILISÉS

252. Les verbes les plus courants (de A à C)

abaisser (vt)	အောက်ချသည်	au' cha. de
accompagner (vt)	လိုက်ပို့သည်	lai' pou. de
accoster (vi)	ဆိုက်ကပ်သည်	hseu' ka' de
accrocher (suspendre)	ချိတ်သည်	chei' te
accuser (vt)	စွပ်စွဲသည်	su' swe: de
acheter (vt)	ဝယ်သည်	we de
admirer (vt)	ရှိုးကျူးသည်	chi: kju: de
affirmer (vt)	အခိုင်အမာပြောဆိုသည်	akhain ama pjo hsou de
agir (vi)	ပြုလုပ်သည်	pju. lou' te
agiter (les bras)	လက်ပြသည်	le' pja de
aider (vt)	ကူညီသည်	ku nji de
aimer (apprécier)	ကြိုက်သည်	kjai' de
aimer (qn)	ချစ်သည်	chi' te
ajouter (vt)	ထည့်သည်	hte de.
aller (à pied)	သွားသည်	thwa: de
aller (en voiture, etc.)	သွားသည်	thwa: de
aller bien (robe, etc.)	သင့်တော်သည်	thin. do de
aller se coucher	အိပ်ရာဝင်သည်	ei' ja win de
allumer (~ la cheminée)	မီးညှိသည်	mi: hnji de
allumer (la radio, etc.)	ဖွင့်သည်	hpwin. de
amener, apporter (vt)	ယူလာသည်	ju la de
amputer (vt)	ဖြတ်တောက်ကုသသည်	hpja' tau' ku. dha de
amuser (vt)	ဖျော်ဖြေသည်	hpjo bjei de
annoncer (qch a qn)	အကြောင်းကြားသည်	akjaun: kja: de
annuler (vt)	ပယ်ဖျက်သည်	pe hpje' te
apercevoir (vt)	သတိထားမိသည်	dhadi. da: mi. de
apparaître (vi)	ပေါ်လာသည်	po la de
appartenir à …	ပိုင်ဆိုင်သည်	pain zain de
appeler (au secours)	ခေါ်သည်	kho de
appeler (dénommer)	အမည်ပေးသည်	amji bei: de
appeler (vt)	ခေါ်သည်	kho de
applaudir (vi)	လက်ခုပ်သြသဘာပေးသည်	le' khou' thja ba bei: de
apprendre (qch à qn)	သင်ပေးသည်	thin bei: de
arracher (vt)	ဆုတ်ဖြဲသည်	hsou' hpje: de
arriver (le train)	လာရောက်သည်	la jau' te
arroser (plantes)	ရေလောင်းသည်	jei laun: de
aspirer à …	ရည်မှန်းသည်	ji hman: de
assister (vt)	ကူညီသည်	ku nji de

attacher à ...	ချည်နှောင်သည်	che naun de
attaquer (mil.)	တိုက်ခိုက်သည်	tai' hsai' te
atteindre (lieu)	ရောက်သည်	jau' te
atteindre (objectif)	ရရှိသည်	ja. hji. de
attendre (vt)	စောင့်သည်	saun. de
attraper (vt)	ဖမ်းသည်	hpan: de
attraper ... (maladie)	ကူးစက်သည်	ku: ze' te
augmenter (vi)	မြင့်တက်သည်	mjin. da' te
augmenter (vt)	မြှင့်တင်သည်	hmja. din de
autoriser (vt)	ခွင့်ပြုသည်	khwin bju. de
avertir (du danger)	သတိပေးသည်	dhadi. pei: de
aveugler (par les phares)	ကန်းစေသည်	kan: zei de
avoir (vt)	ရှိသည်	shi. de
avoir confiance	ယုံကြည်သည်	joun kji de
avoir peur	ကြောက်သည်	kjau' te
avouer (vi, vt)	ဝန်ခံသည်	wun khan de
baigner (~ les enfants)	ရေချိုးပေးသည်	jei gjou bei: de
battre (frapper)	ရိုက်သည်	jai' te
boire (vt)	သောက်သည်	thau' te
briller (vi)	မီးရောင်ထွက်သည်	mi: jaun htwe' te
briser, casser (vt)	ဖျက်ဆီးသည်	hpje' hsi: de
brûler (des papiers)	မီးရှို့သည်	mi: shou. de
cacher (vt)	ဖုံးကွယ်သည်	hpoun: gwe de
calmer (enfant, etc.)	ငြိမ်သက်စေသည်	njein dhe' sei de
caresser (vt)	ပွတ်သပ်သည်	pu' tha' te
céder (vt)	အလျှော့ပေးသည်	asho. bei: de
cesser (vt)	ရပ်သည်	ja' te
changer (~ d'avis)	ပြောင်းလဲသည်	pjaun: le: de
changer (échanger)	ပြောင်းလဲသည်	pjaun: le: de
charger (arme)	ကျည်ထိုးသည်	kji dou: de
charger (véhicule, etc.)	ကုန်တင်သည်	koun din de
charmer (vt)	ညှို့သည်	hnjou. de
chasser (animaux)	အမဲလိုက်သည်	ame: lai' de
chasser (faire partir)	မောင်းထုတ်သည်	maun: dou' te
chauffer (vt)	နွေးသည်	hnwei: de
chercher (vt)	ရှာသည်	sha de
choisir (vt)	ရွေးသည်	jwei: de
citer (vt)	ကိုးကားသည်	kou: ga: de
combattre (vi)	တိုက်သည်	tai' te
commander (~ le menu)	မှာသည်	hma de
commencer (vt)	စတင်သည်	sa. tin de
comparer (vt)	နှိုင်းယှဉ်သည်	hnain: shin de
compenser (vt)	လျော်ကြေးပေးသည်	jo kjei: bei: de
compliquer (vt)	ခဲခက်စေသည်	khe: ga' sei de
composer (musique)	ရေးဖွဲ့သီကုံးသည်	jei: bwe dhi goun: de
comprendre (vt)	နားလည်သည်	na: le de

compromettre (vt)	နာမည်ဖျက်သည်	na me bje' te
compter (l'argent, etc.)	ရေတွက်သည်	jei dwe' te
compter sur ...	အားကိုးသည်	a: kou: de
concevoir (créer)	ပုံစံဆွဲသည်	poun zan zwe: de
concurrencer (vt)	ပြိုင်ဆိုင်သည်	pjain zain de
condamner (vt)	ပြစ်ဒဏ်ပေးသည်	pji' dan bei: de
conduire une voiture	ကားမောင်းသည်	ka: maun: de
confondre (vt)	ရောထွေးသည်	jo: dwei: de
connaître (qn)	သိသည်	thi. de
conseiller (vt)	အကြံပေးသည်	akjan bei: de
consulter (docteur, etc.)	တိုင်ပင်သည်	tain bin de
contaminer (vt)	ရောဂါကူးသည်	jo ga gu: de
continuer (vt)	ဆက်လုပ်သည်	hse' lou' te
contrôler (vt)	ထိန်းချုပ်သည်	htein: gjou' te
convaincre (vt)	လက်ခံယုံကြည်စေသည်	le' khan joun gji zei de
coopérer (vi)	ပူးပေါင်းဆောင်ရွက်သည်	pu: baun: zaun jwe' te
coordonner (vt)	ညှိနှိုင်းဆောင်ရွက်သည်	hnji. hnain: zaun jwe' te
corriger (une erreur)	အမှားပြင်သည်	ahma: pjin de
couper (avec une hache)	ခုတ်ဖြတ်သည်	khou' bja' te
couper (un doigt, etc.)	ဖြတ်သည်	hpja' te
courir (vi)	ပြေးသည်	pjei: de
coûter (vt)	ကုန်ကျသည်	koun kja de
cracher (vi)	ထွေးသည်	htwei: de
créer (vt)	ဖန်တီးသည်	hpan di: de
creuser (vt)	တူးသည်	tu: de
crier (vi)	အော်သည်	o de
croire (vi, vt)	ယုံကြည်သည်	joun kji de
cueillir (fleurs, etc.)	ခူးသည်	khu: de
cultiver (plantes)	စိုက်ပျိုးသည်	sai' pjou: de

253. Les verbes les plus courants (de D à E)

dater de ...	ရက်စွဲတပ်သည်	je' swe: da' te
décider (vt)	ဆုံးဖြတ်သည်	hsoun: hpja' te
décoller (avion)	ပျံတက်သည်	pjan de' te
décorer (~ la maison)	အလှဆင်သည်	ahla. zin dhe
décorer (de la médaille)	ချီးမြှင့်သည်	chi: hmjin. de
découvrir (vt)	ရှာဖွေတွေ့ရှိသည်	sha hpwei dwei. shi. de
dédier (vt)	ရည်ညွှန်းသည်	ji hman: de
défendre (vt)	ကာကွယ်သည်	ka gwe de
déjeuner (vi)	နေ့လယ်စာစားသည်	nei. le za za de
demander (de faire qch)	တောင်းဆိုသည်	taun: hsou: de
dénoncer (vt)	လူသိရှင်ကြားစွပ်စွဲ ရှုတ်ချသည်	lu dhi shin gja: zu' swe: sha' khja. de
dépasser (village, etc.)	ဖြတ်သွားသည်	hpja' thwa: de
dépendre de ...	မူတည်သည်	mu de de
déplacer (des meubles)	ရွှေ့သည်	shwei. de

déranger (vt)	နှောင့်ယှက်သည်	hnaun. hje' te
descendre (vi)	အောက်ဆင်းသည်	au' hsin: de
désirer (vt)	လိုချင်သည်	lou gjin de
détacher (vt)	ဖြေသည်	hpjei de
détruire (~ des preuves)	ဖျက်ဆီးသည်	hpje' hsi: de
devenir (vi)	ဖြစ်လာသည်	hpji' la de
devenir pensif	တွေးသည်	twei: de
deviner (vt)	မှန်းဆသည်	hman za de
devoir (v aux)	ရမည်	ja. me
diffuser (distribuer)	ဖြန့်ဝေသည်	hpjan. wei de
diminuer (vt)	လျှော့သည်	sho. de
dîner (vi)	ညစာစားသည်	nja. za za: de
dire (vt)	ပြောသည်	pjo: de
diriger (~ une usine)	ညွှန့်ကြားသည်	hnjun gja: de
diriger (vers ...)	ဦးတည်သည်	u: te de
discuter (vt)	ဆွေးနွေးသည်	hswe: nwe: de
disparaître (vi)	ပျောက်ကွယ်သည်	pjau' kwe de
distribuer (bonbons, etc.)	ဝေငှသည်	wei hnga. de
diviser (~ par 2)	စားသည်	sa: de
dominer (château, etc.)	မိုးနေသည်	mou: nei de
donner (qch à qn)	ပေးသည်	pei: de
doubler (la mise, etc.)	နှစ်ဆဖြစ်စေသည်	hni' has. bji' sei de
douter (vt)	သံသယဖြစ်သည်	than thaja. bji' te
dresser (~ une liste)	ရေးဆွဲသည်	jei: zwe: de
dresser (un chien)	လေ့ကျင့်ပေးသည်	lei. kjin. bei: de
éclairer (soleil)	မီးထွန်းသည်	mi: dwan: de
écouter (vt)	နားထောင်သည်	na: daun de
écouter aux portes	ချောင်းပြီးနားထောင်သည်	gaun: bji: na: daun de
écraser (cafard, etc.)	ဖိသတ်သည်	hpi. dha' te
écrire (vt)	ရေးသည်	jei: de
effacer (vt)	ဖျက်ပစ်သည်	hpje' pa' te
éliminer (supprimer)	ဖယ်ရှားသည်	hpe sha: de
embaucher (vt)	လုပ်အားခန့်သည်	lou' a: hnga: de
employer (utiliser)	အသုံးပြုသည်	athoun: bju. de
emporter (vt)	ယူသွားသည်	ju dhwa: de
emprunter (vt)	ချေးယူသည်	chei: dhu de
enlever (~ des taches)	ဖယ်ရှားသည်	hpe sha: de
enlever (un objet)	ဖြုတ်ချသည်	hpjou' cha. de
enlever la boue	သန့်ရှင်းရေးလုပ်သည်	than. shin: jei: lou' te
entendre (bruit, etc.)	ကြားသည်	ka: de
entraîner (vt)	လေ့ကျင့်ပေးသည်	lei. kjin. bei: de
entreprendre (vt)	ပြုလုပ်ဆောင်ရွက်သည်	pju. lou' hsaun jwe' te
entrer (vi)	ဝင်သည်	win de
envelopper (vt)	ထုပ်သည်	htou' te
envier (vt)	မနာလိုဖြစ်သည်	ma. na lou bji' te
envoyer (vt)	ပို့သည်	pou. de

épier (vt)	ရှောင်ကြည့်သည်	chaun: gje. de
équiper (vt)	တပ်ဆင်သည်	ta' hsin de
espérer (vi)	မျှော်လင့်သည်	hmjo. lin. de
essayer (de faire qch)	ကြိုးစားသည်	kjou: za: de
éteindre (~ la lumière)	မီးပိတ်သည်	mi: pi' te
éteindre (incendie)	မီးငြိမ်းသတ်သည်	mi: njein: dha' te
étonner (vt)	အံ့သြစေသည်	an. o: sei: de
être (~ fatigué)	ဖြစ်နေသည်	hpji' nei de
être (~ médecin)	ဖြစ်သည်	hpji' te
être allongé (personne)	လဲသည်	hle: de
être assez (suffire)	လုံလောက်သည်	loun lau' te
être assis	ထိုင်သည်	htain de
être basé (sur ...)	အခြေခံသည်	achei khan dhe
être convaincu de ...	လက်ခံယုံကြည်စေသည်	le' khan joun gji zei de
être d'accord	သဘောတူသည်	dhabo: tu de
être différent	ခြားနားသည်	hpja: na: de
être en tête (de ...)	ဦးဆောင်သည်	u: zaun de
être fatigué	ပင်ပန်းသည်	pin ban: de
être indispensable	လိုအပ်သည်	lou a' te
être la cause de ...	အကြောင်းရင်းဖြစ်သည်	akjaun: jin: hpji' te
être nécessaire	အလိုရှိသည်	alou' shi. de
être perplexe	စိတ်ရှုပ်ထေးသည်	sei' shou' htwei: de
être pressé	အလျှင်စလိုပြုသည်	aljin za lou pju. de
étudier (vt)	သင်ယူလေ့လာသည်	thin ju lei. la de
éviter (~ la foule)	ရှောင်သည်	shaun de
examiner (une question)	စဉ်းစားသည်	sin: za: de
exclure, expulser (vt)	ထုတ်သည်	tou' te
excuser (vt)	ခွင့်လွှတ်သည်	khwin. hlu' te
exiger (vt)	တိုက်တွန်းသည်	tai' tun: de
exister (vi)	တည်ရှိသည်	ti shi. de
expliquer (vt)	ရှင်းပြသည်	shin: bja. de
exprimer (vt)	ဖော်ပြသည်	hpjo bja. de

254. Les verbes les plus courants (de F à N)

fâcher (vt)	စိတ်ဆိုးအောင်လုပ်သည်	sei' hsou: aun lou' te
faciliter (vt)	လွယ်စေသည်	lwe zei de
faire (vt)	ပြုလုပ်သည်	pju, lou' te
faire allusion	စောင်းပြောသည်	saun: bjo: de
faire connaissance	စိတ်ဆက်သည်	mi' hse' te
faire de la publicité	ကြော်ငြာသည်	kjo nja de
faire des copies	မိတ္တူကူးသည်	mi' tu gu: de
faire la guerre	စစ်ပွဲတွင်ပါဝင်ဆင်	si' pwe: dwin ba win zin
	နွဲသည်	hnwo: do
faire la lessive	လျှော်ဖွပ်သည်	sho ba' de
faire le ménage	သန့်ရှင်းရေးလုပ်သည်	than. shin: jei: lou' te

| faire surface (sous-marin) | ပေါ်လာသည် | po la de |
| faire tomber | ဖြုတ်ချသည် | hpjou' cha. de |

faire un rapport	သတင်းပို့သည်	dhadin: bou. de
fatiguer (vt)	ပင်ပန်းစေသည်	pin ban: zei de
féliciter (vt)	ဂုဏ်ပြုသည်	goun bju de
fermer (vt)	ပိတ်သည်	pei' te

finir (vt)	ပြီးသည်	pji: de
flatter (vt)	မြှောက်သည်	hmjau' de
forcer (obliger)	အတင်းလုပ်ခိုင်းသည်	atin: lou' khain: dhe
former (composer)	ဖွဲ့စည်းသည်	hpwe. zi: de

frapper (~ à la porte)	တံခါးခေါက်သည်	daga: khau' te
garantir (vt)	အာမခံပေးသည်	a ma. gan bei: de
garder (lettres, etc.)	သိမ်းဆည်းသည်	thain: zain: de
garder le silence	နှုတ်ဆိတ်သည်	hnou' hsei' te

griffer (vt)	ကုတ်သည်	kou' te
gronder (qn)	ဆူသည်	hsu. de
habiter (vt)	နေထိုင်သည်	nei dain de
hériter (vt)	အမွေဆက်ခံသည်	amwei ze' khan de

imaginer (vt)	စိတ်ကူးသည်	sei' ku: de
imiter (vt)	အတုလုပ်သည်	atu. lou' te
importer (vt)	တင်သွင်းသည်	tin dhwin: de
indiquer (le chemin)	ညွှန်ပြသည်	hnjun bja. de

influer (vt)	သြဇာလွှမ်းသည်	o: za hlan: de
informer (vt)	အကြောင်းကြားသည်	akjaun: kja: de
inquiéter (vt)	စိတ်ပူအောင်လုပ်သည်	sei' pu aun lou' te
inscrire (sur la liste)	ထည့်သွင်းရေးထားသည်	hte dhwin: jei: da: de
insérer (~ la clé)	ထည့်သည်	hte de.

insister (vi)	တိုက်တွန်းပြောဆိုသည်	tou' tun: bjo: zou de
inspirer (vt)	အားပေးသည်	a: bei: de
instruire (vt)	ညွှန်ကြားသည်	hnjun gja: de
insulter (vt)	စော်ကားသည်	so ga: de

interdire (vt)	တားမြစ်သည်	ta: mji' te
intéresser (vt)	စိတ်ဝင်စားစေသည်	sei' win za: zei de
intervenir (vi)	ကြားဝင်သည်	ka: win de
inventer (machine, etc.)	တီထွင်သည်	ti htwin de

inviter (vt)	ဖိတ်သည်	hpi' de
irriter (vt)	ဒေါသထွက်အောင်လုပ်သည်	do: dha. dwe' aun lou' te
isoler (vt)	ခွဲခြားထားသည်	khwe: gja: da: de
jeter (une pierre)	ပစ်သည်	pi' te

jouer (acteur)	သရုပ်ဆောင်သည်	thajou' hsaun de
jouer (s'amuser)	ကစားသည်	gaza: de
laisser (oublier)	ချန်သည်	chan de
lancer (un projet)	စတင်သည်	sa. tin de
larguer les amarres	ရွက်လွှင့်ပစ်သည်	sun. bi' de
laver (vt)	ဆေးသည်	hsei: de
libérer (ville, etc.)	လွတ်မြောက်စေသည်	lu' mjau' sei de

| ligoter (vt) | တွတ်နှောင်သည် | tou' hnaun de |
| limiter (vt) | ချုပ်ချယ်သည် | chou' che de |

lire (vi, vt)	ဖတ်သည်	hpa' te
louer (barque, etc.)	ငှါးရမ်းသည်	hna: jan: de
louer (prendre en location)	ငှားသည်	hnga: de
lutter (~ contre …)	တိုက်ခိုက်သည်	tai' hsai' te

lutter (sport)	နပန်းလုံးသည်	naban: loun: de
manger (vi, vt)	စားသည်	sa: de
manquer (l'école)	ပျက်ကွက်သည်	pje' kwe' te
marquer (sur la carte)	မှတ်သည်	hma' te

mélanger (vt)	ရောသည်	jo: de
mémoriser (vt)	မှတ်ထားသည်	hma' hta: de
menacer (vt)	ခြိမ်းခြောက်သည်	chein: gjau' te
mentionner (vt)	ဖော်ပြသည်	hpjo bja. de
mentir (vi)	လိမ်ပြောသည်	lain bjo: de

mépriser (vt)	အထင်သေးသည်	a htin dhei: de
mériter (vt)	ထိုက်တန်သည်	htai' tan de
mettre (placer)	ထားသည်	hta: de
montrer (vt)	ပြသည်	pja. de

multiplier (math)	မြှောက်သည်	hmjau' de
nager (vi)	ရေကူးသည်	jei ku: de
négocier (vi)	စေ့စပ်ညှိနှိုင်းသည်	sei. sa' njou hmain: de
nettoyer (vt)	သန့်ရှင်းအောင်လုပ်သည်	than. shin: aun: lou' te

nier (vt)	ငြင်းပယ်သည်	njin: be de
nommer (à une fonction)	ခန့်အပ်သည်	khan. a' te
noter (prendre en note)	ရေးမှတ်သည်	jei: hma' te
nourrir (vt)	အစာကျွေးသည်	asa gjwei: de.

255. Les verbes les plus courants (de O à R)

obéir (vt)	လိုက်နာသည်	lai' na de
objecter (vt)	ငြင်းသည်	njin: de
observer (vt)	စောင့်ကြည့်သည်	saun. gji. de
offenser (vt)	စိတ်ထိခိုက်စေသည်	sei' hti. gai' sei de

omettre (vt)	ပယ်သည်	pe de
ordonner (mil.)	အမိန့်ပေးသည်	amin. bei: de
organiser (concert, etc.)	ကျင်းပသည်	kjin: ba. de
oser (vt)	လုပ်ရဲသည်	lou' je: de

oublier (vt)	မေ့သည်	mei. de
ouvrir (vt)	ဖွင့်သည်	hpwin. de
paraître (livre)	ထွက်သည်	htwe' te
pardonner (vt)	ခွင့်လွှတ်သည်	khwin. hlu' te
parler avec …	ပြောသည်	pjo: de

| participer à … | ပါဝင်ဆင်နွှဲသည် | pa win zin hnwe: de |
| partir (~ en voiture) | ထွက်ခွာသည် | htwe' kha de |

payer (régler)	ပေးရှေသည်	pei: gjei de
pêcher (vi)	မကောင်းမှုပြုသည်	ma. gaun: hmu. bju. de
pêcher (vi)	ငါးဖမ်းသည်	nga: ban: de

pénétrer (vt)	ထိုးဖောက်သည်	tou: bau' te
penser (croire)	ထင်သည်	htin de
penser (vi, vt)	ထင်သည်	htin de
perdre (les clefs, etc.)	ပျောက်သည်	pjau' te

permettre (vt)	ခွင့်ပြုသည်	khwin bju. de
peser (~ 100 kilos)	အလေးချိန်ရှိသည်	a lei: chein shi. de
photographier (vt)	ဓာတ်ပုံရိုက်သည်	da' poun jai' te
placer (mettre)	နေရာချသည်	nei ja gja de

plaire (être apprécié)	ကြိုက်သည်	kjai' de
plaisanter (vi)	စရောက်သည်	sanau' te
planifier (vt)	စီစဉ်သည်	si zin de
pleurer (vi)	ငိုသည်	ngou de

plonger (vi)	ရေငုပ်သည်	jei ngou' te
posséder (vt)	ပိုင်ဆိုင်သည်	pain zain de
pousser (les gens)	တွန်းသည်	tun: de
pouvoir (v aux)	တတ်နိုင်သည်	ta' nain de

prédominer (vi)	လွှမ်းမိုးသည်	hlwan: mou: de
préférer (vt)	ပိုကြိုက်သည်	pou gjai' te
prendre (vt)	ယူသည်	ju de
prendre en note	ရေးထားသည်	jei: da: de

prendre le petit déjeuner	နံနက်စာစားသည်	nan ne' za za: de
prendre un risque	စွန့်စားသည်	sun. za: de
préparer (le dîner)	ချက်ပြုတ်သည်	che' pjou' te
préparer (vt)	ပြင်ဆင်သည်	pjin zin de

présenter (faire connaître)	မိတ်ဆက်ပေးသည်	mi' hse' pei: de
présenter (qn)	မိတ်ဆက်ပေးသည်	mi' hse' pei: de
préserver (~ la paix)	ထိန်းသည်	htein: de
pressentir (le danger)	အာရုံခံစားသည်	a joun gan za: dhi
presser (qn)	လောသည်	lo de

prévoir (vt)	ကြိုမြင်သည်	kjou mjin de
prier (~ Dieu)	ဆုတောင်းသည်	shi. gou: de
priver (vt)	ပိတ်ပင်ထားသည်	pei' hsou. da: de
progresser (vi)	တိုးတက်သည်	tu: te' te

promettre (vt)	ကတိပေးသည်	gadi pei: de
prononcer (vt)	အသံထွက်သည်	athan dwe' te
proposer (vt)	အဆိုပြုသည်	ahsou bju. de
protéger (la nature)	ကာကွယ်စောင့်ရှောက်သည်	ka gwe zaun. sha' te
protester (vi, vt)	ကန့်ကွက်သည်	kan gwe' te

prouver (une théorie, etc.)	သက်သေပြသည်	the' thei pja. de
provoquer (vt)	ရန်စသည်	jan za de
punir (vt)	အပြစ်ပေးသည်	apja' pei: de
quitter (famille, etc.)	ပစ်ထားသည်	pi' hta: de
raconter (une histoire)	ပြောပြသည်	pjo: bja. de

ranger (jouets, etc.)	သိမ်းဆည်းသည်	thain: zain: de
rappeler (évoquer un souvenir)	သတိပေးသည်	dhadi. pei: de
réaliser (vt)	ဆောင်ရွက်သည်	hsaun jwe' de

recommander (vt)	အကြံပြုထောက်ခံသည်	akjan pju htau' khan de
reconnaître (erreurs)	ဝန်ခံသည်	wun khan de
reconnaître (qn)	မှတ်မိသည်	hma' mi. de
refaire (vt)	ပြန်ပြင်သည်	pjan bjin de

refuser (vt)	ငြင်းဆန်သည်	njin: zan de
regarder (vi, vt)	ကြည့်သည်	kji. de
régler (~ un conflit)	ဖြေရှင်းသည်	hpjei shin: de
regretter (vt)	နောင်တရသည်	naun da. ja. de

remarquer (qn)	လျပ်တပျက်မြင်သည်	lja' ta bje' mjin de
remercier (vt)	ကျေးဇူးတင်သည်	kjei: zu: din de
remettre en ordre	အစီအစဉ်တကျထားသည်	asi asin da. gja. da: de
remplir (une bouteille)	ဖြည့်သည်	hpjei. de

renforcer (vt)	နိုင်မာစေသည်	khain ma zei de
renverser (liquide)	ဖိတ်ကျသည်	hpi' kja de
renvoyer (colis, etc.)	ပြန်ပို့သည်	pjan bou. de
répandre (odeur)	ပြန့်သည်	pjan. de

réparer (vt)	ပြင်သည်	pjin de
repasser (vêtement)	မီးပူတိုက်သည်	mi: bu tai' te
répéter (dire encore)	ထပ်လုပ်သည်	hta' lou' te
répondre (vi, vt)	ဖြေသည်	hpjei de
reprocher (qch à qn)	အပြစ်တင်သည်	apja' tin te

réserver (une chambre)	မှာသည်	hma de
résoudre (le problème)	ဖြေရှင်းသည်	hpjei shin: de
respirer (vi)	အသက်ရှူသည်	athe' shu de
ressembler à …	တူသည်	tu de
retenir (empêcher)	တားဆီးသည်	ta: zi: de

retourner (pierre, etc.)	မှောက်သည်	hmau' de
réunir (regrouper)	ပေါင်းစည်းသည်	paun: ze: de
réveiller (vt)	နှိုးသည်	hnou: de
revenir (vi)	ပြန်သည်	pjan de

rêver (en dormant)	အိပ်မက်မက်သည်	ei' me' me' te
rêver (faut pas ~!)	စိတ်ကူးယဉ်သည်	sei' ku: jin de
rire (vi)	ရယ်သည်	je de
rougir (vi)	မျက်နှာနီသည်	mje' hna ni de

256. Les verbes les plus courants (de S à V)

s'adresser (vp)	အမည်တပ်သည်	amji din te
saluer (vt)	နှုတ်ဆက်သည်	hnou' hsei' te
s'amuser (vp)	ပျော်ရွှင်သည်	pjo shwin de
s'approcher (vp)	ရှဉ်းကပ်သည်	chan: ga' te
s'arrêter (vp)	ရပ်သည်	ja' te

s'asseoir (vp)	ထိုင်သည်	htain de
satisfaire (vt)	ကျေနပ်စေသည်	kjei na' sei de
s'attendre (vp)	မျှော်လင့်သည်	hmjo. lin. de

sauver (la vie à qn)	ကယ်ဆယ်သည်	ke ze de
savoir (qch)	သိသည်	thi. de
se baigner (vp)	ရေကူးသည်	jei ku: de
se battre (vp)	ခိုက်ရန်ဖြစ်သည်	khai' jan bji' te

se concentrer (vp)	အာရုံစူးစိုက်သည်	a joun su: zai' dhi
se conduire (vp)	ပြုမူဆက်ဆံသည်	pju. hmu. ze' hsan de
se conserver (vp)	မပျက်မစီးဖြစ်နေသည်	ma. bje' ma. zi: bji' nei de
se débarrasser de ...	ရှင်းပစ်သည်	shin: ba' te

se défendre (vp)	ခုခံသည်	khu. gan de
se détourner (vp)	နောက်ကိုလှည့်သည်	nau' kou hle. de
se fâcher (contre ...)	စိတ်ဆိုးသည်	sei' hsou: de
se fendre (mur, sol)	အက်ကွဲသည်	e' kwe: de

se joindre (vp)	ပေါင်းစပ်သည်	paun: za' te
se laver (vp)	ရေချိုးသည်	jei gjou: de
se lever (tôt, tard)	အိပ်ရာထသည်	ei' ja hta. de
se marier (prendre pour épouse)	မိန်းမယူသည်	mein: ma. ju de

se moquer (vp)	သရော်သည်	thajo: de
se noyer (vp)	ရေနစ်သည်	jei ni' te
se peigner (vp)	ဖြီးသည်	hpji: de
se plaindre (vp)	တိုင်ပြောသည်	tain bjo: de

se préoccuper (vp)	စိတ်ပူသည်	sei' pu de
se rappeler (vp)	မှတ်မိသည်	hma' mi. de
se raser (vp)	ရိတ်သည်	jei' te
se renseigner (sur ...)	စုံစမ်းသည်	soun zan: de
se renverser (du sucre)	သွန်မိသည်	thun mi. de

se reposer (vp)	အနားယူသည်	ana: ju de
se rétablir (vp)	ရောဂါပျောက်သည်	jo ga bjau' te
se rompre (la corde)	ပြတ်သည်	pja' te
se salir (vp)	ညစ်ပေသွားသည်	nji' pei dhwa: de

se servir de ...	သုံးစွဲသည်	thoun: zwe: de
se souvenir (vp)	သတိရသည်	dhadi. ja. de
se taire (vp)	နှုတ်ဆိတ်သွားသည်	hnou' hsei' thwa: de
se tromper (vp)	မှားသည်	hma: de
se trouver (sur ...)	တည်ရှိသည်	ti shi. de

se vanter (vp)	ကြွားသည်	kjwa: de
se venger (vp)	လက်စားချေသည်	le' sa: gjei de
s'échanger (des ...)	အပြန်အလှန်လဲသည်	apjan a hlan le: de
sécher (vt)	အခြောက်လှန်းသည်	a chou' hlan: de
secouer (vt)	လှုပ်ခါသည်	hlou' kha de

sélectionner (vt)	ရွေးချယ်သည်	jwei: che de
semer (des graines)	မျိုးကြဲသည်	mjou: gje: de
s'ennuyer (vp)	ပျင်းသည်	pjin: de

sentir (~ les fleurs)	ရှူကြည့်သည်	shu gjei. de
sentir (avoir une odeur)	အနံ့ထွက်သည်	anan. htwei de
s'entraîner (vp)	လေ့ကျင့်သည်	lei. kjin. de
serrer dans ses bras	ဖက်သည်	hpe' te
servir (au restaurant)	တည်ခင်းသည်	ti khin: de
s'étonner (vp)	အံ့သြသည်	an. o. de
s'excuser (vp)	တောင်းပန်သည်	thaun: ban de
signer (vt)	လက်မှတ်ထိုးသည်	le' hma' htou: de
signifier (avoir tel sens)	ဆိုလိုသည်	hsou lou de
signifier (vt)	ဆိုလိုသည်	hsou lou de
simplifier (vt)	လွယ်ကူစေသည်	lwe gu zei de
s'indigner (vp)	မခံမရပ်နိုင်ဖြစ်သည်	ma. gan ma. ja' nain bji' te
s'inquiéter (vp)	စိတ်ပူသည်	sei' pu de
s'intéresser (vp)	စိတ်ဝင်စားသည်	sei' win za: de
s'irriter (vp)	ဒေါသထွက်သည်	do: dha. dwe' de
soigner (traiter)	ကုသည်	ku. de
sortir (aller dehors)	ထွက်သည်	htwe' te
souffler (vent)	တိုက်ခတ်သည်	tai' hsai' te
souffrir (vi)	နာကျင်ခံစားသည်	na gjin hmu. gan za: de
souligner (vt)	အလေးထားဖော်ပြသည်	a lei: da: hpo pja. de
soupirer (vi)	သက်ပြင်းချသည်	the' pjin: gja. de
sourire (vi)	ပြုံးသည်	pjoun: de
sous-estimer (vt)	လျှော့တွက်သည်	sho. dwe' de
soutenir (vt)	ထောက်ခံသည်	htau' khan de
suivre … (suivez-moi)	လိုက်သည်	lai' te
supplier (vt)	အနူးအညွတ်တောင်းပန်သည်	anu: anwi' taun: ban de
supporter (la douleur)	သည်းခံသည်	thi: khan de
supposer (vt)	ယူဆသည်	ju za. de
surestimer (vt)	တန်ဖိုးပြန့်ဖြတ်သည်	tan bou: bjan bja' te
suspecter (vt)	သံသယရှိသည်	than thaja. shi. de
tenter (vt)	စမ်းကြည့်သည်	san: kji. de
tirer (~ un coup de feu)	ပစ်သည်	pi' te
tirer (corde)	ဆွဲသည်	hswe: de
tirer une conclusion	ကောက်ချက်ချသည်	kau' che' cha. de
tomber amoureux	ချစ်မိသည်	chi' mi. de
toucher (de la main)	ထိသည်	hti. de
tourner (~ à gauche)	ကွေ့သည်	kwei. de
traduire (vt)	ဘာသာပြန်သည်	ba dha bjan de
transformer (vt)	ပုံစံပြောင်းလဲသည်	poun zan bjaun: le: de
travailler (vi)	အလုပ်လုပ်သည်	alou' lou' te
trembler (de froid)	တုန်သည်	toun de
tressaillir (vi)	သိမ့်သိမ့်တုန်သည်	thein. dhein. doun de
tromper (vt)	လိမ်ပြောသည်	lain bjo: de
trouver (vt)	ရှာတွေ့သည်	sha dwei. de
tuer (vt)	သတ်သည်	tha' te
vacciner (vt)	ကာကွယ်ဆေးထိုးသည်	ka gwe hsei: dou: de

vendre (vt)	ရောင်းသည်	jaun: de
verser (à boire)	လောင်းထိုသည်	laun: de. de
viser … (cible)	ချိန်သည်	chein de
vivre (vi)	နေသည်	nei de
voler (avion, oiseau)	ပျံသည်	pjan de
voler (qch à qn)	ခိုးသည်	khou: de
voter (vi)	ဆန္ဒမဲပေးသည်	hsan da. me: pwei: de
vouloir (vt)	လိုချင်သည်	lou gjin de

www.ingramcontent.com/pod-product-compliance
Lightning Source LLC
Chambersburg PA
CBHW071321090426
42738CB00012B/2755

9 7 8 1 7 8 7 6 7 9 9 5 5